现代

Modern Financial Theory and Operation

金融理论与运作

（日）古川显　王凌　著

郑州大学出版社
郑州

图书在版编目(CIP)数据

现代金融理论与运作 = Modern Financial Theory and Operation/（日）古川 显，王 凌著.—郑州：郑州大学出版社，2019.3
ISBN 978-7-5645-6101-7

Ⅰ.①现… Ⅱ.①古… ②王… Ⅲ.①金融学 Ⅳ.①F830

中国版本图书馆 CIP 数据核字（2019）第 037588 号

郑州大学出版社出版发行	
郑州市大学路 40 号	邮政编码：450052
出版人：张功员	发行电话：0371-66966070
全国新华书店经销	
河南龙华印务有限公司印制	
开本：787 mm×1 092 mm　1/16	
印张：14	
字数：312 千字	
版次：2019 年 3 月第 1 版	印次：2019 年 3 月第 1 次印刷

书号：ISBN 978-7-5645-6101-7　　定价：28.00 元
本书如有印装质量问题，请向本社调换

作者简介

古川 显(Akira Furukawa),(日本)京都大学名誉教授,京都大学经济学博士。历任大阪大学教授、关西学院大学教授、京都大学教授、甲南大学教授等职。主要著作有《现代日本的金融分析》(东洋经济新报社,荣获"经济学家奖")、《日本银行》(讲坛社)、《R. G. Hawtrey 的经济学》(中西屋出版)、《教科书现代金融》(东洋经济新报社)等多部,发表论文多篇。

王 凌(Ling Wang),(日本)阪南大学教授,京都大学经济学博士,日本文部科学省学术振兴会(JSPS)博士后。出版专著三部,金融领域的主要论文有:"Unconventional Monetary Policy and Aggregate Bank Lending: Does Financial Structure Matter?" (*Journal of Policy Modeling*, 2016)、"Monetary-Fiscal Policy Interactions under Asset Purchase Programs: Some Comparative Evidence" (*Economic Modelling*, 2018)等。

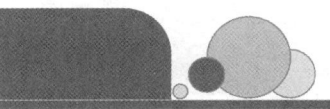

前言

随着时代的进步和社会的发展，经济现代化的进程不断加速，而在现代经济中居于核心地位的金融，在促进资源有效配置、服务实体经济、完善企业制度等方面的作用愈发重要。同时，随着生活水平的不断提高，人们对金融服务的关心和需求也日益增强。作为大学经管类、财经类专业的核心课程之一，金融学这门学科本身的发展必须与外部环境变化保持同步。因此，无论是从发展现代经济角度还是从金融服务需求角度，抑或是从金融学本身的发展角度来说，与时俱进地对现代金融理论及实际运作进行理解和把握都是十分必要的。

本书作者的初衷是尽可能以严谨、简明的形式系统讲解金融学要义，读者对象为经管类、财经类等专业的大专院校学生以及有意系统学习金融知识的社会各界人士。另外，本书也可供金融领域研究人员和实际工作人员参阅。

与同类教材相比，本书具有以下主要特点：

第一，以详细讲解金融核心理论为主。本书内容不同于以往金融教材大部头的形式，有助于读者在较短时间内掌握金融学要点。

第二，图文并茂、深入浅出，由浅入深，循序渐进。为帮助读者更好地理解抽象的金融理论，全书采用前述表现形式，并注重各章节之间的关联性。

第三，理论不陈旧。内容不仅涵盖了传统意义上的金融理论，也积极吸收了近年来金融学最新的理论发展成果。

第四，理论和实际结合。本书内容重视金融理论与现实世界的联系，在对金融理论进行讲解时，结合实际运作，力争做到内容不脱离现实。

第五，专业术语中英文对应，适应经济全球化的发展形势。鉴于金融业专业性强、金融全球化进展迅猛等特点，每章节的专业术语均以中英文对应的形式出现，有利于读者学习与掌握。

从教材的内容设计来说，本书内容层次分明，系统性较强。首先讲解金融的基本构造和金融体系等基础知识，为后续章节打下基础；继而以金融市场、利率与资产价格、金融机构、公司金融为中心，将读者带入金融的微观领域；最后讲解与金融监管、货币政策等宏观金融领域相关的理论。

本书是在古川 显所著『テキストブック 現代の金融（第3版）』（東洋経済新報社，2014年）的基础上修改扩充、新增中国金融相关内容而成。本教材得以出版，承蒙郑州大学出版社的领导及编辑的热情支持和帮助，在此深表谢忱！

由于作者水平有限，书中若有不妥和错误之处，敬请学界同人及诸位读者批评指正。

古川 显　王　凌
2018 年 9 月

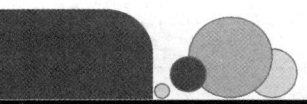

目录

前言
第一章　金融的基本构造与运作 ·· 1
　　第一节　金融交易与实物交易 ·· 1
　　第二节　融资的方式与金融的功能 ·· 4
　　第三节　金融中介机构与资本市场 ·· 7
　　第四节　货币的定义与职能 ··· 14
　　附录一　国民所得计算与资金盈缺 ······································· 20
　　附录二　居民的消费行为与金融交易 ····································· 25
　　附录三　货币的存在与经济整体交易成本的降低 ··························· 26

第二章　金融体系 ·· 29
　　第一节　何谓金融体系 ··· 29
　　第二节　两种金融体系的比较 ··· 32
　　第三节　市场型间接融资 ··· 38

第三章　金融市场 ·· 48
　　第一节　金融市场概论 ··· 48
　　第二节　货币市场 ··· 50
　　第三节　资本市场 ··· 58

第四章　利率与资产价格 ·· 68
　　第一节　利率与风险溢价 ··· 68
　　第二节　利率与债券价格 ··· 73
　　第三节　利率期限结构 ··· 76
　　第四节　股票定价与资产泡沫 ··· 80

第五章　金融机构 ·· 87
　　第一节　商业银行行为理论 ··· 87
　　第二节　金融机构的功能 ··· 90

第三节　逆向选择与道德风险 ··· 94
　　第四节　关系型银行业务 ··· 100
　　第五节　金融机构与不良贷款问题 ····································· 102
　　第六节　中国的金融机构体系 ··· 105

第六章　公司金融 ·· 113
　　第一节　企业融资 ··· 113
　　第二节　投资的决定 ··· 115
　　第三节　完美资本市场假设与 MM 理论 ································· 117
　　第四节　资本市场的非完美性与代理成本 ······························· 119
　　第五节　企业融资与公司治理 ··· 125

第七章　支付结算、信用秩序与金融监管 ···································· 131
　　第一节　支付结算体系 ··· 131
　　第二节　信用秩序的维护与金融监管 ··································· 136
　　第三节　审慎监管 ··· 139
　　第四节　BIS 管制 ·· 145
　　第五节　中国金融监管的改革与发展 ··································· 148

第八章　货币政策 ·· 153
　　第一节　货币政策与中央银行 ··· 153
　　第二节　货币政策目标 ··· 156
　　第三节　货币政策工具 ··· 160
　　第四节　中央银行的金融调节 ··· 163
　　第五节　中国人民银行的金融调节 ····································· 170
　　第六节　货币政策的效果 ··· 175
　　第七节　信用创造理论与货币乘数理论 ································· 179
　　第八节　非常规货币政策 ··· 185

参考资料 ·· 194

专业术语索引(中英文对照) ·· 199

第 一 章
金融的基本构造与运作

第一节　金融交易与实物交易

若问现代社会的最大特征是什么,不同学术领域会给出不同答案。金融经济学给出的答案是高度发达的**货币经济**(monetary economy)。在现实经济中,经济对象用货币来衡量,商品及服务的交易以货币为媒介,甚至就连货币本身也被当作交易的对象。可以说,货币就像人体中不断循环的血液,在无数经济主体间循环着。

为了更好地理解复杂的货币及金融现象,从与整体经济活动的关联角度来把握货币的流动,厘清货币交易(金融交易)与商品及服务交易(实物交易)的关系,至为重要。

一、金融资产的变化与储蓄、投资

凡进行经济活动的经济主体(具体包括居民、企业、政府等),都持有某种形式的资产和负债。将任意经济主体在任意时点的资产和负债持有情况综合反映出来的便是**资产负债表**(balance sheet,见表1-1)。

资产负债表左侧的资产,按性质可大致分为两种类型:**金融资产**(financial assets)与**实物资产**(real assets)。所谓金融资产,包括现金、存款、股票以及从公司债、国债等各类债券到个人借据等表示债权债务关系(借贷关系)的所有凭证。换句话说,持有金融资产,意味着拥有要求获取未来收益的权利。①

表1-1　经济主体的资产负债表

资产	负债及净资产
金融资产	金融负债
实物资产	净资产

资料来源:在Furukawa[2014b]图表1-1的基础上加工制成。

与此相对,正如字面意思所示,实物资产指的则是住宅、耐用消费品、机器、设备、制

---

① 在物价水平保持不变的情况下,现金的未来收益为零。

成品及原材料库存等可以进行再生产的有形固定资产。

实物资产和金融资产不仅在物质形态上不同,在以下几个方面也有着显著区别:

(1)人们持有实物资产的目的主要是为了获取其带来的直接效益,与此相对,人们持有金融资产则是出于比较间接的目的,即为了储存在将来某一时点能使用的**购买力**(purchasing power)。

(2)金融资产的**流动性**(liquidity)大大高于实物资产。这里所谓的流动性,简单说来,指的是在不产生损失(譬如,变现时需支付的交易成本或资产价值的减少额等)的前提下将金融资产变现的难易程度。由于货币具有购买力,因此,可说其是拥有100%流动性的金融资产。

(3)对金融资产持有者来说,存款、债券等金融资产代表的是一种将来要求返还一定数额货币的**债权**(claims)。正如一个人借出去的钱就是另一个人所借的钱一样,金融资产的存在,意味着在另一方面一定存在着与此相对且相抵的**金融负债**(liabilities,简称为**负债**)。在这一点上,金融资产和实物资产具有本质区别。[①]

接下来,我们再来看看资产负债表的右侧。右侧的项目也可大致分为两种类型:金融负债与**净资产**(net worth)。关于金融负债,正如前述,即为保证将来还款的债务凭证,广义上来说,就是**借据**(IOU:I owe you)。与此相对,所谓净资产,亦称**股东权益**或**所有者权益**(owner's equity),指的是从任意经济主体所持有的所有资产(金融资产+实物资产)中扣除金融负债后的余额部分。换句话说,净资产为各经济主体从过去到现在积蓄的资产净额。一定期间内净资产的增加额,便是该期间的储蓄额。净资产有时也呈负值,即负债超过了总资产(金融资产与实物资产的总和),这种情况被称为**资不抵债**(insolvency)。

正如净资产的定义所示,资产负债表左侧项目的合计(资产总额)与右侧项目的合计必须保持恒等,因此,得出以下公式:

$$A + K = L + NW \qquad (1-1)$$

A、K、L、NW 分别表示金融资产、实物资产、金融负债和净资产。式 1-1 如果成立,则下式也自然会在任意一期间内成立(以下 Δ 表示该期间的变化):

$$\Delta A + \Delta K = \Delta L + \Delta NW \qquad (1-2)$$

在该式中,实物资产的增加(ΔK)是向实物资产的**投资**(investment)。譬如,购买住宅称为住宅投资,购买机器设备称为设备投资,增加原材料库存称为库存投资。而净资产的增加(ΔNW)正如前述,意味着该期间内的**储蓄**(savings)。因此,式(1-2)也可以写为:

[①] 从严格意义上来说,对于持有股票的经济主体来说,股票是金融资产,但对发行股票的企业(股份有限公司)来说,股票并不是金融负债(债务凭证),并不存在像其他金融资产那样的资产与债务的对应关系(关于股票,详见第三章)。

$$I + \Delta A = S + \Delta L \tag{1-3}$$

在这里，I 和 S 分别代表投资和储蓄。从前述说明可知，式（1-3）与式（1-2）所表示的意思是完全一样的。该式的左边表示经济主体的**资金用途**（uses of funds），即某一经济主体在一定期间内所筹措到的资金，或者是投向了库存投资、设备投资、住宅投资等实物投资（I），或者是以金融机构的存款及各种有价证券的形式转化成了金融资产的增加额（ΔA），二者必居其一，不会有第三种用途。

另一方面，该式的右边，表示经济主体在一定时期内的**资金来源**（sources of funds），即等式左边的资金用途所需要的资金，或者是来源于经济主体的储蓄（S），或者是通过向金融机构借款、发行债券等增加金融负债（ΔL）的方式筹措而来。虽然该式不过是将式（1-1）的存量形式改写为流量形式，但却很好地表现出了经济的实体面（实体经济）与金融面（金融经济）之间最基本的关联。

二、资金盈缺与金融

这里，若我们将式（1-3）变形一下，则可得出下列等式：

$$S - I = \Delta A - \Delta L \tag{1-4}$$

式（1-4）表示对于储蓄超过投资的经济主体来说，经常会产生与超额储蓄相应的金融资产的净增（$\Delta A - \Delta L > 0$）；反之，对于投资超过储蓄的经济主体来说，则会产生与超额投资相等的金融负债的净增（$\Delta L - \Delta A > 0$）。我们将储蓄超过投资的经济主体，称为**资金盈余者**（surplus unit）；将投资超过储蓄的经济主体称为**资金短缺者**（deficit unit）。

式（1-4）说明，任意的经济主体在任意期间内的金融资产和金融负债的增减，是储蓄和投资变化的反映。换言之，经济主体储蓄和投资之间的差额造成了**资金盈缺**（financial balance），即资金盈余或资金短缺。投资超过储蓄的资金短缺者从储蓄超过投资的资金盈余者那里筹集不足资金；反之，资金盈余者则向资金短缺者提供盈余资金。所谓金融或者金融交易，正是这种资金盈余者与资金短缺者之间的资金借贷（投融资）交易或者由其衍生出的金融资产的买卖（参见附录一）。

在资金借贷的问题上，资金的借方（资金短缺者）一方面从贷方（资金盈余者）那里获得现在能利用的资金，但另一方面向贷方承诺在将来某一时点返还资金。因此，金融交易本质上可说是从现在至将来的**跨期交易**（intertemporal transaction）。

第二节　融资的方式与金融的功能

一、融资的方式

融资方式,即资金短缺者筹措不足资金的方法,大致可分为两种:一种是资金短缺者利用过去自我积累的盈余(**保留盈余**或**留存收益**,retained earnings)或**折旧基金**(depreciation)等自有资金进行投资,称为**内部融资**(internal finance);另一种是资金短缺者从外部筹集资金,称为**外部融资**(external finance)。

而外部融资又可分为**直接融资**(direct finance)和**间接融资**(indirect finance)两种。直接融资,是指居民(住户)等资金盈余者的资金直接流向企业和政府等资金短缺者的融资方式。与此相对,间接融资则是指贷方(资金盈余者)的盈余资金通过**金融中介机构**(financial intermediary)流向借方(资金短缺者)的融资方式。

不管是直接融资还是间接融资,资金短缺者若想**筹集资金**(fundraising)都必须发行债务凭证或股票。资金短缺者发行的债务凭证和股票称为**初级证券**(primary security),从各级政府发行的公债(国债、地方政府债等)到企业发行的股票、公司债、票据,再到个人的借据等,种类繁多。所谓直接融资,可以说,就是资金盈余者直接购买资金短缺者发行的初级证券,由此前者的资金直接转移至后者的融资方式。而通过这种方式直接融通资金的最典型的市场,即为**证券市场**(securities market)或称**资本市场**(capital market)。

以商业银行(以下简称银行)为主的各种金融中介机构也通过发行债务凭证来筹集资金,如银行的存单(或存折)、保险公司的保险单、投资基金的投资受益凭证等。相对于初级证券,这些由金融中介机构发行的债务凭证,被称为**间接证券**(indirect security)。无疑,间接证券是其持有人对发行该间接证券的金融机构所享有的债权请求权。

金融中介机构一方面通过出售上述各种间接证券来筹集资金,另一方面,以放贷和购买有价证券的方式来进行**资金运作**(fund operation)。这种资金的运作,换句话说,其实就是购买资金短缺者发行的初级证券。

虽说间接融资的定义是资金通过金融中介机构,由资金盈余者向资金短缺者转移的融资方式,但若从债务凭证和股票的流向(与资金的流向相反)来看的话,间接融资也可理解为金融中介机构一方面购入资金短缺者发行的初级证券,而另一方面通过发行间接证券来筹措购买初级证券所需资金的融资方式(见图1-1)。这时,金融中介机构兼具两种性质:对于资金盈余者来说,其为资金的借方;对于资金短缺者来说,其又是资金的贷方。不过,说到底,提供资金的是资金盈余者,而筹集资金的是资金短缺者,因此,资金盈余者又被称为**最终贷款人**(ultimate lenders),资金短缺者又被称为**最终借款人**(ultimate borrowers)。

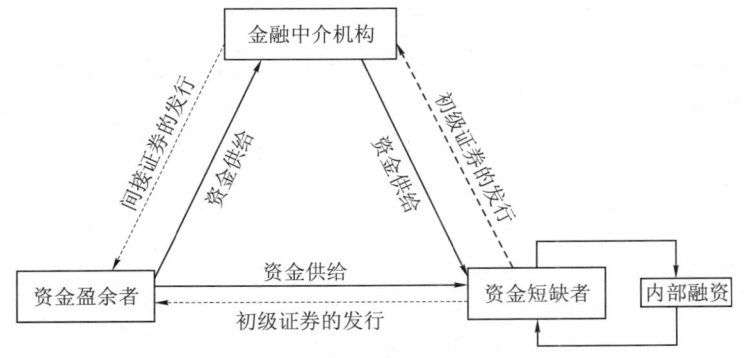

图 1-1 融资方式示意图

资料来源：在 Furukawa[2014b]图表 1-2 的基础上加工制成。

二、金融的功能

为了更好地理解金融的功能，让我们假设在一个经济体中，现金是唯一的金融资产。那么，在这个假想的经济体中，任何经济主体都不可能长期保持入不敷出（即支出超过收入）的状态。为什么呢？因为就算资金短缺者有很好的投资机会，也愿意承担一定风险来实施自己的投资计划，其只能用自己积蓄的现金（即通过内部融资的方式）来实现投资。也就是说，超过收入的投资额被限制在了该资金短缺者所拥有的现金金额之内。

而另一方面，对于支出低于收入（在收入范围内进行支出）的资金盈余者来说，其只能以现金这样一种不产生收益的资产形式来积蓄盈余。

因此，如果只有内部融资存在的时候，资金盈余者的盈余资金只能在其手头闲置，而无法转移到欲实现良好投资计划的资金短缺者。这不仅会严重影响资金的有效分配，而且还使得整个经济体的投资停留在低水平，从而大大阻碍经济的发展。

但是，作为吸收资金盈余者盈余资金的手段，如果能发行初级证券，则情况将会大为不同。这时，资金短缺者只要发现好的投资机会，就可以通过出售初级证券来筹措所需资金，从而积极开展投资活动。初级证券的出现不仅缓解了企业等投资主体的**预算约束**（budget constraint），也为缺乏投资机会的资金盈余者持有能产生收益的金融资产（初级证券）提供了方便。

就这样，通过买卖初级证券，资金在两个不同类型的经济主体间进行转移，这将促进资金的有效分配和（实体）经济的成长，金融的核心功能正在于此。换句话说，通过连接资金盈余者和资金短缺者之间的投资、融资等活动来有助于（实体）经济的发展是金融的基本功能。

三、跨期支出的最优化

为了更具体地对上述内容加以理解，我们以**居民**（household）的消费行为为例，来考察一下金融的存在与否会带来什么样的不同结果。在这里，为了简化问题，我们假设消费期间只有现在和未来两期,而且现在的所得(Y_1)和未来的所得(Y_2)事先已知。下面,请结合图1-2来想一想,若要使居民的效用(满足程度)达到最大,应该如何分配所得,是将其用于现在的消费(C_1)还是用于未来的消费(C_2)呢?

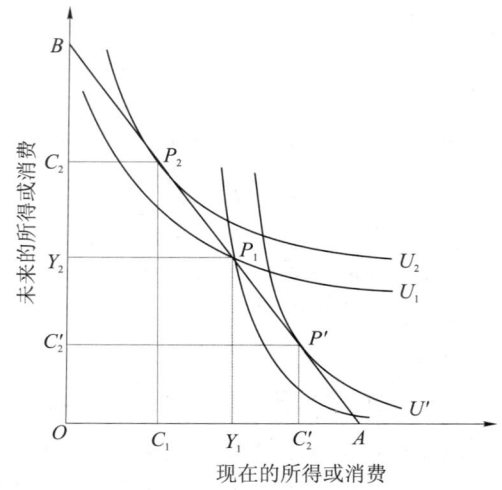

图1-2 跨期消费支出的最优化

资料来源:在Furukawa[2014b]图表1-3的基础上加工制成。

图1-2的横轴表示现在的所得或消费,纵轴表示未来的所得或消费。另外,U_1、U_2曲线为**无差异曲线**(indifference curve)。在同一无差异曲线上,现在消费和未来消费不管怎么组合带给居民的效用都是同等的。当然,离原点越远的无差异曲线,其表示的效用水平也越高。

如果把现在的所得都用于现在的消费、未来的所得都用于未来的消费,那么,该居民的消费组合便如图中点P_1所示,这时该居民通过消费所获得的效用水平为U_1。

但是,如果金融存在(即,可进行金融交易),居民能以一定的利率(r)进行储蓄或借款的话,那么,可供该居民选择的消费组合就如图中的直线AB所示。如果该居民的消费行为合理,即追求效用的最大化,那么其会选择直线AB和无差异曲线U_2的切点P_2。也就是说,在第一期(现在)中,仅将所得Y_1中的C_1用于消费,余额(Y_1-C_1)则用于储蓄,等到第二期(未来)时,能用于消费的金额则不只是未来所得Y_2,还包括储蓄的本息总额(相当于纵轴上的C_2Y_2)。请注意,居民在点P_2处获得的效用比点P_1(金融不存在的情况)高。

另外,正如无差异曲线U'所示,如果与未来相比,居民更喜欢现在消费的话,选择点P'则更为合理。这时,该居民在第一期(现在)的消费超出了所得Y_1,其超出额($C_2'-Y_1$)靠借款解决,到了第二期(未来)时,能用于消费的只能是未来所得Y_2中还掉借款本息(相当于纵轴上的Y_2C_2')后的剩余部分。值得注意的是,这时,居民的效用也显然比原来(点P_1)要高。

综上所述,与金融不存在的情况相比,金融存在的情况下,经济主体能够实现给自己带来更高效用、更理想的消费模式,从而达成跨期的最佳资源分配(关于居民的消费行为与金融交易的数学模型,请参见附录二)。

第三节　金融中介机构与资本市场

一、资金的转移

如前所述,在资金借贷的问题上,资金的借方(资金短缺者)一方面从贷方(资金盈余者)那里获得现在能使用的资金,另一方面,对贷方承诺在未来某个时点返还所借资金,因此,从本质上来说,金融交易是横跨现在和未来的跨期交易。换言之,所谓金融交易,也可称为是将现在的购买力和未来的购买力进行交换的交易。在这样一种以跨期的资金交易为特征的交易中,通过资金由贷方向借方的转移,经济主体可以灵活地调整资金出入的时间。

为了更好地对此加以理解,我们再回到图1-2来思考一下居民的消费行为。正如该图所示,如果金融交易不存在(即无法进行金融交易),那么,居民现在的消费就不得不完全依靠现在的所得,而将来的消费也必须完全依靠将来的所得。但如果金融交易存在(即可以进行金融交易),居民便能够以一定的利率进行资金运作(如储蓄等)或从别处融资(如借款等)。如果我们把金融交易不存在和金融交易存在的这两种情况加以比较,可发现显然后者比前者扩大了居民可选择的消费组合范围,从而提高了居民的效用水平。即,由于金融交易的存在,使得跨期消费支出的最优化得以实现。

这种原理同样也适用于企业。譬如,即使企业有很好的投资机会,也有把握获得巨大的投资回报,但若没有投资所需的足够资金,其就不得不从别处融资。若无法从别处筹集到所需资金,那么企业自然只能"忍痛割爱",放弃这个很有前景的投资机会了。但这时如果可以进行资金的借贷(即可进行金融交易),那么,企业便可以通过发行初级证券来筹集所需资金,进而顺利地实施投资。另外,在金融交易存在的情况下,对有资金盈余的企业来说,即便是现在没有优良的投资机会,也可以通过持有各种不同性质的金融资产来进行资金运作,而从资金运作中获得的收益可以等到将来发现优良投资机会时使用。也就是说,由于金融交易的存在,企业可以抓住优良的投资机会并加以有效利用,同时也可以实现跨期投资支出的最优化。

值得注意的是,不仅是对个人或个别企业,从整个经济来看,如果可以进行金融交易,那么资金可以从没有投资机会(或投资能力)但有资金盈余的经济主体流向有投资机会(或投资能力)但没有资金的经济主体。譬如,前者可以买入金融中介机构发行的间接证券,而金融中介机构又将由此筹措来的资金用于购买后者发行的初级证券(即通过间接融资的方式）；或者，后者可以发行初级证券，而前者通过证券市场买入这些初级证券（即通过直接融资的方式）。不管是哪种融资方式，这种资金由最终贷款人向最终借款人的转移，能够大大提高潜在投资机会得以实现的可能性，并最终提高一个经济体整体的经济活动水平。

二、风险的转移

除了转移资金以外，金融交易还有一个重要的作用，那就是转移风险。由于金融交易是将现在的购买力与未来的购买力进行交换的跨期交易，因此在资金由最终贷款人转移至最终借款人的过程中，自然会存在不确定性，会产生**风险**（risk）。

譬如，现在资金若以贷款的形式由贷方向借方转移，那么对贷方来说，由于无法保证未来一定能收回贷款（以及作为贷款报酬的利息），因此其面临着坏账风险，即借方不履行偿还贷款本息义务的风险。这种坏账风险或者**违约风险**（default risk），一般被称为**信用风险**（credit risk）。在金融交易中，有不少能够降低信用风险、促进资金由贷方转移至借方的技术与方法。下面，我们分别从直接融资和间接融资这两个方面来对此加以具体说明。

之前我们已经谈到，所谓直接融资，是指最终贷款人直接购入（通常是通过证券市场）由最终借款人发行的初级证券的机制。因此，如果最终借款人陷入经营危机或乃至面临企业破产，那么其发行的初级证券的市场价值将大大降低，或者甚至是变得一文不值。由此可知，直接融资，也可理解为是一种最终借款人不履行债务的信用风险完全由最终贷款人承担的机制。

在直接融资中，最终借款人发行的初级证券的代表是**债券**（bonds）和**股票**（shares 或 stocks）。债券是一种最终借款人为筹集资金而发行的证券，也是资金的借方（债务人，如企业、政府等）不管自己收益如何，都承诺将会依照契约向资金的贷方（债权人）偿还所借资金（本金）并按事先确定的一定利率支付利息的债务凭证。这样的契约，即债务人承诺在一定期间内向债权人偿还债务本息（本金及利息）的契约，通常被称为**债务契约**（debt contract）。这种债务契约的最大特征是，即便企业等债务人的收益（利润）增加，债务人向债权人支付的本息金额也不会随之而增加，债务人只需向债权人支付事先契约中约定的本息金额即可；反之，当债务人的收益大幅减少时，债务人有可能**不履行债务**（default），即债务人无法按时足额偿还本息。也就是说，债券交易中，债务最终是否得到偿还取决于债务人的偿还能力，因此可以说，债券是基于**有限责任**（limited liability）的原则。

另一方面，股票表示的是股份公司**股东**（shareholder）的权利。股票虽说和债券一样，是有价证券中的一种，但具体说来，它是将扣除债务契约规定的应付款项、企业内部的留存利润（保留盈余）和折旧基金之后所剩下的企业利润以分红的形式分配给股票持有者（股东）的凭证。如果发行股票的企业利润增加，那么给股东的分红也会相应增加；反之，如果利润减少，那么给股东的分红也会相应减少，甚至是不分红。因此，就股票来说，给股东的股息(股利)通常会随着企业利润的增减而变动。在这一点上,股票与债务契约有着很大的不同。

综上所述,债券的本息支付是根据有限责任的原则,仅限于企业的支付能力范围内,而分配给股东的股息则受企业利润多寡的左右。因此,通过发行债券和股票来筹集实施某项目的资金时,若该项目以失败告终,则最终贷款人将承担部分乃至全部的项目失败风险。就像这样,直接融资不仅是最终贷款人提供的资金转移到最终借款人的机制,同时也是将后者的风险转移给前者的机制。直接融资所起的作用,就是通过这种风险的直接转移来实现资金的顺畅转移。

若从风险的转移这个角度来看,间接融资的意义则更加明显。正如前述,所谓间接融资,就是资金盈余者(最终贷款人)的资金通过金融中介机构向资金短缺者(最终借款人)转移的机制。这里的金融中介机构如果是银行的话,那么资金短缺者的信用风险就由银行承担,只要银行没有破产(即没有到资金周转不灵、无法偿还债务的地步),资金短缺者的信用风险就不会直接影响到为银行提供资金的存款人。这里的金融中介机构如果是保险公司的话,即便其贷给资金短缺者的资金出现了坏账,通常这种出现坏账的风险由保险公司负担,而不会波及投保人。

由人寿保险公司和财产保险公司所提供的保险服务,很典型地反映出了金融中介机构将风险的转移作为其主要业务的情况。另外,当银行、保险公司持有资金短缺者发行的债券和股票时,这些初级证券的市场价格出现变动的风险,即**价格波动风险**(price risk),和信用风险一样由银行或保险公司承担,而不必由存款人或投保人承担。这是因为银行、保险公司等金融机构实行的是**分散投资**(diversification),即从存款人或投保人等资金盈余者筹集来的资金被用于各种各样的贷款或支付各种保险金或被分散到各种各样的金融资产加以运作。与把资金集中投资于个别金融资产相比,金融机构的分散投资更能达到**分散风险**(risk diversification)的效果。①这个运作手法对**投资基金**(investment funds)也适用。投资基金通过发行一种性质上属于间接证券的投资受益凭证来筹集投资者的资金,并保证将投资收益按投资比例分配给投资者,换句话说,投资者享有按出资比例获取基金运作收益的权利(关于投资基金,详见第二章)。从这种意义上来说,投资基金也属于金融机构的范畴之内。由于投资基金是由专门的投资机构进行分散投资,即将资金投于各种各样的金融资产,因此,投资基金具有一定的抗风险能力。

由此可见,金融中介机构通过在承担信用风险和价格风险的同时,发行存单(或存折)、保险单、投资受益凭证等风险相对较小的间接证券,以此来转移风险和扩大金融交易。

---

① 严格地说,并不是所有的风险都是能用分散投资来分散的,能分散的只是个别企业或行业的特有风险,即**非系统性风险**(idiosyncratic risk),而与整个市场有关的**系统性风险**(systematic risk)是无法通过分散投资来规避和分散的。

三、资产转换功能与结算功能

除了促进资金的融通和风险的转移以外,金融中介机构还有一个重要功能,即实现**资产转换**(asset transformation)。譬如,银行一方面通过发行存单(或存折)来筹集最终贷款人的盈余资金,另一方面通过发放贷款、购买债券或股票的方式将所筹集的资金提供给最终借款人,这个过程实质上实现了资产形式的转换,即:最终贷款人的资产(存款)转换成了银行的资产(贷款、债券和股票)。若从风险的角度来解释的话,资产转换功能就是指将最终借款人发行的初级证券中具有的风险承担下来,并将其转换成风险小于初级证券的间接证券。①

金融中介机构之所以能发挥资产转换功能,是因为其不仅能通过**规模经济**(economies of scale)、**范围经济**(economies of scope)以及资产运作的多样化和分散化来降低运作资产整体的风险,还可以通过审查、监督、债权管理与回收等专业性很强的活动来降低个体借方(与整体区别开)的信用风险。在这一点上,金融中介机构的资产转换功能与风险承担功能可谓相辅相成,因此可以说资产转换功能的本质就在于**风险转换**(risk transformation)。

虽说资产转换的本质在于风险转换,但也必须注意,资产转换同时还具有**流动性转换**(liquidity transformation)的一面。由于"流动性"指的是金融资产变现的难易与快慢程度,因此"流动性转换"指的是金融中介机构将最终借款人发行的初级证券转换成期限相对较短、变现能力较强、流动性较好的间接证券。也就是说,金融中介机构通过发行期限相对较短的债务来筹集资金,并将筹集来的资金用于购买期限相对较长、变现能力较弱、流动性较差的资产。因此,也可以说流动性转换是**期限转换**(maturity transformation)的结果。银行通常是"借短债放长贷",被认为是进行这种"流动性变换"的典型。银行一方面从最终贷款人(存款人)处吸收变现能力强的短期存款(如活期存款),另一方面向最终借款人发放变现能力弱的长期贷款,而且,只有在债务到期时,银行才能要求最终借款人偿还本金和利息。简单地说,就是银行利用流动性好的短期存款发放流动性差的长期贷款。

那么,银行为什么能完成期限转换或流动性转换呢?这与银行具有的**结算**(settlement)功能有关。银行对从众多存款人筹集来的资金实行统一管理,使每个存款人取款的时机平准化(即不出现大的波动),并依此对存款人提供居民活期存款、单位活期存款等**活期存款**(demand deposit)的结算账户服务(如办理转账、汇款、刷卡消费、投资、贷款

---

① 最早将"资产转换"视为金融中介机构功能之一的是 Gurley and Shaw [1960]。该书为二战后金融经济学的发展提供了新的理论框架。不过,在该书中,证券公司并不被包含在金融中介机构之内。其理由是,在直接融资方面起主导作用的证券公司,与一般的金融中介机构不同,并不发行间接证券。由于该书的影响,证券公司不包含在金融中介机构之内的见解长期占主导地位。但是,近年来,也有不少学者把证券公司归入金融中介机构的范畴,认为在行使金融中介功能这一点上,证券公司与银行等发行间接证券的一般金融机构一样。在本书中,谈到金融中介机构时,只要不加特殊说明,仍然是沿用不包含证券公司的传统见解。

四、金融中介机构与信息不对称

前面我们已经谈到,资金的借贷交易(金融交易)不仅能使得资金及风险在借贷双方之间发生转移,从而改善借方与贷方个体的经济状况,而且还有利于促进整个经济的发展。但是,这里有一个现实问题必须考虑,即贷方在把自己的资金提供给借方之前,对借方的财务健全性、还款能力、拟投资项目的收益及前景等,无法拥有像借方那样充分的信息。

另外,在款项贷出之后,即贷方的资金转移到借方之后,对贷方来说,判断借方是否完全依照原先签订的契约来使用资金也比较困难。譬如,借方名义上称所借资金将作为**设备资金**(equipment funds),即作为用于购买土地、房屋和机器设备等的长期资金使用,但实际上却说不定将其用于了**营运资金**(working capital),即作为用于购买原材料、支付工资等的短期资金使用。而且,款项贷出之后,和款项贷出之前一样,在借方的收益性、财务健全性等方面,贷方也面临着**不确定性**(uncertainty)。虽说贷方为防范借方无法还款(不履行债务),换言之,为防范借方的信用风险,可以在放贷之前,要求借方提供**抵押品**(collateral),但这也无法完全解决不确定性的问题,因为款项贷出之后抵押品价值完全有可能出现下跌,甚至跌至低于贷款金额的水平。这里的抵押品,指的是贷方为了在借方无法还款时优先获得偿还而要求借方提供的实物资产,通常以不动产(如土地等)抵押居多。具体来说,当借方不履行债务时,贷方有权依照法律的规定以抵押品折价或者以变卖抵押品的价款优先获得偿还。

正如此,在贷方与借方之间出现贷方掌握的信息比借方少的情况是很常见的。也就是说,将贷方与借方相比较,前者处于信息劣势,而后者则处于信息优势,即两者之间存在着**信息不对称**(asymmetry of information)。在初级证券的交易中,有关卖方(借方)的信息(如卖方究竟是谁?具有何种特征?还款能力如何等)对买方(贷方)来说则显得尤为重要。①

信息不对称的存在会严重阻碍金融交易的顺利进行。为什么这么说呢?因为对资金的贷方来说,正确评估借方的违约风险、财务健全性(或破产可能性)、还款能力及还款

---

① 在一般的商品及服务的交易中也会出现信息不对称的问题。对卖方是否信任、是否能够分辨出卖方商品或服务的质量,在不少情况下,都会直接影响到商品及服务交易的成败。在这方面,经典的例子是二手车市场。关于二手车的质量,卖方可以说是了如指掌,而买方却是一无所知。在这种情况下,如果车况好的车与车况差的车毫无区别地以同等价格在二手车市场上出售,那么将形成车况好的车被挤出市场、市场上仅剩下车况差的车,即劣货驱逐良货的局面。一般来说,在劣货与良货之间,消费者的合理选择自然是选择良货,因此,在二手车市场上,由于价格无法反映出真实的二手车质量而导致消费者选择车况差的车,这种现象被称为"逆向选择"。关于这种买卖双方之间由于信息不对称性而产生的逆向选择现象,详见第五章。

意愿、投资项目收益性,并筛选出信用优良可靠的借方将变得十分困难。因此,**不良贷款**(non-performing loan)增加、信用风险表面化的可能性将增大,从而影响到金融交易的顺利进行。

当然,对于资金的贷方,特别是金融中介机构来说,由于信息不对称会对其收益等产生决定性影响,因此资金的贷方会采取种种办法来克服信息不对称。也就是说,立足于自身积累的信息和过去的经验,金融中介机构具有评估借方的资信状况、还款能力、投资项目收益性等的专业能力(审查筛选能力),并能够有效运用该能力来甄别出收益性高、信用风险低的优良借方。而且,在资金贷出后,金融机构将会监督借方是否信守之前所承诺的还款条款,如果有必要的话,还会要求借方提供新的抵押品,以此来确保债权得以保全和回收。通过这种金融中介过程中的**贷前审查**(ex-ante screening)活动和**贷后监督**(ex-post monitoring)活动,金融中介机构自然也就成为"生产"借方信息的生产者。

五、证券市场的作用

我们已经知道,直接融资指的是最终贷款人和最终借款人通过买卖初级证券使得资金从前者直接转移到后者的金融方式。不过值得注意的是,对企业、居民(家庭)来说,像字面意思那样直接进行资金的借贷并不容易。这不仅是由于前面提到的信息不对称,而且还由于贷方与借方之间对金额、期限、利率等借贷条件等往往持有不同意见。也就是说,直接融资的前提是,每个贷方或借方都能找到在借贷金额、期限、利率等条件上完全达成一致的交易对手。然而,整合贷方和借方在借贷条件上的不同要求,使资金的供求达成一致绝非易事,需要投入大量资源。具体来说,**证券公司**(securities company)或**证券交易所**(stock exchange)的设立,便可理解为是一种资源的投入,而证券市场便是由证券公司和证券交易所构成的,买卖股票、债券等初级证券的场所。

证券公司的业务主要有以下四种,即**证券经纪业务**(broking)、**证券自营业务**(dealing)、**证券包销业务**(underwriting)、**证券代销业务**(selling)。下面我们将对这四种业务进行详细说明。

证券经纪业务,是证券公司接受投资者(顾客)的委托,代理其买卖证券,从而获取委托手续费的业务。证券自营业务,则是证券公司用自己的账户(以自己的名义和资金)进行证券交易,从而赚取买卖价差的业务。由此可见,证券经纪业务只是为证券的交易双方充当买卖中介,证券公司不必承担股票、债券等证券的价格波动风险;而证券自营业务则是证券公司本身作为投资者参与到市场,需要自身承担价格波动风险。

证券包销业务,指的是在发行证券的时候,证券公司为了将该证券卖给不特定多数的投资者,而将证券发行人(如企业等)的证券全部或者部分购入的业务。在该业务中,如果证券公司在有关期限内没有将该证券全部售出,则一般需要按照协议将所剩证券全部自行购入。也就是说,证券公司需要承担有可能无法全部售出的风险。而证券代销业务则指的是,证券公司接受证券发行人的委托,代理其向不特定多数的投资者出售证券,与包销业务不同,当出现没有全部售完的情况时,证券公司将未售出的证券退还给发行人即可,无须购入所剩证券。

如上所述,证券公司通过在证券发行环节(证券包销业务和证券代销业务)和证券流通环节(证券经纪业务和证券自营业务)的专业化和技术化,发挥着将最终贷款人和最终借款人顺畅地连接在一起的作用。

特别值得一提的是,证券公司根据自身所积累、拥有的信息对证券发行人和发行目的进行事前(即发行证券之前)的筛选,并通过分析市场行情来决定发行条件、发行方式和发行时机。证券公司的包销业务可谓是充分体现了这一点。这里所说的发行条件,若是股票,指的是发行股票的类型、面值、发行股数、发行价格、募集资金总额等;若是债券,指的是发行额、面值、期限、偿还方式、票面利率、付息方式、发行费用、有无担保等;若是基金,则指的是基金类型、基金规模、存续时间、发行价格等。所谓发行方式,指的是发行证券时,是采取以不特定的多数投资者为发行对象的**公募方式**(public offering),还是采取以特定的少数投资者为发行对象的**私募方式**(private placement)。证券公司通过运用这一系列的与证券发行相关的专业知识和技能,向市场提供规范化(格式化)的、质量达到一定标准的证券或者说资信度较高的证券,以此来确保在直接融资过程中资金筹措与资金运作能高效、有序、顺畅地进行。

证券市场,由**发行市场**(primary market,又称**一级市场**、**初级市场**)和**流通市场**(secondary market,又称**二级市场**、**次级市场**)两者构成。前者是企业、政府等资金短缺者发行、出售新证券的市场,发行人通过发行证券一方面筹集资金,另一方面也向投资者提供新的资金运作手段。后者是对已发行的证券进行买卖以实现流通转让的市场,只要是在交易时间内,市场参与者可随时以市价进行证券的买卖。因此,可以说,证券流通市场发挥着赋予证券流动性的经济功能。

证券发行市场是流通市场的基础,若没有新证券在发行市场发行,则自然不可能在流通市场进行证券的买卖,另外,证券发行市场的规模直接决定着流通市场的规模。反过来说,若发行的证券无法在流通市场进行买卖,即在发行市场购买的证券无法转让,这必然大大降低发行市场对投资者的吸引力,并进而影响到发行市场的规模与活力。而且,发行市场上的发行价格通常是以证券在流通市场上的交易价格为基准来确定的,即流通市场上的交易价格制约和影响着发行市场上的发行价格。由此可见,发行市场和流通市场紧密相连、相互依存且相互影响,是一个不可分割的整体。

在流通市场的证券交易中起到核心作用的是证券交易所。证券交易所通过提供公开、公平、公正的市场环境来促进价格竞争和发现合理的交易价格,并通过将证券交易集中起来而降低交易成本(如寻找交易对手的成本等)、提高交易的便捷性。在证券交易所进行的交易,即**场内交易**(exchange trading),有以下四个特点:

(1)在证券交易所的交易时间内,本着竞买竞卖的原则进行交易;

（2）在证券交易所按照竞买竞卖的原则达成的价格，将作为公开牌价公布；

（3）交易的参加者（证券交易所的会员）原则上只限于达到证券交易所标准的证券公司；

（4）交易对象只限于符合证券交易所上市标准、获得上市资格的有价证券。

这里的"**上市**"（go public），指的是发行证券的企业向证券交易所提出申请，经过证券交易所的上市资格审查、获得批准后，在交易所公开挂牌交易的法律行为。通常，所发行的股票在证券交易所上市的企业被称为**上市公司**（listed company）。

相对于上述在证券交易所内进行的交易，顾客与证券公司之间或者证券公司相互间在证券公司的柜台（营业处）进行的交易，称为**店头交易**（over-the-counter trading，又称 **OTC 交易**、**柜台交易**）。证券交易所内的交易是在高度组织化的、集中的市场进行，与此相对，店头交易的特点是没有统一的组织和系统的交易程序，由证券买卖双方采取协议的方式分散、个别地进行交易。

在证券市场，从保护投资者的角度来说，**信用评级**（rating）也很重要。所谓信用评级，就是第三方机构以国家、地方政府、公司所发行的债券为对象，对其按期还本付息的可靠程度和安全性进行评估，并用英文字母等简单的符号来表示等级（如 AAA、AA、A、BBB、BB、B、CCC、CC、C 的九级表示法）。专门从事这种信用评估的第三方机构，被称为**信用评级机构**（rating agencies）。这种评级机构提供的信息是投资者决定投资与否的重要判断依据，譬如，BBB 级以及 BBB 级以上一般被市场参与者认为是"投资级"，而 BBB 级以下，则被视为"具有投机性"。而对证券发行企业来说，由于获得较高等级的信用评级后就能够以相对有利的条件发行证券，这当然会激励其主动争取获得高等级的评级。一般来说，若评级等级提高了，则公司债券等的筹资利息（即筹措资金时所发生的利息费用）就会降低；反之，若评级等级下降了，则筹资利息就会上升。

第四节 货币的定义与职能

一、货币的职能

不管是金融交易，还是商品或服务交易，几乎所有的经济交易中，都需要货币。之前，在表达"货币"之意时，曾使用了"资金"一词。所谓资金，指的是具有特定用途的货币。譬如，用于购买**消费品**（consumption goods）的资金称为消费资金，购买机器设备等**资本品**（capital goods）的资金则称为投资资金。

那么，货币究竟是什么呢？虽然我们在日常生活中每天都使用货币，其对我们来说实在是再熟悉不过，但要为其下个明确的定义却并非易事。为了便于大家理解货币的含义，在这里将英国经济学家、1972 年诺贝尔经济学奖得主希克斯（John R. Hicks, 1904—

1989)所下的定义介绍给大家：

"货币,以其职能来定义。任何作为货币而被使用的东西,都是货币。即,'所谓货币,就是货币所行使的职能'。"①

在二战时期的战俘营中,战俘们用香烟来交换其他物品,即某物品可用多少支香烟来交换;而在20世纪80年代末苏联解体时期,首都莫斯科的街头出现了人们用香烟来代替卢布的情况(Mankiw [2011], p.438)。按照希克斯的观点,即:行使货币职能的就是货币,或换句话说,货币由其职能而定义,那么,在这两个例子中,香烟就是货币了。

即使我们接受希克斯的这种观点,接下来我们还必须回答"货币到底拥有何种职能？"这个问题。下面,我们就来阐述一下传统意义上所说的货币职能。

1. 交换媒介

作为货币固有的职能而众所周知的是被称为**交换媒介**(medium of exchange)或**支付手段**(means of payment)的职能。简单地说,我们可以将此理解为"货币是交换活动的桥梁";而具体地说,这指的是,正如购入商品或服务时需要使用货币、偿还债务时需要使用货币一样,货币,作为社会上公认的支付手段,可以与一切经济交易中的对象进行交换。②

要理解货币这种交换媒介的职能,我们可以想象一下其不存在的经济,即所谓"**物物交换经济**(barter economy)"。举个简单的例子。假设现在种植香蕉的专业户想要一副乒乓球拍。如果不存在货币这个交换媒介的话,该农户就只能以物易物,即用自己产出的香蕉来与他人持有的乒乓球拍进行交换。不过,要完成这样的交换,可不是件容易事。首先,这位想要乒乓球拍的香蕉专业户必须找到既想要香蕉、同时又有乒乓球拍的人。就算费尽周折,在茫茫人海中找到了这样的人,两人还必须就交换比率达成一致(即,用多少斤香蕉交换一副乒乓球拍)。如果双方在交换比率上久久相持不下的话,那么该农户辛苦种植出的香蕉将有可能腐烂而丧失其交换价值。

这个例子充分说明,物物交换很容易受到偶然因素的影响,因此,交换成立的可能性极其有限,这是物物交换的局限性之一。按照英国经济学家杰文斯(William S. Jevons,

---

① 原文为:"Money is defined by its functions: anything is money which is used as money: 'Money is what money does.'"(Hicks [1967], p.1)。其实,"Money is what money does"这句话并非希克斯所创,最先提出这个观点的是美国经济学家沃克(Francis A. Walker, 1840—1897)。尽管意思相同,但沃克的原话是"Money is that Money does"(Walker [1878], Part 2, p.405)。

② 在这里,作为货币的职能,交换媒介与支付手段在同等意义上使用。有学者认为,结算手段作为货币的职能也可与其在同等意义上使用。譬如,英国经济学家霍特里(Ralph G. Hawtrey, 1879—1975)指出:"在法律上,货币是债务的清偿手段(the means of discharging a debt),与交换媒介相比,这才是货币更广泛的职能。货币之所以被当作交换媒介,是因为购买商品时会产生债务(笔者注:此时买主对卖主负有债务),而货币正好提供了清偿该债务的手段。当支付是用现金完成的时候,这只不过是意味着该债务即刻被清偿(the debt is *immediately* discharged,英文斜体强调依照原文)。"(Hawtrey [1919], p.15)

1835—1882)的说法(Jevons［1875］, p.5),物物交换成立的条件是交换双方之间必须实现"**需求的双重巧合**(double coincidence of wants)",即对方拥有自己所需之物,而自己拥有对方所需之物。为了实现这种需求的双重巧合,当然事前需要对谁有什么,需要什么等有所了解,并掌握准确的信息。

不过,从上述例子中我们能明白,收集交换所需的信息,费时费力,如果我们把为此花费的时间和劳力也看成费用的话,那么可以说,交换双方在收集这些信息时所承担的费用是相当高的。除了收集信息所需的费用以外,使交易商品不致腐烂或耗损的维护管理费用、将商品运至交易地点所耗费的时间、精力等费用也不能忽略。由此可见,物物交换的**交易成本**(transaction costs)高昂且效率低下。

值得强调的是,当货币作为支付手段出现在物物交换的经济中时,"需求的双重巧合"这种苛刻的制约条件即被解除。还是以刚才的例子来说明一下。香蕉专业户卖掉香蕉,获得货币这样一种具有**普遍接受性**(general acceptability)的支付手段,接着再用其来购买乒乓球拍即可。①而且,货币可以大大减少交换所需的信息量,降低为实现交换所需的交易成本,从而克服物物交换中的偶然性和局限性,大大增加社会交换的可能性。

最后需要指出的是,如果作为交换媒介、支付手段的货币不存在,那么现实中无数的商品或服务通过社会分工生产出来、并通过交换完成分配的经济体系自然是无法实现的。

2. 价值尺度

货币,还可用来衡量并统一表示商品或服务的市场价值。这是货币作为**价值尺度**(measure of value)或者**计算单位**(unit of account)的职能。

如果这种价值尺度不存在的话,那么,每件商品或服务的价格就都需要用其他各种商品或服务的价格来表示,如 1 台电脑 = 60 件毛衣 = 200 本书 = ……这将会产生数不清的交换比率,使得交易变得极端复杂。这是物物交换的另一个局限性。

譬如,假设现在进行交易的商品种类有 100 种。这时,如果没有统一的价值尺度的话,每种商品都将会产生 99 种交换比率。去掉重复的情况,交换比率的总数将达到 4950 种($\frac{1}{2} \times 100 \times 99$)。然而,如果这 100 种商品的价格用货币来统一表示的话,则能化繁为简,减少所有商品之间的交换比率,使得其只需直接与货币的价值进行比较,从而有效地降低了交易成本,使得所有商品的交易都能够高效顺利地进行(关于货币可降低经济整体交易成本的理论模型,参见本章附录三)。

---

① 最早对"普遍接受性"这一货币的内在特质进行强调并加以细致理论说明的是奥地利经济学家门格尔(Carl Menger, 1840—1921)。在 Menger［1892］中,他提出"可售性"(saleableness)这一概念,认为"可售性"最高的商品能成为"获得普遍接受的交换媒介(*generally acceptable media of exchange*,英文斜体强调依照原文)。"虽然这种见解根植于当时商品货币(即有实物支持的货币,如黄金、白银等)的时代背景,但是,对于后人理解货币的职能与性质起到了十分重要的推动作用。

而且，如果我们了解了货币作为价值尺度的这一职能，那么对于理解现代经济体系中货币与价格之间的关系以及价格是什么等经济学的核心问题也是非常有帮助的。从货币的价值尺度职能出发，我们可以说，货币是价格之体，我们不能离开货币来谈价格，因为没有货币，价格无法显示；而价格则可理解为是一种货币标量，是价值的货币表现，是以货币为表现形式的价值数字。

3. 价值储藏

货币的第三个职能是**价值储藏**(store of value)。这指的是，当货币作为被普遍接受的交换媒介、能够随时用于购买任意商品或服务时，通过出售商品或服务所获得的货币无须立刻花光，而是可以作为"资产"持有、储存，以备日后所需。

由于货币本身就是交换媒介，所以货币的流动性是所有资产中最高的，具有百分之百的流动性。正因为此，货币可以随时用于购买商品或服务，也正因为此，货币的价值可以被储存。英国经济学家凯恩斯(John M. Keynes, 1883—1946)认为货币是"现在与将来之间的桥梁"(a link between the present and the future, Keynes [1936], p.293)；美国经济学家、1976年诺贝尔经济学奖得主弗里德曼(Milton Friedman, 1912—2006)和舒尔茨(Anna J. Schwartz, 1915—2012)指出，货币能够将人们出售商品或服务(获得收入)的时间和购买商品或服务(花费收入)的时间分离开，并称货币为"购买力的暂住地"(a temporary abode of purchasing power, Friedman and Schwartz [1982], p.24)。这些其实说的都是货币可以超越时间，存储购买力，进而储藏价值。

不过，需要指出的是，货币的价值储藏职能是有前提条件的，即货币必须保值，具有稳定的购买力。当出现**通货膨胀**(inflation)时，货币的实际购买力会下降，此时货币将会失去其原有的价值储藏职能。

以上即是人们经常所说的货币三大职能，其中，最重要的职能当属作为交换媒介的职能。为什么这么说呢？因为具有价值尺度职能的不一定能作为交换媒介；而能够储藏价值的，也并非只有货币才行。但是，能够作为交换媒介在社会上被广泛接受的(即前面讲到的"普遍接受性")，唯有货币。这是货币区别于其他物品的最显著特征，换句话说，这才是货币最基本的特质。①

---

① 为什么货币具有能与任意商品进行交换的"普遍接受性"呢？到底是什么支撑着货币的"普遍接受性"呢？这是个耐人寻味的难题。对此，Tachi and Hamada [1972]指出了"普遍接受性"内含的循环论法结构："若问毫无价值的纸片为什么能被当作货币？那是因为有人接受它的缘故。若问为什么那人会接受它？那是因为有其他的人也接受它。就像这样，普遍接受性内含着一种循环论法，有着这样一种逻辑上的构造，即正是因为被普遍接受，所以也就被普遍接受了。"(p.73) Kiyotaki and Wright [1992]运用数学模型来表现货币"普遍接受性"中的这种循环论法结构(简单地说，就是货币之所以作为货币而流通，是因为全体社会成员都相信其现在是货币、将来也是货币，都在将其作为货币而使用)，并指出"一件物品越容易被他人接受(more readily acceptable)，那么其就越有可能成为每个人希求的对象，并被接受为交换媒介。这里的深层含义是这种可接受性具有**自我强化**(self-reinforcing)的性质。"(p.19)

二、中国的货币体系

在中国,行使上述货币职能的,首先可举出由中国的中央银行**中国人民银行**(PBoC: People's Bank of China)依法发行的货币——人民币,包括纸币和硬币两种。这些是国家以法律形式赋予强制通用效力的**法定货币**(legal tender)①,现在一般通称为**现金**(cash)或**现金通货**(cash currency)。

接下来,各企事业单位在银行的活期存款(单位活期存款)、居民活期存款等活期存款也可看成货币。因为它们能很容易地变现,并可用于转账支付,另外,单位活期存款还可通过支票、本票、汇票等票据作为支付手段来使用。②

活期存款因其能够以存款的形式直接当货币使用,故而也被称为**存款货币**(deposit money)。在银行间转账汇款系统较为完备的今天,比起现金,活期存款成为更安全有效的结算手段。比如,现在,企业间的大额交易已经很少以现金来结算了。

在由中国人民银行公布的《货币统计概览》(Money and Banking Statistics)中,关于**货币供应量**(money stock; money supply)这一指标,根据货币的种类和范围的不同,其被细分为 M_0、M_1、M_2 三个层次(范围依次扩大)。③简单地说,M_0 指的是流通中的现金(即居民和企业等经济主体持有的现金);M_1 是流通中的现金与存款货币之和,是狭义上作为支付手段的货币概念,反映了经济中的现实购买力。

在现代经济中,货币的范围已变得十分宽泛。在中国,正如 M_1 所示,单位活期存款等被包含在货币范围之内。④其实,存储期限固定、(原则上)期满前不得取出的定期存款等,也作为**准货币**(quasi-money; near money)被包含在货币的范围之内。这是因为,尽管准货币不能直接作为支付手段,但如果解约将其兑换成现金或存款货币,其则可充当支付手段。M_2 是现金与存款类金融机构存款总额的合计。

---

① 《中华人民共和国中国人民银行法》第十六条规定:中华人民共和国的法定货币是人民币。以人民币支付中华人民共和国境内的一切公共的和私人的债务,任何单位和个人不得拒收。

② 支票是指出票人签发的,委托办理支票存款业务的银行或者其他金融机构在见票时无条件支付确定的金额给收款人或持票人的票据;本票是出票人签发的,承诺自己在见票时无条件支付确定的金额给收款人或者持票人的票据;汇票是出票人签发的,委托付款人在见票时或者在指定日期无条件支付确定的金额给收款人或持票人的票据。换句话说,支票是委托银行或其他法定金融机构付款的委付证券,本票是承诺本人付款的自付证券,而汇票是委托他人付款的委付证券。因此,支票和汇票有三个当事人,即出票人、付款人、收款人;而本票只有出票人和收款人两个当事人(因为出票人和付款人为同一个人)。

③ 中国人民银行公布的《中国人民银行货币供应量统计和公布暂行办法(1994)》中虽然列出了 M_3($=M_2$+金融债券+商业票据+大额可转让定期存单等),但也明确指出"M_3 系出于金融创新不断出现的现状考虑而设,目前暂不编制这一层次货币供应量"。

④ 在中国,由于居民活期储蓄存款尚不能开列支票,不能马上转换为现实购买力,因此不计入 M_1。

若用数式来表示 M_0、M_1、M_2、准货币的对应关系,则为:

M_0 = 流通中的现金

M_1(狭义货币供应量) = M_0 + 企业存款(企业存款扣除单位定期存款和自筹基建存款) + 机关团体部队存款 + 农村存款 + 信用卡类存款(个人持有)

M_2(广义货币供应量) = M_1 + 城乡居民储蓄存款 + 企业存款中具有定期性质的存款(单位定期存款和自筹基建存款) + 外币存款 + 信托类存款 + 证券公司客户保证金 + 住房公积金中心存款 + 非存款类金融机构在存款类金融机构的存款

准货币 = M_2 - M_1

从1996年起,中国人民银行正式将 M_1 作为货币政策的中介目标,将 M_0 和 M_2 作为观测目标(夏斌、廖强[2001],p.35)。

图1-3显示的是中国2017年年末广义货币量 M_2 的余额与构成比例。从中可以看出,准货币(定期存款等)在中国广义货币量 M_2 中占大部分,而作为法定货币的现金,只占很少的比率。

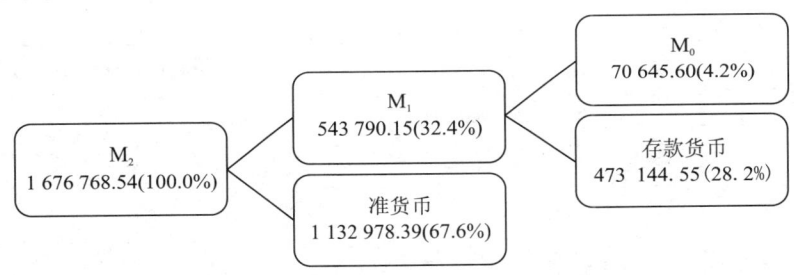

图1-3 中国各层次的货币供应量

(2017年12月期末余额,单位:亿元人民币)

注:1. 自2011年10月起,货币供应量已包括住房公积金中心存款和非存款类金融机构在存款类金融机构的存款。

2. 括号内表示占广义货币供应量的比重。

资料来源:根据中国人民银行《货币统计概览》制成。

值得一提的是,虽然世界各国的货币统计口径不尽相同,但是国际通用的原则是以货币流动性的高低(即货币作为流通手段和支付手段的方便程度)来划分各层次货币供应量。流动性越高,则在流通中的周转越方便,构成购买力的能力也越强。

另外,由于货币供应量是某一时点承担流通和支付手段的金融工具总和,因此随着金融工具的创新、金融市场的发展和经济环境的变化,世界各国都会对货币层次划分和货币供应量统计口径进行修订和完善,不然会发生货币供应量的统计与实际状况有较大偏差的情况。譬如,中国人民银行于2001年6月将"证券公司客户保证金"计入 M_2;2002年将中国的外资、合资金融机构的人民币存款业务分别计入不同层次的货币供应量;

2011年10月将"住房公积金存款"和"非存款类金融机构在存款类金融机构的存款"计入 M_2（崔名铠、庞皓、聂富强［2014］, p.84）。

附录一 国民所得计算与资金盈缺

本章第一节中出现的式(1-3)或式(1-4)无论在什么情况下总是成立的。为了对此加以具体理解,我们结合居民部门、企业部门、政府部门这三大经济部门的经济活动来进行说明。图1-4归纳出了这三大经济部门实物交易与金融交易之间的关联。

图1-4 储蓄投资差额与金融交易

注：1. S、I、ΔL、ΔA 的下标数字1表示居民部门,下标数字2表示企业部门,下标数字3表示政府部门。

2. 图中的斜线部分表示资金盈余或资金短缺。

资料来源：在Furukawa［2014b］图表1-5的基础上加工制成。

居民通过向将企业提供各种生产要素(如劳动力、资本、土地等)获取相应的经济所得,即工资、利息、股息、地租等要素收入,并以此来进行日常的消费。从该收入中扣除支付给政府的税金以及日常生活的消费支出,剩下的便是居民的储蓄。虽然居民也会通过购屋建宅、买入耐用消费品等来获取实物资产(投资),但从居民部门整体来看该数额小于储蓄,因此,居民部门是净储蓄(资金盈余)部门。当居民产生资金盈余(储蓄额超出投资额,即 $S_1 - I_1$)时,与此相对应的结果便是其金融资产出现净增(金融资产的增加额大于金融负债的增加额,即 $\Delta A_1 - \Delta L_1$)。

企业利用从居民购入的生产要素进行商品或服务的生产,并通过将生产出的商品或服务在市场上销售来获得利润。该利润是从销售收入等经营所得中扣除原材料成本及工资等经营成本后的余额。如果从**利润总额**(total profits)中再扣除流出企业的税金、利息、股息、董事奖金等,剩下的便是保留盈余。其实,保留盈余便是企业的储蓄。虽然就单个企业而言,既有难以提高利润的亏损企业,也有在保留盈余的范围内购置机器设备(设备投资)、进行物资库存(库存投资)的企业,但就整个企业部门而言,该储蓄为正值,而且企业部门的投资额往往大于储蓄额。即一般来说,企业是净投资(资金短缺)部门。企业部门的资金短缺部分(即 $I_2 - S_2$)将通过从金融机构借款或发行股票、公司债等方法来筹措,从而导致企业部门金融负债出现净增(即 $\Delta L_2 - \Delta A_2$)。

接下来,我们再来看看政府(包括中央及地方政府的公共部门)。政府通过从居民、企业征收的税金及其他收费形式获得收入,并将该收入用于社保支出等各种支出和进行公共基础设施建设等公共投资。从政府收入中扣除政府支出后的余额便是政府部门的储蓄。政府部门的储蓄与政府部门的投资(公共投资)之间的差额会随着景气状况的变动而变化。目前,世界大多数国家,都是政府部门的投资额超过政府部门的储蓄额,即**财政赤字**(fiscal deficit)的状况。当政府部门出现财政赤字($I_3 - S_3$)时,其不足的资金便通过发行公债(国债、地方政府债等)和从民间金融机构借款来筹措,由此造成政府部门金融负债出现净增($\Delta L_3 - \Delta A_3$)。反之,当政府部门出现**财政盈余**(fiscal surplus),即政府部门的储蓄额超过政府部门的投资额时,超出的储蓄将被用于偿还公债、贷款,或者购买(增加)某种金融资产。

以上,我们就居民、企业、政府这三个国民经济的组成部门,说明了金融交易与实物交易的关系。现在,暂忽略与海外的所有交易,如果运用式(1-4),那么,这三个经济部门之间则存在如下的关系:

$$(S_1 - I_1) + (S_2 - I_2) + (S_3 - I_3) = (\Delta A_1 - \Delta L_1) + (\Delta A_2 - \Delta L_2) + (\Delta A_3 - \Delta L_3)$$
(1-5)

请注意式(1-5)的右边。这里重要的是,国内的债权债务关系必然相互抵消。也就是说,各部门之间所贷资金(金融资产的增加)必然与其所借资金(金融负债的增加)数额相等。换言之,作为整个国民经济,各部门资金盈余的总和等于资金短缺的总和;将各部门的资金盈缺合计,其结果必然是零。因此,式(1-5)右边的项目互相抵消,即

$$(S_1 - I_1) + (S_2 - I_2) + (S_3 - I_3) = 0 \qquad (1-6)$$

成立。该式无非是从不同的角度对国民收入核算中事后的储蓄与事后的投资相等这一关系进行了解释。

以上关系也可以扩大到与海外进行交易的情况。对此我们用以下两个关系式来加

以说明。

$$Y = C + I + G + X - M \qquad (1-7)$$

在这里，Y 表示国内总产出；C 表示消费；I 表示投资；G 表示政府投资；X 表示出口；M 表示进口。

$$Y = Y_h + Y_f + T \qquad (1-8)$$

在这里，Y 表示国内总收入；Y_h 表示居民收入；Y_f 表示企业的保留盈余；T 表示政府收入。

式(1-7)表示产品市场的均衡条件(即产品市场上，总供给＝总需求)；式(1-8)表示整个经济的收入分配，即通过生产获得的收入可分为三个部分：以税金形式缴纳给政府的部分(T)，以工资、利息、股息等形式支付给居民的部分(Y_h)，以及作为企业的保留盈余而留在企业内的部分(Y_f)。

根据国内生产总值(GDP)的三面等价原则，总产出＝总收入，因此从式(1-7)和(1-8)很容易推导出以下关系：

$$(Y_h - C) + (Y_f - I) + (T - G) = X - M \qquad (1-9)$$

该式左边第一项、第二项和第三项分别表示居民部门、企业部门和政府部门的储蓄投资差额，因此，整个左边就表示国内储蓄总额与投资总额的差额。该式右边则表示进出口的差额，即贸易收支(或经常收支)。

如果不存在进出口这种对外贸易的话，那么，储蓄和投资在事后(期终)必然是相等的，这与之前提到的式(1-6)相对应。①不过，现代经济社会中一般情况下是存在对外贸易的，这时，如果整个国内是资金盈余状况，那么必然会产生与此相应的经常收支顺差，而且与该经常收支顺差相应，本国对外国的债权也会出现增加。反之，如果整个国内是资金短缺状况，那就将产生与此相等的经常收支逆差，从而增加本国的对外债务。

关于对外交易，通常是将诸外国作为"国外部门"归纳成一个整体，而且是从国外的角度来统计的。因此，一国的资金盈余(经常收支顺差)便可看作"国外部门"的资金短缺；而该国的资金短缺(经常收支逆差)，则可看作"国外部门"的资金盈余。考虑到这一点，式(1-6)可写为：

$$(Y_h - C) + (Y_f - I) + (T - G) + (M - X) = 0 \qquad (1-10)$$

---

① 严格意义上来说，若要使式(1-6)和式(1-9)完全互相对应，需要将式(1-9)的 I(投资)分为企业部门投资(I_2)和居民部门投资(I_1)两部分，并将政府支出(G)分为政府消费支出和政府固定资本形成(即公共投资，I_3)两部分。

该式中的$(M-X)$如果大于零(即$M>X$)时,则表示该国的贸易入超(对"国外部门"来说是贸易出超),从资金盈缺的角度来说,其也可看作是该国的资金短缺(对"国外部门"来说是资金盈余)或国外资金对该国的净流入(即对外债务的增加);反之,$(M-X)$如果小于零(即$M<X$)时,则表示该国的贸易出超(对"国外部门"来说是贸易入超),而从资金盈缺的角度来说,其也可看作是该国的资金盈余(对"国外部门"来说是资金短缺)或该国资金的净输出(即对外债权的增加)。可见,即便是考虑到对外贸易或国外部门,结果也和前述的式(1-6)一样,即,从整体来看,经济各部门的资金盈缺最终会相互抵消,达到"零和(zero-sum)"状态。

图1-5显示了最近十余年中国经济各部门的资金盈缺状况(净金融投资占名义GDP的比重)。①下面我们根据该图,并结合美国和日本等国外发达国家的情况,来谈谈中国主要经济部门资金盈缺的基本特征②:

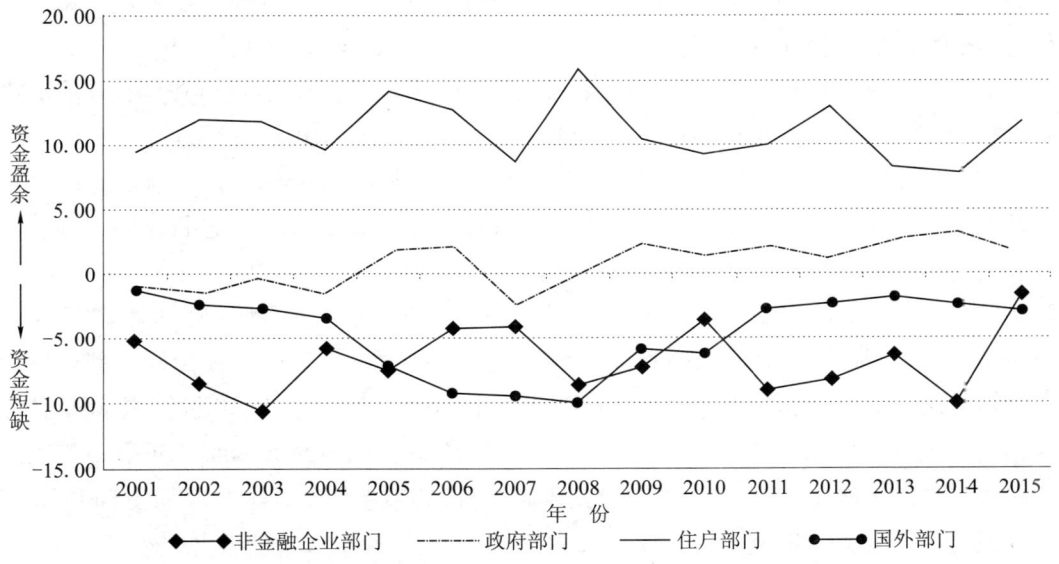

图1-5 中国主要经济部门的资金盈余状况

(净金融投资占名义GDP的比重,%)

资料来源:根据中华人民共和国国家统计局发布的"资金流量表"和"国内生产总值"制成。

(1)住户(居民)部门是中国经济中最大的资金盈余部门,其资金盈余占GDP的比率

---

① 根据中华人民共和国国家统计局的定义,**净金融投资**(net financial position)指的是各部门资金使用合计与资金来源合计的差额,反映了机构部门或经济总体资金富余或短缺的状况。
② 美国的数据通过**美国经济分析局**(U. S. Bureau of Economic Analysis)公布的"the National Income and Product Accounts(NIPA)"整理而得;日本的数据通过**日本银行**(Bank of Japan)公布的"Flow of Funds(FF)"整理而得。

长期基本保持在10%左右或者以上。该比率与国外发达国家相比明显偏高。譬如，美国居民部门的资金盈余占GDP的比率从1992年开始从3%左右的水平下降，到2005年降至－3%左右的最低点，即使在金融危机最严重、居民部门控制支出的2008年，该比率也不过大约4%的水平；在日本，居民部门资金盈余占GDP的比率自20世纪90年代后期开始，一直在0～5%的区间内浮动。中国居民部门拥有大量资金盈余反映出其储蓄水平相对较高。

(2) 中国企业部门一贯为资金短缺部门，而且资金缺口较大，其资金短缺占GDP的比率长期基本在5%～10%的区间内运行。若与国外发达国家相比，中国企业部门的这种长期处于资金短缺状态的特征则显得更为突出。譬如，在美国，自20世纪90年代至2008年，企业部门的资金盈余占GDP的比率一直在2%～－4%进行小幅波动，2008年金融危机以后，企业部门缩减支出，导致其资金盈余占GDP的比率大幅上升至4%左右；在日本，自20世纪90年代初泡沫经济破灭后，长期的经济不景气造成企业部门资金需求低迷，从而导致企业部门从资金短缺部门逐渐转变为资金盈余部门（自1998年至今，日本企业部门一直为资金盈余状态）。中国企业部门长期资金短缺显示出其具有旺盛的投资欲望与资金需求，与中国长期以来投资拉动型的经济增长模式是一致的。

(3) 中国政府部门的资金盈缺不像居民部门和企业部门那样具有一贯性，不过以资金盈余为主。十余年来其资金盈余占GDP的比率一直在3%～－3%进行小幅波动。与此相比，美日两国政府部门的资金短缺状况则比较严重。譬如，自20世纪90年代至今，除去1998年至2001年的四年，美国政府部门一直处于资金短缺状态，特别是2008年的经济危机之后，为了刺激经济，政府大幅增加支出，从而导致2009年美国政府部门资金盈余占GDP的比率从前一年的约－3%恶化为近－10%；在日本，自20世纪90年代初泡沫经济破灭后，民间部门（居民和企业部门）资金需求低迷，导致政府部门不得不扩大公共投资以刺激经济，加之经济不景气导致税收下滑，其结果便是日本政府部门自1992年以来长期的严重资金短缺，而且其资金短缺占GDP的比率多数年份超出6%。

(4) 国外部门的资金盈缺自2000年以来一直保持负值，这表示这十余年来中国一直为资金净输出国。而且相比而言，中国对外资金净输出占GDP的比率远超过美日。譬如，美国的情况与中国恰恰相反，其国外部门的资金盈缺长期保持正值，这说明美国一直为资金净流入国，而且其对外资金净流入占GDP的比率长期在0～5%的区间内浮动；日本的情况与中国较相似，即长期一直为资金净输出国，不过，其对外资金净输出占GDP的比率远低于中国，长期在0～5%的区间内浮动。值得注意的是，自2008年中国对外资金净输出占GDP的比率达到近10%的最大值后，该比率开始逐步下降。

附录二 居民的消费行为与金融交易

这里,我们用一个简单的数学模型来对居民的消费和储蓄行为加以说明。

首先,**代表性居民**(representative household)的效用水平,可用以下效用函数来表示:

$$U = U(C_1, C_2) \tag{1-11}$$

也就是说,正如本章第二节第三小节中所讲,该居民从现在消费(C_1)与未来消费(C_2)的消费组合中获取效用。

为了简化问题,我们将效用函数特定化,即:

$$U = U(C_1) + \beta U(C_2) \tag{1-12}$$

$$且\ \beta = \frac{1}{1+\rho},\ U' > 0,\ U'' < 0$$

在这里,β 表示"个人主观时间贴现率",ρ 表示"时间偏好率"。

式(1-12)表示了以下两点:

第一,居民的效用分两期,可用现在消费的效用 $U(C_1)$ 和未来消费的效用 $U(C_2)$ 之和来表示(这种类型的效用函数被称之为"时间可分离式效用函数");

第二,居民的时间偏好率(ρ)越高,换句话说,居民希望现在就消费(而非延期到未来)的意愿越强,则个人主观时间贴现率(β)就越低,居民对未来消费的效用评价也就越低,而对现在消费的效用评价也就越高。

其次,居民的预算约束用下式来表示:

$$C_2 = (Y_1 - C_1)(1+r) + Y_2$$

将此式改写,可得式(1-13):

$$C_2 = (1+r)Y_1 + Y_2 - (1+r)C_1 \tag{1-13}$$

这里的问题是,在式(1-13)的约束条件下求式(1-12)的最大解。为此,将式(1-13)代入式(1-12),消去 C_2,来求最大化的一阶条件,可得:

$$\frac{dU}{dC_1} = U'(C_1) - \beta(1+r)U'(C_2) = 0$$

将该式加以整理,则得出下式:

$$\frac{U'(C_1)}{\beta U'(C_2)} = 1 + r \qquad (1-14)$$

式(1-14)的左边是现在消费和未来消费之间的**边际替代率**(MRS：marginal rate of substitution)，即居民愿意用未来消费替代现在消费的比率。具体来说，其表示的是，当现在消费增加一个单位时，为了维持一定的效用水平所需要减少的未来消费的数量。为了更好地理解式(1-14)左边表示的是具有这种含义的边际替代率，我们在 U 为一定(即保持效用不变)的条件下，将式(1-12)全微分，可得：

$$dU = U'(C_1)dC_1 + \beta U'(C_2)dC_2 = 0$$

将该式加以整理，则可得：

$$MRS = -\frac{dC_2}{dC_1}\bigg|_{du=0} = \frac{U'(C_1)}{\beta U'(C_2)} \qquad (1-15)$$

通过上式，我们可以确认式(1-14)左边是不同时期消费(即跨期消费)的边际替代率。因此，式(1-14)也就表示，在决定现在消费多少以及未来消费多少的时候，若能使跨期消费的边际替代率恰好等于 1+利率(r)，那么从居民效用最大化的角度来说，这个决定便是合理的。

结合本章的图 1-2 来看，式(1-15)与无差异曲线的切线斜率相对应，预算约束线便是直线 AB，其斜率为 $1+r$。因此，图中表示居民最优消费组合的点，便是无差异曲线的切线斜率和预算约束线的斜率相一致的点(即无差异曲线和预算约束线相切的点)。

另外，U 最大化的二阶条件是：

$$\frac{d^2 U}{dC_1^2} = U''(C_1) + \beta(1+r)^2 U''(C_2) < 0 \qquad (1-16)$$

该式在 $U'' < 0$ 的假定条件(即边际效用递减的假定)下，总是成立的。

附录三 货币的存在与经济整体交易成本的降低

假设现存在物物交换经济(货币不存在的经济)和货币经济(货币可以与任何一种商品或服务进行交换的经济)，而且，这两种经济中进行交易的商品或服务的种类都为 n($n \geq 2$)种。在货币经济中，货币自身也被视作一种商品。即，在货币经济中，除货币以外的商品或服务种类为 $n-1$ 种。

另外，假设每进行一次交换都会发生交易成本。为了简单起见，假设物物交换的经济中，每次交换发生的交易成本均为 C_b($C_b > 0$)；货币经济中，每次交换发生的交易成本

均为 $C_m(C_m > 0)$。

下面,我们来分析、比较一下这两种经济中的交易成本。

1. 物物交换经济

由于存在 n 种可进行交换的商品或服务,且又不存在统一的价值尺度,因此对于这 n 种商品或服务来说,每种都有可能与其他的商品或服务(数量为 $n-1$)发生交换。换句话说,在物物交换的经济中,若要获取 $n-1$ 种商品或服务,人们需要交换的次数,换言之,交换比率的总数为(不考虑重复的情况):

$$\frac{1}{2}n(n-1)$$

由于每次交换所发生的交易成本均为 C_b,所以在物物交换经济中,交易成本的总额为:

$$\frac{1}{2}n(n-1)C_b \qquad (1-17)$$

2. 货币经济

由于存在 $n-1$ 种可进行交换的商品或服务,而且人们可以使用货币来与这 $n-1$ 种商品或服务进行交换,因此,在货币经济中,若要获取 $n-1$ 种商品或服务,人们需要交换的次数,换言之,交换比率的总数为 $n-1$。

由于每次交换所发生的交易成本均为 C_m,所以在货币经济中,交易成本的总额为:

$$(n-1)C_m \qquad (1-18)$$

3. 两种经济的交易成本的比较

物物交换经济与货币经济的交易成本的差,即用式(1-17)减去式(1-18),可得:

$$\frac{1}{2}n(n-1)C_b - (n-1)C_m \qquad (1-19)$$

将式(1-19)加以整理、变形,可得下式:

$$(n-1)(nC_b - 2C_m) \qquad (1-20)$$

根据本章第四节的说明,我们可以知道在物物交换经济中,为了满足"需求的双重巧合"、实现以物易物,交换双方需支付高昂的交易成本(如信息成本等);而在货币经济中,由于货币的存在,以物易物的局限性即被打破,交换所需的交易成本大大降低。即:

$$C_b > C_m$$

再加上 $n \geq 2$，所以我们可以得出式(1-20)的结果大于零，即：

$$(n-1)(nC_b - 2C_m) > 0$$

也就是说，物物交换经济的总交易成本高于货币经济的总交易成本。而且，其超出部分随着经济中商品或服务种类 n 的增加而增加，也就是说，n 越大，该超出部分也就越大。

值得注意的是，即使我们不考虑在物物交换经济和货币经济中的单次交换成本的差异，换句话说，即使 $C_b = C_m$，也不影响该模型的结论，即：物物交换经济的总交易成本超出货币经济的总交易成本的那一部分随着经济中商品或服务种类 n 的增加而递增。具体来说，当 $C_b = C_m$ 时，

若 $n = 2$，则式(1-20)的结果为零：

$$(n-1)(nC_b - 2C_m) = 0$$

若 $n > 2$，则式(1-20)的结果大于零：

$$(n-1)(nC_b - 2C_m) = (n-1)(n-2)C_b > 0$$

第二章 金融体系

第一节 何谓金融体系

一、金融制度、金融结构与金融体系

对于金融制度、金融结构以及金融体系这几个概念，人们经常是不对它们进行定义而直接使用。的确，要明确地给这些概念下定义很难，在这里暂且作如下解释。

金融制度(financial institutions)，狭义地来解释的话，就是指用法律形式所确立的一国整体的金融组织形态，特别是何种金融机构经营何种金融业务。但是，若要广义地解释金融制度，则可将其理解为并不限于法律所规定的金融组织形态，而是由行政指导、惯例等形成的金融交易规则。

金融结构(financial structure)，指的是以法律、行政、惯例等构成的广义金融制度为中心，以金融市场的发展程度、金融技术水准、金融自由化与国际化等金融环境、经济发展的历史阶段等为基础的金融交易框架。值得注意的是，金融结构并不是固定不变的，而是会随着经济和金融的发展发生演进。因此，我们在考察一国的金融结构时，有聚焦于某一时点或聚焦于某一时期的两种分析方法：前者考察的是静态的既定状况；而后者考察的则是动态的演变过程。

金融体系(financial system)，从广义上来说，这是一个涵盖金融机构、金融产品、金融市场、货币政策、金融监管、金融制度的概念；从狭义上来说，它就是把资金从资金盈余者（最终贷款人）转移到资金短缺者（最终借款人）的体系（见图2-1），或者说关于资金配置的整体机制。由于资金转移、配置的方式（即如何将资金从资金盈余者转移至资金短缺者）及其效率（即是否顺畅地将资金从资金盈余者转移至资金短缺者）与金融结构密切相关，所以金融结构与金融体系这两个概念往往被当作同义词使用，亦有不少学者将金融结构理解为金融体系的结构。

金融体系大致由金融市场和金融中介机构两部分构成。金融市场是资金盈余者可直接向资金短缺者提供资金的市场，如股票市场、债券市场等；而金融中介机构，正如我们在第一章中所提到的那样，是介乎资金盈余者和资金短缺者之间的金融机构。换句话说，资金盈余者通过金融中介机构间接地向资金短缺者提供资金。具体来说，金融中介

机构包括银行、保险公司、投资基金等。

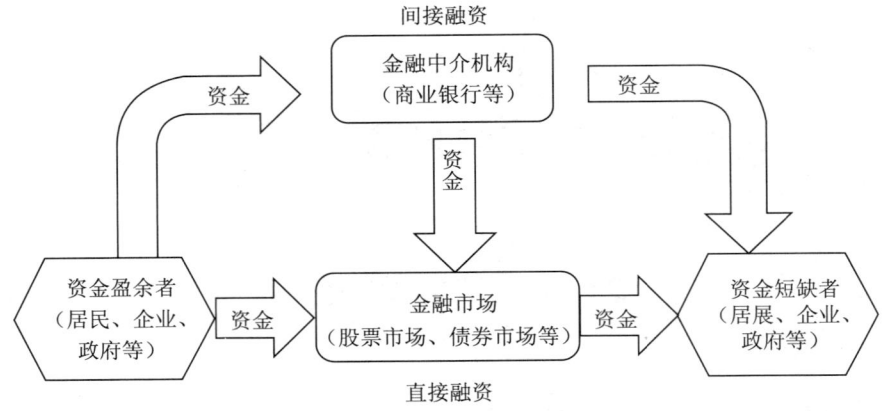

图 2-1 金融体系示意图

二、金融体系的两种类型

世界各国的金融体系是不一样的,不存在统一的模式。通常,一国的金融体系可按照资金短缺者是通过银行等金融中介机构间接从资金盈余者来筹措资金,还是通过市场直接从资金盈余者来筹措资金,分为**市场主导型金融体系**(market-based financial system,亦称为以直接融资为中心的金融体系)与**银行主导型金融体系**(bank-based financial system,亦称为以间接融资为中心的金融体系)。学界一般将以美国和英国所代表的金融体系视为前者的典型,以日本和德国为代表的金融体系视为后者的典型(如 Allen and Gale [2000]; Demirgüç-Kunt and Levine [2004]等)。这两种类型的金融体系在企业融资、银行与证券市场的作用、**公司治理**(corporate governance)等方面,存在着相当大的差异。对此,我们将在下一节进行详细比较。

另外,自 20 世纪五六十年代起,学界开始关注金融体系与经济发展阶段之间的联系,并有学者提出,在经济发展的初期阶段,相对而言,银行主导型的金融体系占主导地位,随着经济的发展与产业的升级,经济主体对资本市场的需求将逐渐增大,从而将促进资本市场的发展。①支持该观点的学者中还有不少认为,随着经济的发展、金融的自由化与全球化、信息技术的发达等,各国的金融体系最终将会向市场主导型的美英式金融体系收敛,资本市场最终将取代银行成为最重要的资金配置渠道。但是,另一方面,也有学者认为各国的金融体系受该国特定的历史发展、监管体制、社会及文化习惯等**制度演变**

---

① 最早提出该观点的是 Gurley and Shaw [1955,1960,1967]、Goldsmith [1969]等。

（institutional evolution）轨迹的制约，金融体系存在**路径依赖**（path dependence）。①对于那些重视路径依赖的学者来说，金融体系最终将向市场主导型收敛的说法，显然是欠缺妥当的。不过，目前学界还尚未找到合适、统一的理论来解释为什么会出现不同的金融体系、为什么很多经济发展阶段相同的国家，其金融体系却不同、为什么金融结构会随着经济的发展而发生演变等问题（参见 Levine［1997］）。

在这里，虽然没有篇幅来深入讨论上述这些耐人寻味、值得探讨的观点，但是关于金融体系，从大量的实证研究结果来看，有一点可以说是肯定的。那就是，金融体系的具体运作方式会给金融交易和实体经济带来不可忽视的重要影响。美国经济学家、1997 年诺贝尔经济学奖获得者莫顿（Robert C. Merton, 1944—）曾将金融体系的核心功能归纳为以下六个方面②：

（1）为商品或服务的交易提供支付系统；

（2）为规模大且无法分割的项目提供融资机制；

（3）为跨时间、跨地域和跨产业的经济资源转移提供途径；

（4）为管理不确定性和控制风险提供手段；

（5）提供价格信息以有助于协调不同经济部门间的分散决策；

（6）当金融交易的一方有信息而另一方无信息时，提供解决信息不对称问题以及（委托代理关系中）激励问题的方法。

如果说资金是经济的血液，那么，金融体系就可说是经济的大脑。金融体系不仅制

---

① 如 Engerman and Sokoloff［1996］等。路径依赖，指的是政策、制度、技术，乃至经济、社会、政治等体系一旦进入某种路径（即便是由于偶然因素所致），就会**锁定**（lock in）于这一路径而且不断进行自我强化（self-reinforcing），使其越来越难以从该路径脱离，即使该路径并非最优。作为路径依赖的例子，经常被举出的是电脑键盘"QWERTY"布局，即电脑键盘第一排左上方的顺序是 QWERTY 而非字母顺序 ABCDEF。该键盘布局是为避免打字速度过快造成卡键（通过将最常用的几个字母安置在相反方向来放慢打字速度）而发明，于 1868 年申请专利，并于 1873 年投放市场。虽然这种键盘布局被认为效率低下，而且后来比其高效合理的键盘布局也不断被开发出来，但现在普遍使用的仍然是"QWERTY"键盘布局。为什么会出现这种"最优选项不被选择"的有趣现象？按照路径依赖理论来解释是因为人们最早的选择决定了日后的选择，换句话说，由于"QWERTY"键盘是人们初始的选择，受这个初始选择的制约（锁定）及其自我强化（越多的人使用它，越能让其成为一种标准或规范，从而又促使更多的人去选择它的动态过程），人们现在仍然使用它。对路径依赖感兴趣的读者可参考 David［1985］、Arthur［1988, 1989］、North［1990］等文献。

② 原文为："Function 1: A financial system provides a payments system for the exchange of goods and services. Function 2: A financial system provides a mechanism for the pooling of funds to undertake large-scale indivisible enterprise. Function 3: A financial system provides a way to transfer economic resources through time and across geographic regions and industries. Function 4: A financial system provides a way to manage uncertainty and control risk. Function 5: A financial system provides price information that helps coordinate decentralized decision-making in various sectors of the economy. Function 6: A financial system provides a way to deal with the asymmetric-information and incentive problems when one party to a financial transaction has information that the other party does not." Merton［1995］, p.24。

造"经济的血液",还同时引导其流向,决定其配置。金融体系的不稳定(比如由于银行部门的坏账增加)会导致经济效率的降低,进而阻碍经济的发展。基于这样的考虑,下面我们将来具体探讨一下与金融体系有关的诸多问题。

第二节 两种金融体系的比较

一、面对面交涉型金融交易与市场型金融交易

正如在第一章中所讲,资金的借方从贷方筹措资金的方法一般分为直接融资和间接融资两种。前者是指最终借款人(资金短缺者)从最终贷款人(资金盈余者)那里直接筹措资金的方式,通常是通过在证券市场买卖股票、债券等初级证券来转移资金;与此相对,后者是指专门从事金融中介的金融机构一方面购入资金短缺者发行的初级证券,另一方面,通过发行间接证券来筹措购买那些初级证券所需资金的方式。其最具代表性的例子便是银行储蓄。银行通过吸收储户(资金盈余者)的存款,即向储户出售存单或存折等间接证券的形式来筹集资金,然后把所筹集的资金通过购买企业等发行的债务凭证或股票的形式提供给资金短缺者。

这种间接融资和直接融资之间的区别,大致也可以用于理解**面对面交涉型交易**(non-arm's length transaction)与**市场型交易**(arm's length transaction)这两种金融交易方式的差异。前者是指在金融交易中,交易当事人,特别是特定的金融机构与每一位顾客进行面对面的交涉来决定利率、交易价格、交易金额、交易时间等交易条件的交易方式。贷款交易和金额较大的存款交易等在所谓**客户市场**(customer market)进行的交易是其代表。与此相反,后者是指通过不特定多数的市场参与者之间的竞争,来决定利率以及其他交易条件的交易方式。证券市场上股票和债券的买卖交易便是这种交易方式的典型例子。值得强调的是,市场型金融交易与面对面交涉型金融交易的最大不同在于,其是通过市场竞争来决定交易条件,而且作为交易对象的金融产品具有标准性和同质性(在交易价格、交易金额、交易时间、清算日期等具体交易条件方面都有标准化规定)。

需要指出的是,虽然间接融资和直接融资之间的区别可大致与面对面交涉型交易和市场型交易之间的差异相对应,但从严格意义上来说,也有难以对应的例子。譬如,**商业信用**(trade credit)可算其代表。所谓商业信用,是指商品交易中企业间的信用授受,从而使企业间由商品买卖而产生的债权债务关系的结算可延期一段时间,如卖方可通过应收票据、赊销等形式向买方提供商业信用,使买方能够在收货一段时间后才付款,从而缓解买方资金周转的压力。因此,商业信用是企业短期资金的重要来源之一(关于企业资金来源,详见第六章)。商业信用的授受直接发生于买卖双方之间,因此其属于直接融资的范畴;但是,由于商业信用是通过买卖双方的具体商谈来设定金额、利率、期限等条件,其

并非市场型交易,而是带有浓厚的面对面交涉型交易的特征。再举一例,金融中介机构通过购买新发行的债券、股票等有价证券来将最终贷款人(储户等)的资金转移至证券的发行主体(最终借款人),这种资金转移的方式当然是属于间接融资的范畴;但是,债券、股票等有价证券的交易条件,如利率、价格等均由市场决定,在这一点上,其又算是市场型交易。

根据前面提到的融资方式以及金融交易方式的差异,金融体系也可分为间接融资体系和直接融资体系,或者面对面交涉型金融体系和市场型金融体系。面对面交涉型金融体系中由于银行部门承担主要的金融交易,故而也往往被称为银行主导型金融体系;与此相对,市场型金融体系中,发行、买卖股票和债券等证券的资本市场(证券市场)承担主要的金融交易,因此,其往往被称为市场主导型金融体系。因此,概括地说,金融体系大致可以分为两种:银行主导型金融体系(间接融资体系、面对面交涉型金融体系)和市场主导型金融体系(直接融资体系、市场型金融体系)。不过,需要指出的是,现在世界上没有哪个国家的金融体系是绝对的银行主导型或者绝对的市场主导型,不论在哪个国家,这两种类型都是并存互补,而非相互排斥的。关于这一点,我们后面将会具体谈到。

银行主导型金融体系和市场主导型金融体系在金融交易的运作模式、基本功能等方面存在着相当大的差异。下面,我们就通过对比的形式来考察一下两者之间存在的具体差异。

二、两种金融体系的基本特征

一般来说,在面对面交涉型交易,或者说在银行主导型金融体系中,贷款人在贷款之前对借款人的审查(如评估借款人信誉度、风险、未来发展前景等)以及在贷款之后对借款人的监督等信息生产活动十分重要。

当然,进行这种信息生产活动,需要承担相应的费用(除了金钱意义上的费用以外,还包括时间、劳力等非金钱意义上的费用)。不过,付出高额的费用(如收集和分析信息的费用)而获取的信息,会变成唯有贷方可知可用的**专有信息**(proprietary information)。另外,在面对面交涉型交易中,资金的借贷双方之间很容易建立起长期持续型交易关系。为什么呢?这是因为贷方对某一特定的借方所进行的信息生产依附于两者间长期持续的交易(譬如,交易关系越长久,贷方对借方的了解越深入、越全面),而且,生产信息所需的费用具有**沉没成本**(sunk cost)的性质,即交易关系一旦取消,付出的信息生产费用则无法收回,因此,对贷方来说,通过与借方的长期持续的交易关系,对信息生产费用进行长期回收通常被认为是较为合理的做法。换个角度来说,如果贷方中止了与该借方长期持续的交易关系,这意味着贷方长期耗资积累下来的、关于该借方的特定信息将立刻变得毫无用处(因为无法转用于其他借方)。特定的贷方和特定的借方一旦建立起了交易关系,试图长期维持该交易关系的**诱因**(incentive)便会发挥作用。**关系型借贷**(relationship lending)可谓是资金借贷双方之间长期持续型交易关系的典型(关于关系型借贷,详见第五章)。

与此相对,在市场型金融交易中,最终贷款人通过企业等最终借款人自己公开信息来获取所需信息。换言之,市场型金融交易可以说是这样一种金融交易:不特定多数的最终贷款人通过公开信息来了解融资者的信誉度、风险、未来发展前景等,并在此基础上,以价格(或利率)作为信号进行竞争买卖,以最低卖价、最高买价成交。譬如,证券交易所内的证券交易通常便是按照价格优先(价格较高的买入申报优先于价格较低的买入申报;价格较低的卖出申报优先于价格较高的卖出申报)、时间优先(相同价位申报时,先申报者优先成交)的原则竞价成交。

因此,在市场型金融交易中,加强与完善制度建设以保证市场竞争的公正、自由、透明以及合同的切实履行是必不可少的。企业通过资产负债表、**损益表**(Profit and Loss Statement)等财务报表的形式,向社会中的广大潜在资金贷方提供真实、可靠的会计信息以便其做出是否提供资金的合理判断,也十分重要。会计信息等财务信息具有可定量、可证实、易传递的特点,因而被称为**硬信息**(hard information)。[1]根据这些信息,资金贷方可以自行判断借方的信誉度、风险、未来发展前景等,如果其认为现在提供资金可以带来未来收益的增加,则参与市场(即成为新的股东或债权人);反之,如果其认为向借方提供资金不能带来未来收益的增加,则从市场退出。这种资金贷方自由进退市场的结果,便是交易价格和利率由市场竞争决定。另外,为了促进和保障市场功能,加强与完善监督体制以确保企业等最终借款人的财务透明、保证会计信息的真实可靠、维持市场交易的公平,同样也是非常必要的。这些在提高信息公开的透明度与可信赖度、确保合同的履行、维持和推进市场公平竞争时必不可少的制度基础,被称为**金融市场基础设施**(financial market infrastructure)。

三、两种金融体系的互补性

市场主导型金融体系与银行主导型金融体系孰优孰劣?关于这个问题,与其说两者非此即彼,莫如说两者各有长短。

1. 适用对象

首先,两者在适用对象方面存在重要差异。比如,资本市场(证券市场)一般适用于标准化的、交易量大的金融产品,如国债、公司债券、股票等,而且不特定多数的投资者可以在资本市场上同时对这些金融产品进行买卖。不过,从企业等融资者的角度来说,这种方式也具有欠缺灵活性的一面。另外,资本市场适用于已具有一定规模和知名度,或

---

[1] 与此相对,像经营者的性格、企业文化、企业的社会形象等定性的、难以传递的信息则被称为**软信息**(soft information)。

者已具有一定信用评级的成熟企业,而不适用于中小企业或者发展历史不长的新兴企业。换句话说,中小企业、新兴企业存在较严重的信息不对称问题,外部的投资者很难对其加以正确评估。而且,这些企业往往类别复杂,金融交易量也较小。因此,一般认为,和资本市场相比,从银行筹集资金更合适这些企业,换句话说,银行在为这些企业提供量身定做的金融服务方面更具有优势。同样的理由也可以用来说明为什么一般认为在发展中国家,银行主导型金融体系比市场主导型金融体系更适合培育、发展企业和产业。

2. 公司治理模式

从公司治理的角度来看,市场主导型金融体系和银行主导型金融体系之间也有很大的差异。在市场主导型的金融体系中,由于经营不善而业绩不佳、信誉不好的企业,其在资本市场发行债券时,债券利率就会升高,从而增加其**融资成本**(cost of raising funds)。其结果,这样的企业如果想通过发行债券来筹措资金,就必须在业绩优良企业所发行的债券的利率上加上**风险溢价**(risk premium,投资者由于承担额外的风险而要求的额外收益),否则就难以吸引到足够的投资者。另一方面,在股票市场上,股东不仅可以"以手投票",即参加股东大会,就有关公司经营管理的重大事项进行投票表决①,还可以通过"以脚投票",即对公司的经营管理不满时,在市场上卖出自己持有的股票,来对公司管理层进行约束。如果大量股东进行这种"以脚投票"抛售股票的话,无疑公司的股价会急剧下跌,从而有可能遭到**公开股票收购**(TOB:take-over bid)等外部接管,导致现管理层的控制权易手。

由于经营不善而导致债券利率等融资成本升高或者股价下跌、被外部接管的危险上升时,若要降低融资成本或提高股价就必须努力改善经营。从这个意义上来说,**激励效应**(incentive effect)开始发挥作用。靠这样一种市场机制来监督企业、规范企业行为的方式一般被称为**市场纪律**(market discipline)。就像这样,在市场主导型金融体系中,企业行为主要受市场机制的制约。

与此相对,在银行主导型金融体系中,特定的银行可以从对特定的借款企业(贷款客户)进行长期、持续的监控中获取在市场上无法观察到的信息,并将这些信息运用到对该企业后续的监控中,以促进该企业经营效率的提高,确保其能到期偿还贷款。

关于市场主导型金融体系和银行主导型金融体系中公司治理模式的不同,下面我们再来比较一下企业在资本市场发行债券和从银行贷款的这两种融资方式。其实,从**金融契约理论**(financial contracting theory)的角度来看,两者均为**负债契约**(debt contract)。但是,若仔细考察对企业的监督,我们可以发现,在资本市场上发行公司债券融资时,在债券到达偿还期之前,市场对企业的监督功能几乎不起作用。而从银行贷款时,银行在融

---

① 股东大会是股份公司的最高权力机关,参与股东大会并对决议事项进行表决是股东的基本法定权利(关于股东的权利,详见第三章)。

资后也将一直对借款企业进行监控,譬如,是否严格遵守贷款合同? 有无挪用贷款? 经营管理层是否为实现良好的经营业绩而做出努力? 等等。当该企业的经营业绩或财务内容恶化时,银行会直接对其经营活动进行干预,施加压力,譬如,要求提供新的担保,要求施行裁员,甚至是要求更换、改组经营管理层等。值得一提的是,发行公司债券时,除了进行融资的发行企业以外,还有为公司债券发行提供服务的诸多专业机构参与。譬如,负责债券发行与承销(代销与包销)的证券公司、对债券进行信用评级的信用评级机构、维护债券持有人利益的受托管理人、对发行企业的财务报告进行审计的会计师事务所、对发行企业的资产进行评估的资产评估机构、为债券发行出具法律意见书的律师事务所等,因此,与从银行贷款相比,通过发行公司债券来筹资时,在债券发行之后,很难通过重新交涉来更改初始的合同内容。

3. 金融体系的稳定性

从金融体系的稳定性来看,市场主导型金融体系和银行主导型金融体系之间也存在着明显差异。正如第一章所述,在直接融资中,最终借款人的信用风险直接且全部由最终贷款人承担。也就是说,当所投资企业(最终借款人)的股价暴跌或者债券本息无法偿还时,持有这些股票和公司债券的最终贷款人将直接承担由此造成的损失。与此相对,在间接融资中,当最终借款人不履行偿还贷款本息义务时,由此造成的损失不是由最终贷款人(储户)来承担,而是由银行来承担。为什么呢? 因为储户持有由银行出具的债务凭证,如储蓄存折等,换句话说,银行和储户之间存在负债契约,银行对储户负有法定的保本付息的责任。

另外,在银行主导型的金融体系中,由于间接融资占支配地位,所以银行可以在经济状况较好时增加对最终借款人的资金供给(如购买其发行的债务凭证和股票等初级证券)来增加自己的保留盈余及充实**自有资本**(equity)。自有资本是表示银行财务健全性的指标之一,银行的自有资本越多,其应对风险、缓冲冲击、吸收损失的能力就越强,因此当经济不景气的时候,银行可以把那些资本留存当作缓冲,用来吸收因最终借款人经营业绩不佳甚至破产而无法偿还贷款本息所带来的损失,以及所持有的股票、公司债券等金融资产的价格下跌而导致的损失。这种根据经济状况对资本留存进行动态调整来应对自身资产质量和盈利状况的变化以达到"以丰补歉"的做法,可以看成银行**风险跨期平滑化**(intertemporal risk smoothing)的典型事例(Allen and Gale [1997])。

与此相对,在市场主导型的金融体系中,由于企业和居民等最终贷款人作为市场参与者直接在市场上购买债券和股票等,因此他们无法利用风险的跨期平滑化来应对这些初级证券的市场价格波动。不仅如此,由于在资本市场主导型的金融体系中,资产价格的变动会直接影响到最终贷款人的消费、投资等行为(譬如,对于持有金融资产的居民来说,资产价格的大幅上涨会缓解其预算约束,从而增加其消费支出),因此,资产价格的变动还会通过这样的**资产效应**或**财富效应**(wealth effect)来加大经济周期的变动幅度,其结果反倒有可能带来金融体系的动荡、破坏金融体系的稳定性。

需要注意的是,这种银行主导型金融体系比市场主导型金融体系更稳定的观点并不是没有前提的。其前提条件就是:银行部门(处于银行主导型金融体系的中心)的收益状况必须保持长期稳定。这就引出这两种金融体系的又一重要差异,即金融体系中的风险是如何分散的问题。

4. 风险的承担

在第一章中,我们已经指出,金融交易本质上是从现在到将来的跨期交易,因此必然存在风险。银行(或银行主导型金融体系)和资本市场(或市场主导型金融体系)有着不同的分散金融风险的机制。

简单地说,银行通过向众多借款人放贷的形式来分散信用风险。银行在放贷时,虽然无法完全准确地预测出将来哪个借款人无法还贷,或者说哪笔贷款将成为坏账,但是,如果有大量的放贷历史数据的话,换句话说,银行向众多借款人放贷的话,则可运用统计学的**大数法则**(law of large numbers),预测出坏账率大致是多少,从而降低放贷的不确定性、分散放贷时的信用风险。银行还可以在这个坏账率的基础上设定贷款利率,以此来确保获得一定的收益。

譬如,学过概率的读者们都知道,掷骰子时,6 个数字,即(1,2,3,4,5,6),每个数字出现的概率(理论值)均为 $\frac{1}{6}$。不过,如果我们掷六次骰子,出现的结果很可能与理论值不同,如数字"1"有可能出现两次等。但是,如果我们掷 6 万次骰子的话(即次数远远大于 6 次),数字"1"出现的次数就将非常接近 1 万次这个理论值(6 万次 $\times \frac{1}{6}$),而不可能出现 2 万次。这就是大数法则的含义。如果将"掷一次骰子"换成"银行向一位借款人放贷",将"数字'1'出现"换成"借款人无法还款",那么,就很容易明白上面我们得出的结论,即如果银行向众多借款人放贷的话,则能大致预测出坏账率,从而分散放贷时的信用风险。

不过,值得注意的是,不管是采取分散贷款还是采取前面提到的跨期平滑化来管理风险,如果银行部门出现大量不良资产(如不良贷款)的话,那么其承受风险的能力将随着其财务健全性的下降而变弱。20 世纪 90 年代,日本泡沫经济破灭后,地价、股价等资产价格的暴跌导致银行部门的不良贷款激增。由于在资产负债表上冲销不良贷款会导致银行资产的减少,因此,处理这些不良贷款的重压大大制约了银行**承担风险**(risk taking)的能力与意愿,并造成了银行严重的**信贷紧缩**(credit crunch),从而使经济进一步恶化。该事例说明了银行部门的财务健全性是银行主导型金融体系保持稳定的基础。我们从这个事例中学到的主要教训是,为了避免该情况的发生,银行必须保有充足的自有资本来作为应对危机的缓冲装置。而要让银行充实自有资本、更好地担负起金融中介功能和风险承担功能,确保其有长期稳定的收益来源是必不可少的。

下面,我们再来看看资本市场是如何分散风险的。在资本市场主导型的金融体系中,股票、债券等有价证券被众多投资者广泛且分散地持有,而且投资者们的风险偏好各不相同,故而,从整个经济来看,这有利于分散集中在银行部门的信用风险,对金融体系的稳定起到促进作用。另外,资本市场上的金融产品标准化程度较高,便于定价与交易,而且,资本市场具有较强的流动性,这些都有利于降低投资者的风险。

通过以上四个方面对银行主导型金融体系和市场主导型金融体系的比较,我们可以发现在适用对象、公司治理、信息不对称问题的应对处理、系统稳定性、风险分散方式等方面,两者特点不同,各有优势。银行和资本市场都是支撑金融体系的支柱,两者共同发展才能更好地发挥金融体系的整体功能。所以,我们认为,银行(或者更广泛地说,金融中介)与资本市场不是非此即彼的竞争关系,而是互补关系,而且,前者也不会被后者完全取代。只有金融中介与资本市场之间建立起有机的联系,金融体系才能高效、稳定地运行。

长期以来,中国的金融体系一直是典型的"银行主导型",庞大的银行部门主导着中国的金融体系,银行信贷即间接融资是储蓄转化为投资的主要途径。结合中国目前金融体系的特点而言,虽然资本市场近年来制度创新不断,但短期内,银行主导型的金融结构不会改变。关于中国的银行部门等金融机构体系,我们会在第五章详细论及;关于中国的资本市场,详见第三章。另外,值得指出的是,中国近年来金融改革的明确目标是金融中介和资本市场的共同发展,因此,将在下一节介绍的"市场型间接金融"(如信贷资产证券化、投资基金等),即在以间接融资主导的金融体系中增强资本市场机能的金融机制,可谓是中国金融体系发展与改革的一个趋势。

第三节 市场型间接融资

正如前面所讲,根据金融体系的特征,一般将其分为银行主导型(以银行为中心的间接融资体系)和市场主导型(以资本市场为中心的直接融资体系)两类。不过,20世纪80年代之后,学界出现了对这种二分法的质疑之声,有学者提出介乎于上述两类之间的金融体系——市场型间接融资体系的存在可能性(如 Royama [1982,2001])。特别是近年来,在现实经济中,市场型间接融资体系获得迅速发展,其重要性也日益增大。

所谓市场型间接融资体系,是把间接融资(通过银行的资金融通)与直接融资(通过资本市场的资金融通)相连接的机制,我们也可以将其理解为把市场原理引入间接融资方式中并充分利用市场机制优势的一种金融交易模式。

一般来说,在市场型间接融资体系中,间接融资与直接融资可以达到优势互补,因此也有学者将其理解为是银行主导型金融体系和市场主导型金融体系并存且互通的双轨型金融体系。

下面,我们先分别以信贷资产证券化、银团贷款、投资基金为例,来对市场型间接融资体系加以具体说明,然后对其特点加以归纳。

一、信贷资产证券化

资产证券化(securitization)是市场型间接融资的典型事例,指的是将缺乏流动性但具有现金流的某特定资产转换为可在市场上自由买卖(即具有流动性)的证券的融资形式。而信贷资产证券化,即贷款债权证券化,是资产证券化的主要代表。

简单地说,信贷资产证券化最突出的特征就是:一方面,银行等金融中介机构通过与借款人进行面对面交涉型交易来决定贷款(如住房抵押贷款、商业贷款、消费贷款等)利率、贷款金额、贷款期限等;另一方面,同一金融中介机构将贷款债权转换为可在资本市场上转让和流通的证券,即**资产支持证券**(ABS:asset-backed security),并通过市场交易将其出售给投资者。这里的"市场交易"指的是不特定多数的市场参与者在资本市场上买卖股票、债券等标准化的金融产品。也就是说,在贷款债权的证券化过程中,同一金融机构既从事面对面交涉型交易,也从事市场交易;既充当信用中介,又是市场交易者。

中国的资产证券化实践始于2005年。2005年4月,中国人民银行与中国银行业监督管理委员会(以下简称银监会)联合发布了《信贷资产证券化试点管理办法》,11月,银监会又公布了《金融机构信贷资产证券化试点管理办法》,从而基本确立了在中国开展信贷资产证券化试点的法律框架;12月,由中国建设银行作为发起人的中国首单个人住房抵押贷款证券化产品(30.19亿元规模的"建元2005-1个人住房抵押贷款支持证券")和由国家开发银行作为发起人的信贷资产支持证券(41.77亿元规模的"2005年第一期开元信贷资产支持证券")在银行间市场面向机构投资者发行,标志着中国资产证券化的正式启动。

1. 信贷资产证券化的运作过程

信贷资产证券化的运作过程复杂,涉及多方参与者。

结合图2-2,我们可将其简单概括如下:

(1)原债务人与原债权人:原债务人向原债权人(如银行等金融机构)借款,与原债权人之间形成债权债务关系。然后,由原债权人充当**发起人**(originator),将其持有的贷款债权出售或信托给**特殊目的机构**(SPV:special purpose vehicle)以筹措资金。发起人将该贷款债权(资产)转移后,该资产即从其资产负债表中移出。

(2)SPV与信用评级机构:由于原债务人与原债权人之间有债权债务关系,依照该贷款合约,原债务人需按时缴纳本金与利息。在从原债权人受让贷款债权之后,SPV即以该预期现金流为担保,在资本市场上发行证券,并确保原债务人未来每期支付的现金流用于对该证券投资者的还本付息。由于 SPV 是证券的发行主体,因此可以说其为资产证券化业务的核心。另外,应当指出的是,通常有信用评级机构参与到信贷资产证券化的运作过程中,对 SPV 和其所发行的证券进行信用评级,以利于投资者做出合理的投资决策。

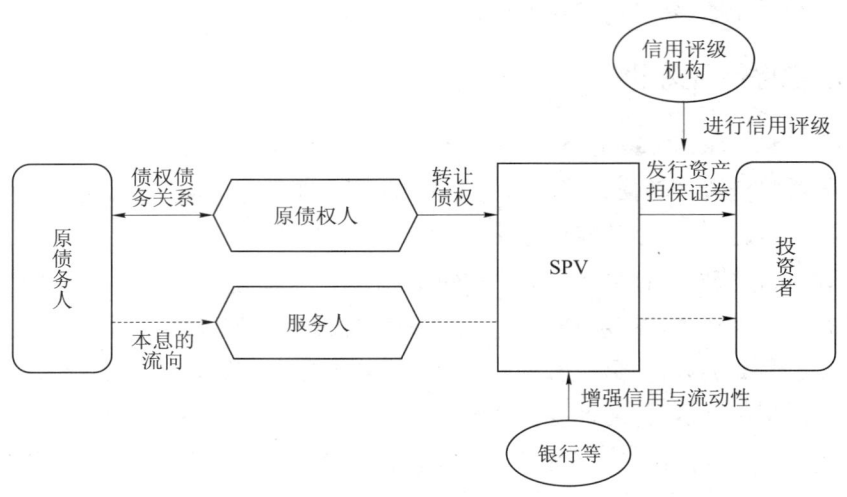

图 2-2　信贷资产证券化示意图

资料来源:在 Bank of Japan [1996] 的基础上加工制成。

(3)服务人:**服务人**(servicer)的主要任务是协助证券化的具体运作,如负责向原债务人收取到期的本金与利息,然后将其转交 SPV,再由 SPV 向购买该证券的投资者支付。值得一提的是,由于原债权人对原债务人以及被证券化的贷款债权较为熟悉,在实际的资产证券化过程中,原债权人与服务人合二为一的事例比较常见。

(4)信用增强支持体系:资产证券化涉及信用风险、流动性风险、利率风险等多种风险,因此,需要一个支持体系来增强信用与流动性,以便控制风险,并使发行的证券获得更高的信用评级。通常,信用的增强是由银行、保险公司等作担保,使发行的证券能按时向投资者支付本息;流动性的增强一般是为了弥补现金流的不足,如在贷款债权的期限与所发行证券的期限不匹配时,增强流动性可对支付本息的不同步情况加以改善。

归纳而言,在对贷款债权实施证券化时,原债权人(持有作为证券化对象的贷款债权,并相机以此筹措资金)、服务人(从事贷款债权管理和资金回收事务)、SPV(以从原债权者受让的贷款债权为基础发行证券,并将以此筹措来的资金支付给原债权者)、信用评级机构(为 SPV 发行的证券评级)等,多方面的金融中介服务机构参与其中,发挥着积极的作用。值得注意的是,在这个证券化过程中,过去由银行等金融中介机构所行使的金融中介功能被拆分为由众多金融中介服务机构分担,换句话说,信贷资产证券化是**金融中介功能分解**(unbundling)现象的典型事例。

2. 信贷资产证券化的优点

通过前面的描述,我们可知信贷资产证券化是原债权人将预期能产生稳定现金流但缺乏流动性的贷款债权转移给 SPV,并由 SPV 转化成以该贷款债权的现金流为担保的资产支持证券,然后将证券出售给不特定多数投资者,并以该贷款债权产生的现金流来向投资者支付证券本息的过程。在这一复杂过程中,缺乏流动性的信贷资产(贷款债权)通过市场化手段重新组合,转变成可在资本市场上转让、流通的证券,因此,信贷资产证券化很好地说明了市场型间接融资体系在实现流动性转化功能上的作用。

从整个金融体系来看,信贷资产证券化不仅提高了资产转换效率与金融资源的配置效率,还分散了集中在银行部门的信用风险,对金融体系的稳定起到了一定的推动作用。而且,由于信贷资产证券化涉及银行、证券、信托、保险、信用评级等多方金融机构,因此,其发展还能有效促进整个金融体系乃至经济体系的分工与细化。另外,值得一提的是,信贷资产证券化将银行信贷(间接融资)与资本市场(直接融资)有机地结合起来,促进两者之间的相互联系与协调发展,这又进一步推动、深化了市场型间接融资体系的发展。

信贷资产证券化不仅具有宏观意义,由于其是以 SPV 为核心,将原债务人、原债权人、信用评级机构、服务人、信用增强支持体系、投资者等多方参与者连接起来的一条完整的资金链,因此,从微观层次来看,参与者们均可从中获益。譬如:

(1)对银行等原债权人(即发起人)来说,信贷资产证券化可带来多方面的益处。首先,信贷资产证券化为其提供了一种新型融资工具,使其能通过转移、出售信贷资产(即贷款债权)的方法来进行融资,并拓宽了资金的来源渠道,促进了资金来源的多样化;其次,信贷资产证券化能将贷款债权产生的未来现金流立即变现,从而赋予了未到期的贷款债权流动性;再次,通过信贷资产证券化,银行能提前收回贷款资金,这不仅有利于降低由于"短存长贷"(存款主要为短期存款,而贷款主要为长期贷款)而导致的存贷期限错配风险,使银行有更多的资金用于发放新贷款,还有利于减少银行所承担的信用风险;第四,随着贷款债权的出售、转移,该贷款债权将从银行的资产负债表上消除,从而能够提高银行的**资本充足率**(capital adequacy ratio),改善银行的资产负债结构。

(2)对参与信贷资产证券化的金融中介服务机构来说,信贷资产证券化为其提供了一个获取服务收入的商业机会和金融创新机会。

(3)对投资者来说,信贷资产证券化为其提供了新型的金融产品和多样化的投资选择,使其投资渠道更为丰富。

最后需要指出的是,信贷资产证券化也存在着内在的风险与矛盾。对此,我们将在第五章进行论述。

二、银团贷款

银团贷款(syndicated loan)是指多家金融中介机构由一家或数家银行牵头组成银团

(即融资团),根据统一的贷款协议,向同一借款人提供贷款的方式。从本章第二节我们已经了解到,一般的贷款是特定的银行与企业等特定借款人之间通过面对面的交涉来确定贷款利率、贷款金额、贷款期限等贷款条件。银团贷款与此不同,其是由牵头银行,即牵头行(又称主干事行)与借款人商定贷款条件,参加融资团的多家金融中介机构均以此贷款条件向该借款人进行贷款。

与一般的贷款相同的是,银团贷款也有贷前审查和贷后监督的环节。不过,在银团贷款中,并不是所有参加融资团的金融中介机构都进行贷前审查和贷后监督,而是由牵头行对借款人进行贷前审查;由代理行(可由牵头行兼任)进行贷后监督和还本付息等贷款管理工作。

银团贷款具有种种优点。首先,对于贷款人来说,第一,多家金融中介机构共同参与融资可以分散信用风险;第二,贷前审查和贷后监督由牵头行和代理行进行,无须所有银团成员参与,但银团内部实现信息共享,这既缓解了借贷双方之间的信息不对称问题,同时也降低了银团成员的信息成本;第三,牵头行可以收取手续费,提高自身收益。其次,对于借款人来说,由于有多家金融中介机构参与,一般来说,银团贷款的贷款数额大、期限长,因此可以满足借款人长期、大额的资金需求。

银团贷款多是基于**贷款承诺**(loan commitment)协议将贷款提供给借款人。所谓贷款承诺协议,指的是银行从企业等客户收取**承诺费**(commitment fee),事先设定**融资最高额度**(commitment line),然后在该额度范围内随时应客户要求按照约定条件向其提供贷款的融资额度协议。贷款承诺协议中,由于借款人只要支付承诺费,便能随时从银行筹到资金,因此其常在筹资困难的货币紧缩时期被大量利用。贷款承诺具有诸多优点,譬如对于借款人来说,贷款承诺不仅可以使其根据资金需求的变化而机动灵活地筹措资金、减少其未来融资时的不确定性,还能使其通过压缩手头现金和存款来提高资产运用效率;对于银行来说,贷款承诺不仅可以方便其尽早对未来资金的借贷做出安排,还可以促进其与客户之间形成关系型信贷,并以此来减轻与借款人之间的信息不对称问题。

在银团贷款发达的美国,对于企业等筹资方来说,通过银团贷款进行筹资与通过发行债券或**商业票据**(CP:commercial paper,由信誉良好的公司发行的无担保短期票据以筹集短期资金)进行筹资,这两者之间具有相互替代的竞争关系。因此,银团贷款市场与公司债券市场、CP市场一样,根据市场供求和借款人的信用评级来决定利率,而且,贷款债权转让交易发达,为在银团贷款市场上自由转让贷款债权创造了条件。因此,银团贷款被看作是银行信贷(间接融资)与资本市场(直接融资)有机结合,即市场型间接金融的典型事例之一。

三、投资基金

投资基金指的是汇集众多投资者的资金,由投资专家运作管理,按其投资策略分散投资于国内外的股票、债券等有价证券或房地产等,并将由此获得的投资收益分配给投资者的一种投资机制和投资工具。①

1. 契约型基金和公司型基金

如果按照投资基金的设立方式和法律地位来划分,其可分为契约型基金和公司型基金两种。

(1)契约型基金,是以对基金运作方针与运作方法做出明确规定的信托契约为基础,由受益人(基金持有人,即投资者)、委托人(基金管理人,如基金管理公司等)、受托人(基金托管人,如银行、信托投资公司等)签订契约(基金合同),通过向受益人发行投资受益凭证而设立的投资基金。目前,中国设立的基金均为契约型基金。

契约型基金的运作机制如图2-3所示。具体来说,基金代售人、基金管理人和基金托管人三方各司其职:银行、证券公司等金融机构负责代理销售投资基金;基金管理人依据法律法规、基金契约,以及所拥有的金融专业知识与投资经验,负责投资基金的经营与运作,担当基金资产管理者和投资运作决策者的角色;基金托管人按照基金管理人的指令,对基金资产进行保管、清算、会计复核等,以及对基金的投资运作进行监督,以确保基金资产的规范运作,保障基金持有人的权益和防止基金资产被挪作他用;投资者通过购买投资受益凭证成为基金持有人,参与基金投资,按照投资额的多寡获取相应的基金投资收益并承担相应的投资风险。

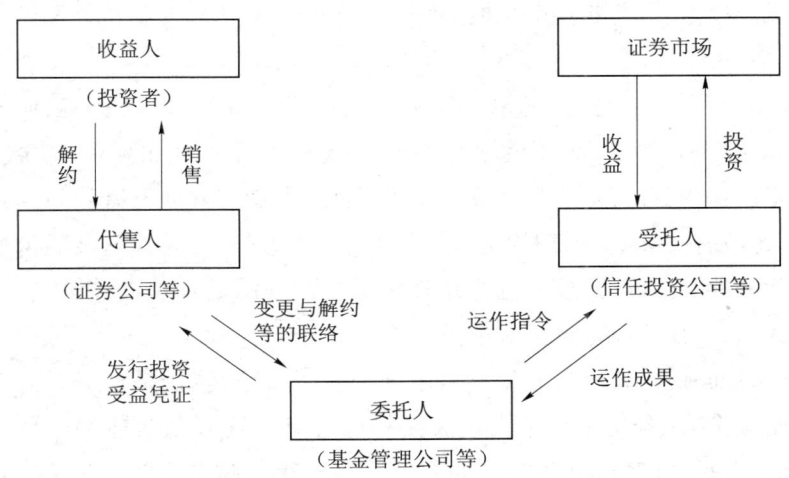

图2-3 契约型投资基金的运作机制

资料来源:在Furukawa[2014b]图表1-5的基础上加工制成。

---

① 将汇集的资金投资于股票、债券等有价证券的基金为证券投资基金;将汇集的资金投资于房地产的基金为**房地产投资基金**(REITs:real estate investment trusts)。

(2)公司型基金,是相对于契约型基金而言的。所谓公司型基金,指的是通过设立以有价证券投资、房地产投资为目的的公司(投资法人),并以投资者出资给该公司(即取得该公司发行的股票,成为其股东)的形式来汇集投资资金的投资基金。因此,公司型基金在组织形式上与股份有限公司类似,基金公司的资产为投资者(股东)持有,换句话说,基金持有人亦为股东。负责基金运作管理的基金管理人由股东选举的董事会选聘。

2. 封闭式基金与开放式基金

如果按照投资基金的运作方式来划分,其可分为封闭式基金和开放式基金两种。

(1)封闭式基金是指基金规模(基金发行单位数)在发行前已确定、在发行完毕后的基金存续期内(通常在5年以上)固定不变(基金扩募的情况除外)并在证券市场上交易的投资基金。封闭式基金的主要特点是,在发行期满或基金达到预定规模后,基金即进行封闭,不再接受投资者的申购(投资)或赎回(撤资),这有利于进行长期投资,而且基金资产的投资组合能有效地在预定计划内进行。

虽然封闭式基金的持有人所持有的基金份额在封闭期内(一般1年)不能赎回,但由于封闭式基金在证券交易所挂牌交易,所以基金持有人可以通过在流通市场将所持份额出售的方法套现。值得一提的是,由于封闭式基金的市场交易采取的是竞价方式,因此其交易价格受市场供求关系的影响较大,从而出现与**基金单位资产净值**(NAV:Net Asset Value)不一致的情况,即交易价格存在溢价(市场需求大于市场供给时,市场交易价格低于基金单位资产净值)和折价(市场供给大于市场需求时,市场交易价格高于基金单位资产净值)的现象。①

(2)开放式基金,顾名思义,是指基金规模(基金发行单位数)不固定,而是可根据市场供求情况随时增加(即发行新份额)或减少(即被投资者赎回)的投资基金。开放式基金的主要特点就在于其"开放性",因此,对投资者的申购与赎回没有像封闭式基金那样的严格限制,也没有存续期(即理论上可永远存在)。另外,开放式基金的价格与基金单位资产净值相一致。因此,开放式基金运作结果的好坏随时反映在其价格上,价格透明度高于封闭式基金,投资风险也相对小于封闭式基金。

但是另一方面,由于开放式基金的基金规模随时增减,特别是投资者可随时向基金管理人赎回基金份额,若集中性地大量赎回将有可能导致清盘,因此,与封闭式基金相比,开放式基金在投资能力、流动性管理等方面,对管理人提出的要求更高。

目前,开放式基金已成为国际基金市场的主流品种。中国从2001年引入开放式基金(之前基金品种仅限于封闭式基金),并从2004年开始对开放式基金的运行进行了一系列制度创新,除了可通过基金管理公司直销网店或银行、证券公司等代销机构对开放

---

① 基金单位资产净值 = 基金净资产总值 ÷ 基金单位份额总数 = (基金总资产 − 基金总负债) ÷ 基金单位份额总数

式基金进行认购、申购和赎回以外,还允许一些开放式基金在证券交易所上市交易,即认可一部分开放式基金成为可在证券交易所认购、申购、赎回及交易的**上市开放式基金**(LOFs:listed open-end funds),这在很大程度上推动了中国开放式基金的发展。①

3. 公募基金与私募基金

如果按照投资基金的资金募集方式和资金来源来划分,其可分为公募基金和私募基金两种。

公募基金是面向不特定多数的投资者,以公开发行投资受益凭证的方式募集资金的投资基金;而私募基金则是面向少数特定的投资群体,以非公开发行方式募集资金所设立的投资基金。目前,中国大部分基金属于公募基金。根据中国证券业监督管理委员会(以下简称证监会)公布的数据显示,截至2018年8月,公募证券投资基金共有5438只。

比较而言,公募基金比私募基金规范、透明。公募基金的规模大,涉及投资者的范围广,为了保护广大投资者的利益,公募基金在运作管理上有着严格的流程,在信息披露方面也有着非常严格的要求,并受到政府部门严格的监管;私募基金则由于规模小,且设立目的是满足特殊投资群体的需求,因此,运作机制较灵活,受到的限制较少,对信息披露的要求也较低,具有较强的保密性。

以上对投资基金按照不同分类进行了具体说明。接下来,我们来思考一下,投资基金对投资者来说,究竟有什么好处?

(1)由于投资基金能够将社会零散资金汇集,因此,与资金能力有限的投资者(特别是个人投资者)相比,投资基金拥有资金优势。这使得投资基金能够投资于小额资金无法投资的资产,投资对象的选择范围较宽。

(2)在第一章中我们曾谈到分散投资能分散风险,由于投资基金分散投资于多种金融产品,故可以降低投资风险。具体来说,这种分散化投资包括:不同资产类型间投资对象的分散(如投资于股票、债券、基金等不同种类的资产)、同种资产类型间投资对象的分散(如投资于不同上市公司的股票)、投资行业的分散、投资地域的分散、投资时间的分散等。

(3)与个人投资者相比,投资基金不仅拥有资金优势,还拥有知识优势、信息优势等多种优势。运作管理投资基金的专家拥有丰富的专业知识和投资经验,精通先进的分析手法,还掌握大量及时信息,从而能够克服个人投资者在专业知识、投资信息、时间精力

---

① 2004年8月17日,深圳证券交易所发布了《深圳证券交易所上市开放式基金业务规则》;同年8月24日,中国首家上市开放式基金——南方积极配置基金在深圳证券交易所发行;2005年7月13日,深圳证券交易所发布了《深圳证券交易所开放式基金申购赎回业务实施细则》;同年7月14日,上海证券交易所发布了《上海证券交易所开放式基金认购、申购、赎回业务办理规则(试行)》。

● 现代金融理论与运作

上的不足,并提高资产的运作效率和收益率。①

值得一提的是,基金管理公司(基金管理人)发行的投资受益凭证属于间接证券,从这个意义上说,其与银行、保险公司等一样,作为金融中介机构从事间接融资业务;但与此同时,基金管理公司也是资本市场的主要参与者,代理广大投资者从事有价证券等金融产品的投资。因此,由基金管理公司管理运作的投资基金亦被认为是市场型间接融资的典型事例。

四、市场型间接金融体系的优点

通过以上对信贷资产证券化、银团贷款和投资基金三个具体事例的解说,相信大家对市场型间接融资体系已有一定了解。

在信贷资产证券化和银团贷款的事例中,金融中介机构介于资金短缺者与资本市场之间,将资金短缺者发行的受益凭证利用资本市场提供给资金盈余者。

在投资基金的事例中,金融中介机构介于投资者(资金盈余者)与资本市场之间,一方面通过向广大投资者发行受益凭证来聚集社会闲散资金,另一方面,在资本市场上以分散投资的方式投资于各种金融产品并将投资收益分配给投资者。

在实际操作中,还有将信贷资产证券化或银团贷款与投资基金相结合的做法。一方面,企业等最终借款人从银行(金融中介机构)获得贷款,银行将该信贷资产证券化,即转换为可在资本市场上转让和流通的证券,并通过市场交易出售给投资者;另一方面,居民等最终贷款人通过购买投资基金的方式向基金管理公司(金融中介机构)提供资金,由基金管理公司代理其进行市场投资,而这时基金管理公司可以作为投资者去购买由银行贷款债权转化而来的证券化商品。

归纳而言,在市场型间接融资体系中,金融中介机构不再局限于存贷结算等传统业务,而是将其业务领域拓展至资本市场,并作为资本市场的重要主体参与市场交易,向全社会提供依托于资本市场的投融资服务。换言之,在市场型间接融资体系中,金融中介机构成为连接间接融资和直接融资的纽带或者说平台。

那么,与传统型间接融资(即面对面交涉型融资)和直接融资相比,市场型间接融资具有哪些优势呢?

(1)市场型间接融资能够促进多层次风险分散机制的建立,从而有利于金融体系的稳定。譬如,对于广泛分散于社会的小额资金盈余者(如个人投资者)来说,市场型间接融资不仅给他们提供了能够获得收益的投资机会,同时也降低了他们的投资风险;对于

---

① 不过,投资基金与保本保息的银行储蓄不同,能否收回本金、能否获得收益、收益率是多少等均无法保证,这是因为投资基金的价格随着其所投资的股票、债券等投资对象的价格波动而变化。因此,如果投资基金的运作业绩不佳,那么投资者则有亏本的风险。另外,投资基金涉及认购费、申购费、赎回费、管理费、托管费和销售服务费等种种费用,这些费用算入投资者的投资成本。

银行等金融中介机构来说,市场型间接融资能够将其承担的信用风险通过资本市场向社会转移(即转移给众多的投资主体)。在传统型间接融资中,由于信用风险集中于银行部门,一旦银行部门出现危机、抗风险能力下降,那么整个金融体系乃至整个经济就会受到严重影响,市场型间接融资可以有效防止这种情况的出现。

(2)由于具有分散风险的特征,市场型间接融资能够促进储蓄向投资的转化,并有利于新的投资机会的创造、新的金融产品的开发以及金融中介机构多样化的形成,这些最终都将推进企业融资手段的多样化、资金等金融资源的有效配置和经济的发展。

(3)由于市场型间接融资为企业等融资者提供了新的市场型融资渠道,为投资者提供了新的市场型投资渠道,市场型间接融资能够促进金融市场机制的完善,譬如:推动金融产品的标准化,增强利率、股价、债券价格等资产价格形成的透明度与公正性,提高市场的流动性等。

(4)由于市场型间接融资不同于直接融资,金融中介机构在其中发挥重要作用,因此,在市场型间接融资中,投资者与融资者间的信息不对称、投资者对融资者缺乏有效监管等直接融资中存在的诸问题可以通过金融中介机构的介入来加以缓解。

由此可见,与单纯发展传统型间接融资和单纯发展直接融资相比,将两者有效连接起来的市场型间接融资体系能够兼顾金融资源配置的效率性和稳定性,缓解和克服上述两种融资机制的各种问题,从而更有利于金融体系发挥投融资、流动性保障、风险分散、价格发现、信息生产、公司治理等功能。

第三章 金融市场

第一节 金融市场概论

正如第一章中所讲,金融或者金融交易,指的是资金盈余者与资金短缺者之间的资金借贷(投融资)交易或者由其衍生出的关于金融资产的交易。而进行这种金融交易的场所,即为**金融市场**(financial market)。金融市场是我们在上一章谈到的金融体系的运作载体之一。

虽然之前我们曾谈到过"金融资产"一词。不过,由于其为金融市场的交易对象,因此我们在这里需对其进一步说明。在金融市场上,人们通过买卖金融资产来实现资金从资金盈余者(贷方)向资金短缺者(借方)的转移,或者说,来实现资金资源在经济中的重新配置。从这个角度来说,金融资产也可理解为实现资金融通的工具,因此,金融资产又被称为**金融工具**(financial instruments)。而且,由于金融资产是金融交易的对象,用与实物商品类比的说法来说的话,也可称其为**金融产品**(financial products)。

虽然金融市场中的金融资产多种多样、纷繁复杂,但都具有以下三个特性:**收益性**(return)、风险性和流动性。收益性是指持有金融资产可获得一定的收益;风险性是指金融资产未来收益的不确定性,譬如,购买金融资产的本金有可能遭受损失;流动性是指金融资产变现(转换成现金)的能力。金融资产的这三个特性密切相关,是衡量、比较不同金融资产的重要指标。一般来说,它们之间的关系如下:

(1)收益性和风险性正相关,投资者若想获取高收益就需要承受高风险,这是为什么股票的收益性通常高于国债的主要原因;

(2)流动性与风险性负相关,流动性强的金融资产容易变现,收益的不确定性相对较低,因此,短期债券的风险性一般低于长期债券;

(3)结合前面两条可简单推导出流动性与收益性也是负相关的关系,因此,银行活期存款的收益性低于长期债券,而且流动性与收益性之间的负相关也决定了拥有最强流动性的现金,其收益性最低。

金融市场按所交易的金融资产的期限、种类、场所、性质等,可细分为不同市场。因此,虽然金融交易的场所被简单称为金融市场,但其实金融市场内含多个子市场。

金融市场的分类方法往往因分类基准而不同。最常见的分类方法是以金融资产的**期限**(maturity)是短期(1年以内)还是长期(1年以上)为基准,将金融市场大致分为短期金融市场,即**货币市场**(money market)和长期金融市场,即资本市场。①

短期金融市场以市场参与者的范围为基准,又可分为**银行间市场**(interbank market)和**公开市场**(open market)。前者,是参与者仅限于金融机构(如银行、证券公司、保险公司等)的短期金融市场,换句话说,是金融机构之间进行短期资金融通以调剂临时性资金盈缺的市场;与此相对,后者,指的是参与者不限于金融机构,一般企业等非金融机构也可参加的金融市场。如果更广义地来解释短期金融市场,那么不满1年的存款市场、贷款市场也包含在内。

长期金融市场以长期贷款市场(如银行向企业发放设备投资资金贷款等)为代表,此外还包括信托市场、保险市场、证券市场等。其中,证券市场又有债券市场和股票市场之分,而债券市场根据所交易的债券品种的不同又分为国债、地方政府债(券)、公司债(券)等子市场。另外,债券市场和股票市场又都可分为发行市场和流通市场,前者是将新发行的债券、股票出售给投资者的市场;而后者是投资者之间对已发行的债券、股票进行买卖的市场。

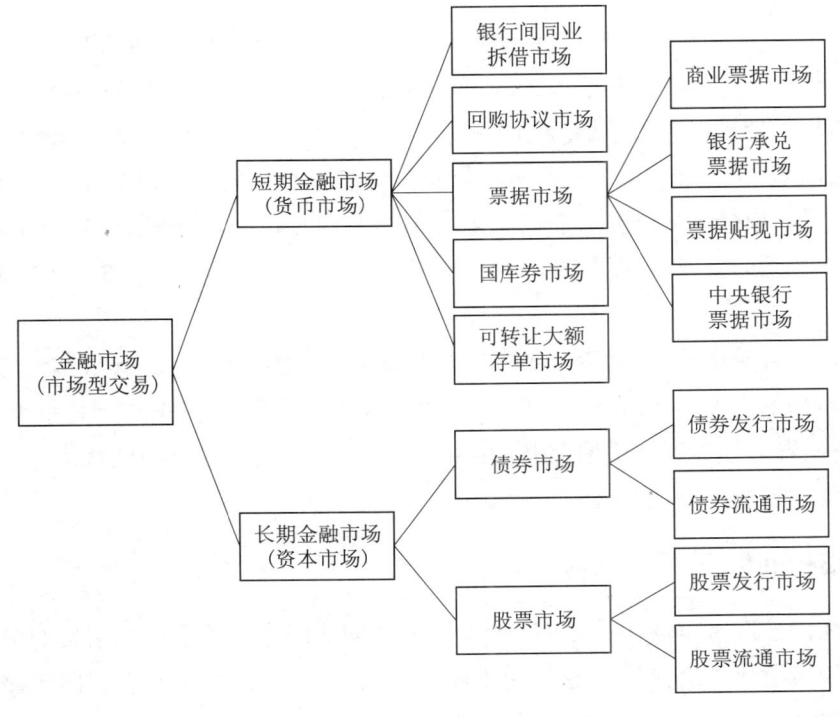

图3-1 中国金融市场概览图

---

① 在金融实务中,也有将期限为1至3年的金融资产的交易场所称为中期金融市场的情况,以区别于长期金融市场。

以上是以金融交易的期间为基准所进行的分类。我们在第二章中谈到,如果按照所交易的金融资产的性质来划分,那么金融市场还可分为面对面交涉型交易市场和市场型交易市场。面对面交涉型交易市场,指的是每个顾客分别与特定的金融机构进行一对一的交涉,来决定利率、金额、期间等交易条件的市场,贷款市场和存款市场等客户市场为其主要代表。与此相对,市场型交易市场,是指通过不特定多数市场参与者的竞争来决定利率等交易条件的市场。

图3-1中,以市场型交易市场为对象,我们将中国金融市场划分为短期金融市场(货币市场)和长期金融市场(资本市场)。这些市场彼此关联,构成一个有机整体。其核心是通过市场交易和价格机制实现金融资产的优化配置。金融市场上资金的集中和分配,反映出资金供给与资金需求的对比,并形成金融市场的"价格"——利率(关于利率,详见第四章)。下面,我们将对这些市场以及其中的金融工具加以详细说明。

第二节 货币市场

我们在上一节中已经指出,货币市场是以期限在1年以内的短期金融工具为媒介进行短期资金融通的市场,换句话说,筹资者只能在该市场中筹集短期性、临时性资金。因此,货币市场的交易对象为短期金融工具,如商业票据、银行承兑汇票、大额可转让定期存单、短期国债(国库券)等。货币市场就其结构而言,可大致分为银行间同业拆借市场、回购协议市场、票据市场(包括商业票据市场、银行承兑汇票市场、票据贴现市场和中央银行票据市场等)、短期国债市场(国库券市场)、大额可转让定期存单市场等若干个子市场。

在各国的金融市场中,货币市场都占据着非常重要的地位。在中国,自然也不例外。中国货币市场的发展始于20世纪80年代,经过几十年的发展,目前中国货币市场已经具有一定规模,参与主体不断增加,交易条件不断改善。本节将结合中国货币市场的实际,对货币市场的组成部分加以讲解。

一、银行间同业拆借市场

银行间同业拆借市场,顾名思义,是金融机构同业间进行短期资金借贷的市场(如为了向中央银行缴存法定存款准备金、短期运作资金等目的),其参与者仅限于金融机构。资金短缺的金融机构通过同业拆借市场从资金盈余的金融机构借入资金,称为"拆入";反之,资金盈余的金融机构通过同业拆借市场向资金短缺的银行贷出资金,则称为"拆出"。

中国银行间同业拆借市场起步于1984年,全国统一的银行间同业拆借市场网络于

1996年1月建立并试运行,标志着中国银行间同业拆借市场的发展进入一个新阶段。目前,市场参与者包括商业银行及其他金融机构,但金融机构进入银行间同业拆借市场必须经中央银行,即中国人民银行的批准。①另外,中国的银行间同业拆借是在无担保的条件下进行的,是无担保资金融通行为。如图3-2所示,中国银行间同业拆借市场的交易量呈不断增长态势。

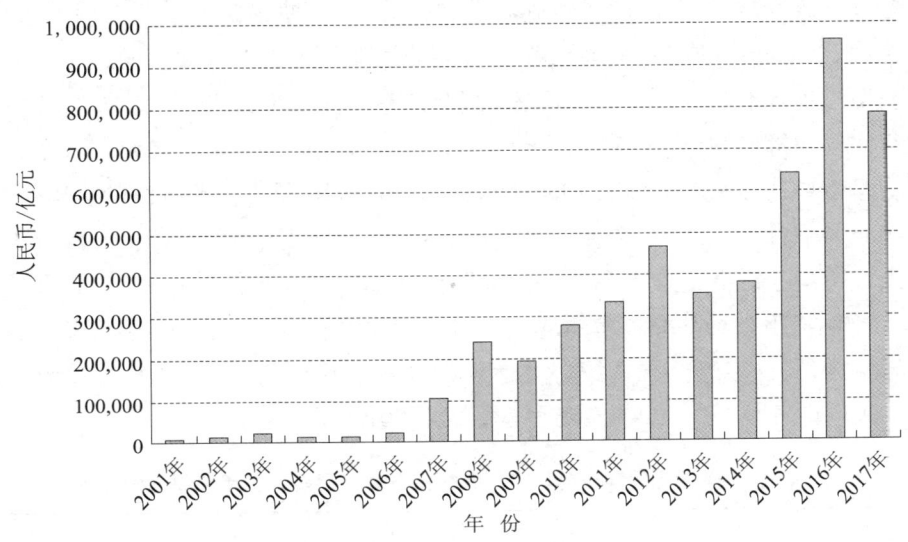

图3-2 中国银行间同业拆借市场交易量

资料来源:根据中国人民银行《金融市场统计》制成。

中国银行间同业拆借市场的拆借期限有1天(隔夜)、7天、14天、21天、30天、60天、90天、120天、6个月、9个月、1年等。其中,交易量最大的为日拆(隔夜拆借),即拆入资金在交易后的第二天偿还,近十年来日拆的交易量占比一直超过75%(见表3-2)。

目前,不同类型的金融机构适用不同的同业拆借期限(《同业拆借管理办法》第四章第二十三条)。譬如:政策性银行、中资商业银行、中资商业银行授权的一级分支机构、外商独资银行、中外合资银行、外国银行分行、城市信用合作社、农村信用合作社县级联合社拆入资金的最长期限为1年;金融资产管理公司、金融租赁公司、汽车金融公司、保险公司拆入资金的最长期限为3个月;企业集团财务公司、信托公司、证券公司、保险资产管理公司拆入资金的最长期限为7天。

在银行间同业拆借市场上根据资金供求状况形成的利率称为"银行间同业拆借利率",是货币市场的基准利率,具有引导货币市场上其他金融工具利率的重要作用,因此

---

① 中国人民银行制定的《同业拆借管理办法》(2007年8月6日起施行)中明文规定:"中国人民银行依法对同业拆借市场进行监督管理。金融机构进入同业拆借市场必须经中国人民银行批准,从事同业拆借交易接受中国人民银行的监督和检查"(第一章第四条)。

不仅在整个利率体系中占据举足轻重的地位,还在中央银行实施货币政策、调控宏观经济的过程中扮演着重要角色。1996年1月,随着全国统一的银行间同业拆借市场网络的建立,**中国银行间同业拆借利率**(CHIBOR:china interbank offered rate)形成。然而,CHIBOR根据实际交易利率计算,若银行间拆借交易不活跃或无成交记录,则利率变化难以在CHIBOR上体现出来,使CHIBOR难以具有代表性(方先明、花旻[2009])。1996年6月,中国人民银行放开了对银行间同业拆借利率的管制,使其由拆借双方根据市场资金供求自主确定,为此后的利率市场化改革奠定了基础。随着管制利率的逐步放开,培育中国的货币市场基准利率成为推进利率市场化改革的重要步骤之一。2007年1月4日,**上海银行间同业拆借利率**(SHIBOR:shanghai interbank offered rate)开始正式运行,标志着中国货币市场基准利率培育工作的全面启动。SHIBOR是以位于上海的全国银行间同业拆借中心为平台,由信用等级较高的银行组成报价团(现由18家商业银行组成)自主报出的人民币同业拆出利率计算确定的算数平均利率。经过十余年来的不断培育,SHIBOR作为中国货币市场基准利率的地位日益稳固,在反映市场资金供求状况、加强货币政策传导机制、完善宏观经济调控等方面发挥着日益重要的作用(参见陈汉鹏、戴金平[2014];项卫星、李宏瑾[2014];李维林、朱文君[2017]等)。

表3-1 中国银行间同业拆借市场各拆借期限交易量占拆借交易总量比率

年份	1天(%)	7天(%)	14天(%)	21天(%)	1个月(%)	2个月(%)	3个月(%)	4个月(%)	6个月(%)	9个月(%)	1年(%)
2007	75.48	20.47	2.57	0.47	0.32	0.26	0.30	0.13	0.03	0.02	0.02
2008	81.95	14.60	1.98	0.46	0.47	0.19	0.28	0.08	0.12	0.09	0.08
2009	83.60	11.04	3.09	0.53	1.06	0.28	0.37	0.03	0.05	0.01	0.01
2010	87.93	8.72	1.82	0.23	0.58	0.17	0.48	0.07	0.07	0.01	0.00
2011	81.87	12.71	2.99	0.68	0.81	0.34	0.50	0.11	0.18	0.01	0.02
2012	86.34	8.99	2.59	0.51	0.96	0.35	0.22	0.02	0.08	0.01	0.02
2013	81.59	12.40	3.26	0.51	1.43	0.29	0.49	0.02	0.03	0.00	0.01
2014	78.32	16.21	3.12	0.24	1.24	0.33	0.44	0.02	0.03	0.01	0.04
2015	84.09	11.99	2.38	0.21	0.66	0.16	0.38	0.02	0.02	0.00	0.09
2016	87.55	9.67	1.33	0.23	0.47	0.22	0.36	0.03	0.05	0.03	0.05
2017	86.07	10.20	1.61	0.40	0.64	0.64	0.28	0.06	0.05	0.01	0.04

资料来源:根据中国人民银行《金融市场统计》制成。

二、回购协议市场

回购协议（repurchase agreement）指的是证券持有人（资金短缺者）在出售证券的同时与证券购买人（资金盈余者）签订的、约定在将来某一日期按某一价格将所出售证券如数购回的协议（交易示意图见图3－3）。从形式上看，回购协议是一种证券买卖行为，但从本质上说，回购协议是一种抵押贷款协议，即以证券为抵押来获取短期资金的一种协议。通常，回购价格高于卖出价格，两者的价差即为借款人支付的利息。

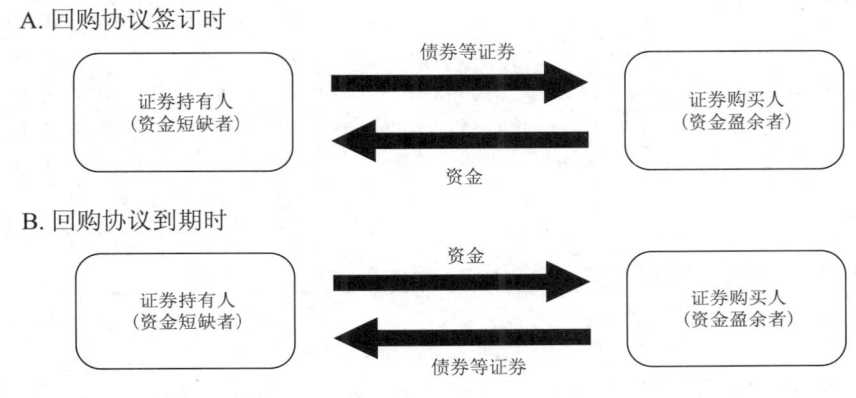

图3－3　回购协议交易示意图

回购协议市场，便是通过回购协议进行短期资金融通的市场。回购协议的期限由1天（隔夜）至1年，其中，交易量最大的为隔夜回购，特别是近十年来债券回购交易期限结构短期化的趋势明显，隔夜回购的交易量占比持续超过75%（见表3－2）。

与回购协议的交易方向相反的操作称为**逆回购协议**（reverse repurchase agreement），即证券购买人（资金盈余者）在购入证券的同时与证券持有人（资金短缺者）签订的、约定在将来某一日期按某一价格将所购买证券如数买回的协议。显而易见，回购协议与逆回购协议是同一项交易的两面：从证券持有人（资金短缺者）的立场来看是回购协议，而从证券购买人（资金盈余者）的立场来看则为逆回购协议。

由于回购协议有证券做抵押，而且充当抵押的一般是风险较低的证券，如国债、银行承兑汇票等，再加上证券回购协议的交易双方在出售证券的同时就已约定好再次购入的时间与价格，因此，回购协议交易中交易者承担的风险较小，且回购协议市场的流动性较高。

值得指出的是，回购协议是中央银行进行公开市场操作的基本工具之一。中央银行在公开市场上从事证券买卖一般是通过回购协议和逆回购协议的方式进行的。当需要收紧银根、减少货币供应量以抑制经济时，中央银行通过回购协议出售国债等证券，回笼货币；反之，在需要放松银根、增加货币供应量以刺激经济时，中央银行通过逆回购协议购入国债等证券，投放货币。

表 3-2　中国银行间债券市场各回购期限交易量占回购交易总量比率

年份	1天(%)	7天(%)	14天(%)	21天(%)	1个月(%)	2个月(%)	3个月(%)	4个月(%)	6个月(%)	9个月(%)	1年(%)
2005	46.40	39.29	9.27	2.41	1.47	0.50	0.34	0.04	0.13	0.06	0.10
2006	51.04	37.36	8.50	1.34	1.22	0.21	0.17	0.00	0.02	0.04	0.09
2007	52.19	35.95	8.73	1.34	1.12	0.34	0.21	0.03	0.03	0.00	0.05
2008	63.86	26.65	6.46	1.27	1.30	0.19	0.22	0.02	0.03	0.01	0.01
2009	77.76	15.36	4.84	0.97	0.62	0.15	0.20	0.04	0.03	0.00	0.02
2010	79.97	14.25	3.43	0.63	1.03	0.34	0.23	0.05	0.07	0.00	0.01
2011	75.38	16.24	4.53	1.17	1.43	0.53	0.47	0.11	0.11	0.00	0.02
2012	81.20	12.60	3.47	0.73	0.96	0.59	0.32	0.04	0.06	0.01	0.01
2013	79.07	12.94	4.26	0.94	1.63	0.54	0.47	0.04	0.07	0.02	0.03
2014	78.57	14.14	4.52	0.76	1.08	0.32	0.46	0.06	0.07	0.01	0.01
2015	85.59	10.67	2.64	0.26	0.43	0.12	0.24	0.02	0.02	0.00	0.00
2016	85.54	10.89	2.43	0.38	0.42	0.14	0.16	0.01	0.01	0.00	0.01
2017	80.70	12.98	4.02	0.96	0.63	0.46	0.14	0.06	0.03	0.01	0.01

资料来源：根据中国人民银行《金融市场统计》制成。

另外，从图 3-4 可以看出，中国银行间债券市场债券回购交易量呈现不断快速增长的态势。中国银行间债券市场于 1997 年 6 月启动，经过二十余年的快速发展，2017 年银行间债券回购交易额增长至近 590 万亿元，远远高于银行间同业拆借市场的交易量。目前，债券回购已成为商业银行日常管理头寸的主要形式之一。

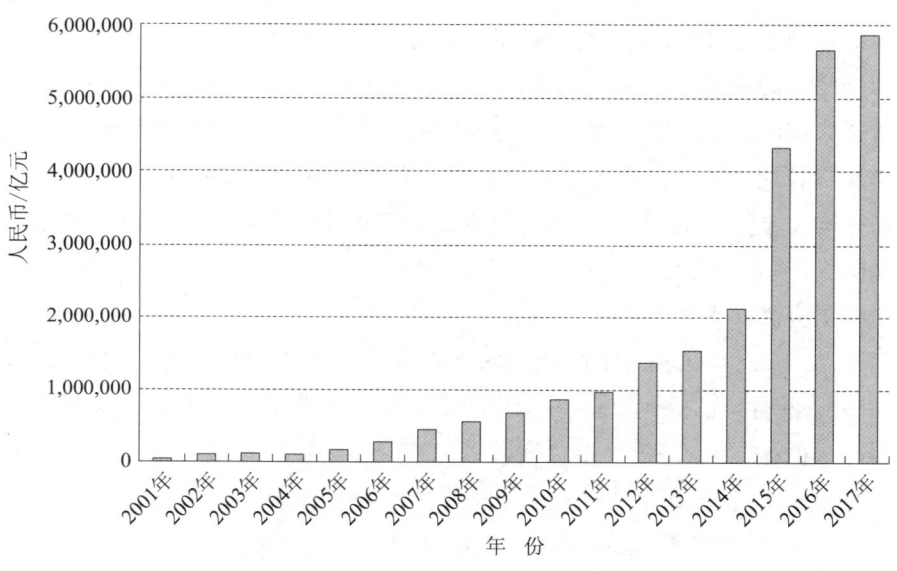

图 3-4　中国银行间债券市场债券回购交易量

资料来源：根据中国人民银行《金融市场统计》制成。

三、票据市场

票据市场,顾名思义,是各类票据发行、流通和转让的市场。票据市场是货币市场的重要组成部分之一,也是连接金融市场和实体经济的重要渠道。

不同国家(地区)对票据的界定不同。在市场经济发达国家(地区),票据主要指商业票据(CP)和商业汇票。不过,在中国,票据一般指商业汇票。中国的票据市场主要体现为银行承兑汇票市场和票据贴现市场。在本小节,我们将结合中国票据市场的特征,对票据市场的组成部分进行讲解。

1. 商业票据市场(CP 市场)

我们在第二章曾提到,商业票据(CP)是由信誉良好的公司为了筹集短期资金而发行的无担保短期票据。由于发行人的信用风险较低,发行 CP 融资的成本一般低于银行短期贷款的成本,这使得 CP 成为银行短期贷款的重要替代融资方式。

在美国等发达国家的货币市场上,作为货币市场工具的 CP 具有举足轻重的地位,其不仅是优良企业筹集短期资金、进行流动性管理的主要工具,也是投资者进行短期投资的重要品种。

目前,在中国票据市场,企业还无法发行纯粹出于融资的 CP。《中华人民共和国票据法》(1995 年 5 月颁布、2004 年 8 月修正)明文规定"票据的签发、取得和转让,应当遵循诚实信用的原则,具有真实的交易关系和债权债务关系。"(第一章第十条)。发行 CP 进行纯粹的融资超出了《中华人民共和国票据法》所界定的票据的含义,即票据需以真实的商品交易为基础。

不过,为了将发展票据市场与拓宽企业融资渠道相适应,中国人民银行在 2005 年发布并实施了《短期融资券管理办法》以及《短期融资券承销规程》、《短期融资券信息披露规程》两个配套文件,允许符合条件的企业在银行间债券市场向合格机构投资者发行类似 CP 的短期融资券。按照《短期融资券管理办法》规定,中国人民银行对融资券的发行和交易进行监督管理,发行融资券须报中国人民银行备案;融资券只对银行间债券市场机构投资者发行,不对社会公众发行;对于融资券的期限,最长不超过 365 天,发行利率不受管制;发行人应进行信用评级,应聘请注册会计师进行审计,应聘请律师出具法律意见书等。在银行间债券市场引入短期融资券的这个举措对改变中国直接融资与间接融资比例失调、促进货币市场与资本市场协调发展具有重要意义。

2. 银行承兑汇票市场

商业汇票是出票人签发的,委托付款人在指定日期无条件支付确定的金额给收款人或持票人的票据。根据付款人(承兑人)的不同,商业汇票分为银行承兑汇票和商业承兑汇票。银行承兑汇票由银行承兑;商业承兑汇票由银行以外的付款人承兑(如企业)。这里的"**承兑**(acceptance)",指的是在商业汇票到期之前,持票人要求付款人承诺到期付款并在汇票上签名盖章的票据行为。银行承兑汇票是中国货币市场中的重要金融工具。

1984年12月,中国人民银行颁布了《商业汇票承兑、贴现暂行办法》,随之,承兑等与商业汇票相关的业务在中国开展;1994年,中国人民银行在"五行业(煤炭、电力、冶金、化工、铁道)、四品种"(棉花、生猪、食糖、烟叶)领域大力推广使用商业汇票,票据业务进入新的发展阶段;1995年5月,《中华人民共和国票据法》颁布并实施;1997年5月,中国人民银行公布《商业汇票承兑、贴现与再贴现管理暂行办法》,以这些制度建设为契机,中国票据市场开始以较快的速度发展,特别是银行承兑汇票的规模得到了快速扩大。

3. 票据贴现市场

银行承兑汇票的持票人将未到期的银行承兑汇票背书转让给银行,银行按票面金额扣除一定利息后将剩余票款付给持票人的票据行为称为**贴现**(discount),贴现时适用的利率则称为**贴现率**(discount rate)。贴现利息的计算公式为:

$$贴现利息 = 票面金额 \times 贴现天数 \times (贴现月利率 \div 30) \qquad (3-1)$$

因此,持票人实际获得的贴现金额为:

$$贴现金额 = 票面金额 - 贴现利息 \qquad (3-2)$$

譬如,假设现有一张汇票票面价值100万元,出票日期为3月1日,到期日为5月1日,贴现月利率为5‰。若持票人4月2日到银行进行贴现,那么贴现利息和贴现金额的计算如下:

$$贴现利息 = 1000000 \times (30-2) \times (5‰ \div 30) = 4666.67 \text{元}$$
$$贴现金额 = 1000000 - 4666.67 = 995333.33 \text{元}$$

票据贴现是短期融资的一种方式,换言之,是银行向持票人融通短期资金的一种方式。如果在银行承兑汇票到期前贴现银行也出现了融资需求,那么贴现银行可将已贴现而未到期的银行承兑汇票转让给其他金融机构来满足自身的融资需求。若转让给其他商业银行,称为转贴现;若转让给中央银行,则称为再贴现。[①]

由图3-5可见,近十余年来,中国票据市场规模呈现快速扩大态势,另外,我们还可通过票据平均贴现次数(商业汇票累计贴现额除以商业汇票累计签发额)看出,长期以来,中国票据市场的活跃程度也大有提高。

---

① 再贴现是中央银行执行货币政策时的重要手段,关于这部分内容,详见第八章。

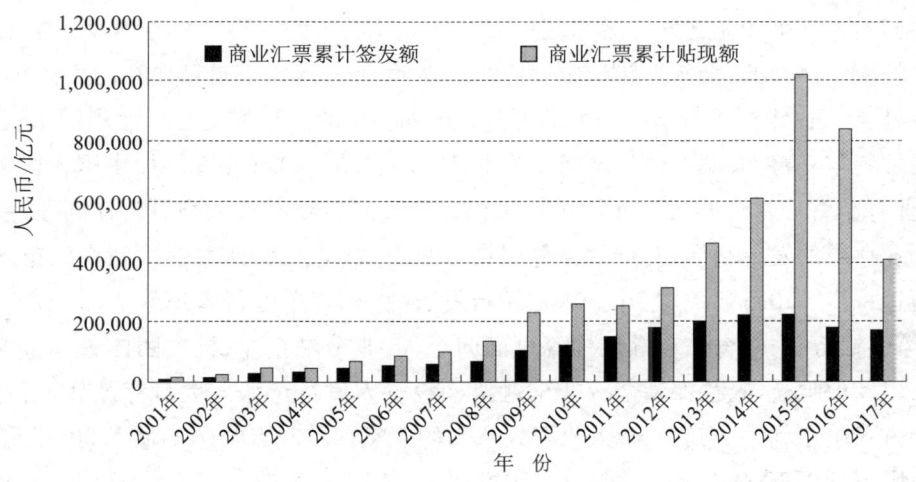

图 3-5 中国票据市场规模
资料来源：根据中国人民银行《货币政策执行报告》制成。

4. 中央银行票据市场

中央银行票据是中央银行向商业银行等金融机构发行的短期债务凭证，又称为中央银行债券。其发行目的不是为了筹集资金，而是调整商业银行可贷资金（商业银行购买中央银行票据后，其可贷资金减少），进而调控货币供应量。因此，中央银行票据是中央银行执行货币政策时的政策工具之一（关于中央银行票据在货币政策运营中的具体运用，详见第八章）。中国中央银行票据的发行始于 2002 年。

四、短期国债市场（国库券市场）

短期国债或国库券（TB：treasury bill）是一国政府为从公众筹集短期资金而发行的短期债券。短期国债的期限为 1 年以内。短期国债市场，顾名思义，就是发行及流通短期国债的市场。短期国债有政府信用做支持，且期限短，因此，通常被看作为无风险债券。由于短期国债安全性高，流通转让相对比较容易，因此，短期国债市场具有高流动性。

五、大额可转让定期存单市场

大额可转让定期存单（CD：certificates of deposit）是由商业银行等存款类金融机构发行的一种定期大额存款凭证，其主要特点是票面金额固定、期限一定、到期前可流通转让等，因此对投资者来说，其兼具活期存款的流动性和定期存款的收益性。大额可转让定期存单市场即是发行和流通转让大额可转让定期存单的市场。

大额可转让定期存单是商业银行等存款类金融机构筹集资金的重要工具。对这些金融结构来说，通过发行大额可转让定期存单，其可以主动地吸收数额庞大、期限稳定的资金，有利于其进行负债管理。

中国的大额可转让定期存单市场的发展始于1986年。不过,由于大额可转让定期存单市场流动性较低、大额可转让定期存单成为商业银行变相高息揽存的手段等原因,1998年中国人民银行不得不叫停大额可转让定期存单的发行和流通。近几年,随着市场机制的发展与完善,大额可转让定期存单市场重新启动。2013年12月,中国人民银行公布《同业存单管理暂行办法》,允许金融机构在银行间市场发行大额可转让同业存单,并规定同业存单的发行利率、发行价格等以市场化方式确定,象征着存款利率的市场化又向前迈进一步。2015年6月,中国人民银行发布《大额存单暂行管理办法》,规定商业银行、政策性银行、农村合作金融机构等可面向个人、非金融企业、机关团体等非金融机构投资人以及保险公司、社保基金等非金融机构投资人发行记账式大额存款凭证,并以市场化的方式确定利率。其中,个人投资人认购的大额存单起点金额不低于30万元,机构投资人则不低于1000万元。此举进一步推动了利率市场化改革。

第三节 资本市场

一、资本市场概述

资本市场(证券市场)是债券、股票等有价证券发行和交易的市场。从一般意义上来说,有价证券是指标有票面金额,用以证明持券人或该证券指定的特定主体有权按期取得一定收益并可自由转让和买卖的所有权或债权凭证。由于有价证券代表特定权益(譬如,持有者可依据此凭证获得利息、股息等收益),因而可以在证券市场上买卖和流通,从而产生交易价格。

有价证券的含义广泛。中国现行的《证券法》第二条对股票、公司债券和国务院依法认定的其他证券的发行和交易,政府债券、证券投资基金份额的上市交易,证券衍生品种的发行和交易均做了不同的规定。美国的《1933年证券法》(Securities Act of 1933)与《1934年证券交易法》(Securities Exchange Act of 1934)中,采取的是通过广泛列举种类来给证券下定义的办法,并写进了一条包罗万象的条款来作为有价证券的兜底性定义:"一般被普遍认为是'证券'的所有权益和凭证。"[①]在日本,对于有价证券没有导入美国式的广义概念,《金融商品交易法》第2条(原《证券交易法》第2条)中这样记载,"该法中所谓有价证券,即指下列事物"——国债、地方债、公司债、股票、证券投资基金等,并对个别列举的有价证券作了具体的规定,换句话说,日本的《金融商品交易法》定义有价证券的方法为"限定列举方式",仅承认所列举的为法定有价证券。

---

① 原文为:"…in general, any interest or instrument commonly known as a 'security'…"(Securities Act of 1933, p.2; Securities Exchange Act of 1934, p.12)

正如已在第一章中所讲，证券市场分为发行市场和流通市场。所谓发行市场，是发行人向投资者出售新发行证券的市场。在发行债券、股票等有价证券时，证券公司，作为介乎证券发行人和投资者之间的承销者，起着重要作用。承销者首先既是证券发行时的顾问，也是策划者，向证券发行人提供有关证券类型、期间、发行条件、发行时间等方面的建议，进行具体的策划，从而协助证券发行人发行证券。而且，证券公司与证券发行人签订协议，以包销或代销的形式帮助证券发行人将所发行证券向不特定多数的投资者发售。

证券包销是指证券公司将证券发行人所发行的证券全部购入或者在承销期结束时将销售剩余证券自行购入的承销方式。前者称为"全额包销"，证券公司按一定价格将发行人发行的证券一揽子买下（即将价款一次付给发行人），然后再向投资者出售；后者称为"余额包销"，证券公司将承销期结束时未售出的证券余额按协议价格认购。不管是余额包销，还是全额包销，证券公司都需自行承担证券无法全部售出的风险，从而保证发行人能如期获得预定的融资金额。与包销相比，在代销中，即使承销期结束时证券没有全部售出，证券公司只需将未售出的证券退还给发行人即可，证券公司不承担任何发行风险。

证券包销业务，有时由单独的承销商来进行，不过，为了更好地分散证券销售不完的风险（譬如，证券发行数额较大的情况），很多时候都是由多个承销商共同组成承销团来进行。代表承销团来与发行人签订承销合同，或发起组建承销团、负责组织签订承销团内部成员间合同的承销商，称为主承销商。

与发行市场相对，买卖已发行的有价证券的市场，即为流通市场。流通市场由投资者和进行证券经纪业务或证券自营业务的证券公司构成。正如在第一章所述，所谓证券经纪业务（代理买卖业务）指的是证券公司利用其在证券交易所的交易席位，接受客户委托，按照客户的要求（投资者根据自己的判断和需要做出有关证券买卖的决策），代理客户买卖证券的业务。在证券经纪业务中，证券公司完全接受客户关于证券种类、买卖数量、买卖价格、买卖方向等的委托进行操作，因此，证券公司对有价证券的价格波动风险不负责任，也无权参与分享客户证券买卖所获得的盈利。不过，由于证券经纪业务是一种中介业务，对于证券公司提供的沟通买卖双方使双方都能迅速如愿成交的中介服务，投资者需向证券公司支付一定的委托手续费（佣金）。与此相反，所谓证券自营业务指的是证券公司以自己的名义，用可自主支配的资金买卖有价证券以获取利润的证券业务。在证券自营业务中，证券公司作为一个投资者（机构投资者）承担有价证券的价格波动风险。

证券流通市场中的证券交易有两种形态，即在证券交易所进行的交易所交易（亦称集中市场交易），和在交易所以外的场所进行的场外交易（亦称店头交易、柜台交易）。交易所交易有固定的交易场所和固定的交易时间，以在集中的市场中公开竞价的交易方式进行交易，可以说是在证券流通市场中具有主导地位的交易形态；而场外交易则是在证券公司开设的证券交易柜台以双方议价的方式进行的交易。这两种交易形态可谓各有优劣：与场外交易相比，交易所交易依照标准合约①，由电脑撮合交易，而且证券交易所参与监督甚至担保（如期货交易），因此价格、数量等交易信息公开透明，交易速度快，成交量大，风险相对较小，但买卖双方无法像在场外交易中那样对交易条件进行面对面的交涉（关于面对面交涉型金融交易，参见第二章第二节）。

股票交易，通常以交易所交易为主，即投资者的买卖报价经由证券公司集中在证券交易所而使其成交。与此相对，债券交易，大多都是场外交易。

资本市场，作为连接资金盈余者（投资者）投资理财和企业等资金短缺者筹措资金的场所，根据交易证券种类的不同，可大致分为债券市场和股票市场。

二、债券市场

所谓债券，指的是企业、政府等发行主体为筹措资金而向投资者发行的债务凭证（借债证明书）。债券持有人（投资者）与债券发行人之间是债权债务关系，债券持有人（投资者）为债权人。因此，债券设有偿还期限，而且一般还需向投资者承诺在借款期间按一定利率支付利息、期满时偿还本金（严格来说，这种按事先约定好的时间向投资者支付事先约定好的一定数额利息的债券叫付息债券）。发行和买卖债券的市场称作**债券市场**（bond market）。如图3-1所示，债券市场又可细分为债券发行市场和债券流通市场。

债券根据其发行主体、偿还期限（偿还债券本金的期限）、付息方式、募集方式等的不同，有诸多种类。

首先，根据不同的发行主体，债券可分为由国家（中央政府）发行的**国债**（government bonds）；由地方政府发行的**地方政府债**（municipal bonds）；由政府相关机构发行的**政府保证债券**（government-guaranteed bonds）；由企业发行的**公司债**（corporate bonds）；由银行等金融机构发行的**金融债券**（financial bonds）；由外国政府或外国企业发行的**外国债券**（foreign bonds）等。一般将前三种债券，即国债、地方债、政府保证债券统称为**公共债券**（public bonds），又称**政府债券**（government securities），简称公债。值得注意的是，中国的公司债是指股份有限公司或有限责任公司依照法定程序、约定在1年以上期限内还本付息的有价证券；中国境内具有法人资格的企业还可以在境内发行**企业债券**（enterprise bonds）；除公司债和企业债券之外，具有法人资格的非金融企业也可以在银行间债券市场发行**债务融资工具**（enterprise financing instruments）。另外，境外机构（如世界银行、亚洲开发银行等）在中国境内发行的人民币债券，称为**国际机构债券**（international institution bonds），如熊猫债券等。

根据偿还期限的长短，债券一般可分为短期债券（偿还期限在1年以内）、中期债券（偿还期限在2至10年）和长期债券（偿还期限在10年以上）等。

---

① 标准合约中交易品种、交易数量和单位、交易时间、价格波动范围等都是既定的，即标准化的。

按付息方式分类,债券一般可分为**附息债券**(coupon bonds)和**贴现债券**(discount bonds,亦称**零息债券**、**折扣债券**)。如前所述,附息债券是债券发行人按**票面利率**(coupon rate,债券券面载明的利率),向持券人每年支付一定利息,债券到期时支付票面金额(偿还持券人本金)的债券。与此相对,贴现债券是以低于面值(票面金额)的价格发行,债券到期时按面值偿付的债券,即票面金额与发行价之间的差额相当于预先支付的利息。

根据募集方式,债券又一般可分为**公募债券**(public offering bonds)和**私募债券**(private placement bonds)。前者是指向社会公开发行,即向不特定的多数投资者公开募集的债券,后者与此相对,指仅向和债券发行人有特定关系的少数投资者募集的债券。不难理解,与公募债券相比,私募债券的发行手续较简单,但由于一般不能在证券市场上交易,其转让有一定的难度和局限性,因此流动性较低。

另外,需要指出的是,公司债券中,除了普通类型以外,还有**次级债券**(subordinated bonds)、**可转换债券**(convertible bonds,简称可转债)、**附认股权证公司债券**(warrant bonds)等特殊类型。所谓次级债券,指的是持有人在发行公司偿还债券或解散、破产时获得清偿时的先后顺序排在普通型债券之后的公司债券,即发行公司用清偿完其他债务后所剩的财产来还本付息的债券。因此,从性质上来说,与普通类型的公司债券相比,通过次级债券筹集的资金更近于通过发行股票获得的自有资本。[①]所谓可转换公司债券,是一种赋予了股票转换权的公司债券,持有人在债券发行后的一定时间内可自由选择是否依事先约定好的条件将持有的债券转换为发行公司股票。与普通类型的公司债券相比,持有可转换公司债券的投资者的投资选择余地更广,既可选择一直持有该债券,获取债息;也可选择转换成股票,获取股息或买卖价差。而所谓附认股权证公司债券,顾名思义,指的是附有认股权证,即赋予持有人在一定期间内按事先约定好的价格认购发行公司股票权利(新股认购权)的公司债券。附认股权证公司债券与可转换公司债券的不同之处就在于,前者在持有人行使新股认购权之后,债券形态依然存在;而后者在持有人行使转换权之后,债券形态随即消失。

中国债券市场从1981年财政部恢复发行国债至今,经过三十余年的探索和发展,逐步由计划管理模式向市场调控模式转变,在金融资源配置方面,发挥着日益重要的作用。目前,中国债券市场已形成了由交易所(上海证券交易所、深圳证券交易所)市场、银行间市场和柜台市场等组成的市场体系。

图3-6显示了2014年至2017年中国债券市场各类债券发行情况。由此可见,政府债券、金融债券、公司信用类债券是目前中国债券市场上主要的债券种类,特别是金融债券发行规模的增长趋势十分明显。相比之下,国际机构债券的发行规模非常小。另外,近年,中国人民银行没有发行中央银行票据。

---

① 当公司破产或清算时,债券持有人(债权人)享有优先于股票持有人(股东)对公司剩余财产进行索取的权利。

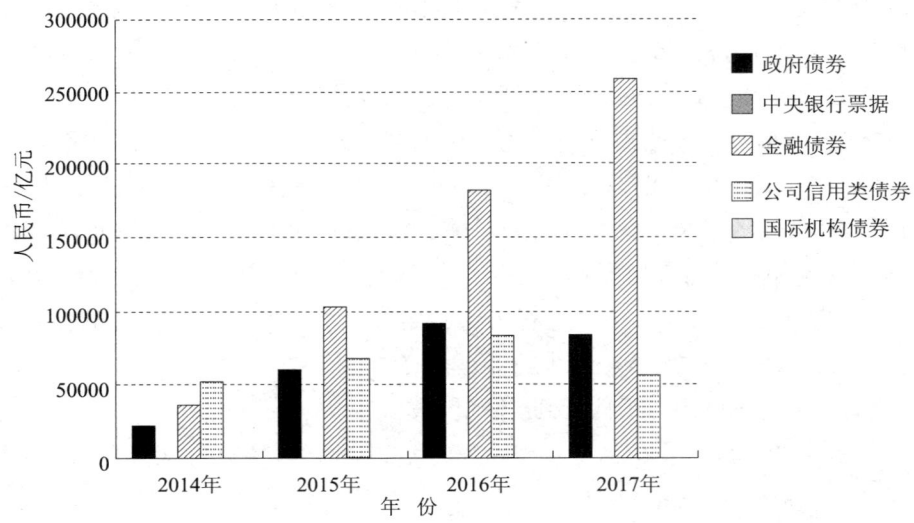

图 3-6　近年中国债券市场各类债券发行额

注：公司信用类债券包括非金融企业债务融资工具、企业债券以及公司债、可转债等。
资料来源：根据中国人民银行《金融市场统计》制成。

三、股票市场

前面我们已经谈到,债券是企业、政府等直接向社会公众借债筹集资金而发行的债务凭证。债券发行人在发行债券时需向投资者承诺按事先约定好的利率和时间支付利息并在债券期满时偿还本金。债券的本质是债务证明,证明债券持有人(投资者)与债券发行人之间是债权债务关系。与此相对,股票,是股份有限公司为筹集自有资本而发行的证券,对股票持有人,即股东来说,购买股票意味着向该公司提供资金,换言之,出资给该公司,而非贷款给该公司。因此,股票可理解为股份有限公司在向出资人发行的、体现股东权益或所有者权益的凭证,代表着其持有者(股东)对公司的所有权。这种所有权主要以三种形式体现出来,即股东可依法根据其在公司中所持有的股份(即持股比例)享受到以下三种基本权利：

（1）公司决策参与权：即参与公司经营的权利,如有权参与股东大会并对公司经营管理重大事项进行决议表决等；

（2）利润分配权：即从公司利润分配中获得股息等分红的权利；

（3）剩余资产分配权：即当公司破产或清算时,若公司的资产在清偿完负债后还有剩余,请求分配剩余资产的权利。[①]

[①] 关于中国法律法规中对股东权利的规定,可参见《中华人民共和国公司法》《上市公司治理准则》《上市公司监管指引第 3 号——上市公司现金分红》《上市公司股东大会网络投票实施细则》等以及上海、深圳证券交易所业务规则。

值得一提的是,股份有限公司每期的股息等分红根据公司实际的经营业绩而变动,并不像债券的利息那样是事先约定好且不变的,而且,因为发行股票不是借款,所以没有"到期"一说,这两点体现了股票和债券在性质上有着很大的差异。

和债券市场一样,股票市场也由发行市场和流通市场组成。下面我们将分别加以说明。

(一)股票的发行

股份有限公司的股票若要在证券交易所公开挂牌交易,则必须先面向投资者发行股票。股票发行的具体方式有**首次公开发行**(IPO:initial public offering)和**增资发行**(capital increase)等。

1. 首次公开发行

首次公开发行,又称首次公开募股,是指公司首次向社会公众公开招股(将其股份向不特定的多数投资者出售)的发行方式,其目的可举出:从社会广泛地筹集生产经营活动所需资金;促进公司发展,扩大公司规模;以公开股票的形式来提高公司的知名度等。通过IPO,之前的**私人持股公司**(private company)将成为**公众持股公司**(public company)。

一般来说,公开发行的股票必须经过"上市"这一环节才能在证券交易所公开交易。所谓**股票上市**(listing),是指股票发行公司向证券交易所提出上市申请,遵照相关法定条件和程序,经有关部门批准后,在证券交易所公开挂牌交易。股票得以上市的公司称为**上市公司**(listed company),其股票将在流通市场上被投资者自由买卖。在中国,成为上市公司必须按照《股票发行与交易管理暂行条例》与《公司法》的规定,经证监会、证券交易所及国务院或者国务院授权证券管理部门的批准。

关于股票发行、股票上市和股票交易等容易混淆的概念,请注意它们之间的关系:已发行的股票不一定要求上市,但是股票上市必须要求公开发行股票;股票上市是连接股票发行和股票交易的中间环节(见图3-7)。

图3-7 股票发行、股票上市和股票交易关系示意图

如何确定首次公开发行的新股价格,即所谓 **IPO 定价**(IPO pricing)是个难题,因为IPO 定价的决定因素——投资者实际认购需求往往事先难以精确预测,而且对实施IPO的公司来说,毫无过去的股价信息做参考。然而IPO 定价在IPO 过程中至关重要,说其直接关乎IPO的成功与否也不为过。最成功的IPO定价就是投资者愿意出的最高价格,

与此价格相比,新股发行价若过高,则有可能抑制投资者的认购需求,导致发行公司无法筹集到所需资金;若过低,也将导致发行公司无法完成原定的资金筹集计划。

关于新股发行价的决定方式,目前,**累计投标方式**(book building)是国际上的主流。其具体做法是,承销该新股发行工作的证券公司事先不确定发行价格和发行股数,而是根据拟发行股票的估值确定出一个价格区间,并在向(潜在)投资者宣传、介绍发行公司基本信息的同时,将该价格区间提示给其作为判断股票价格的大致基准;投资者在该价格区间内按照不同的发行价格申报认购数量,即所谓的投标;投标期结束后,承销商将所有投资者对同一价格的申购量加以汇总,从而得出价格区间内各个不同价格的申购总量;最后,承销商在如此对投资者需求动向进行调研、汇总的基础上,与发行公司协商确定发行价格。另外,需要指出的是,另一个与新股有关且影响到股票上市后表现的重要价格是新股上市首日开盘价。首日开盘价和新股发行价之间的差可在一定程度上反映该新股在投资者中的人气程度。

2. 增资发行

增资发行,是指已经成立的股份有限公司发行新股。因公司资本金将随之增加而得此名。增资发行的目的可举出:出于生产经营需要,来筹集设备投资等所需资金(即再融资);提高公司自有资本,改善**资本结构**(capital structure)[①];照顾公司原有股东的权益,提高其投资回报等。

增资发行按照投资者是否需要缴纳股款来认购新股分为有偿增资和无偿增资。顾名思义,前者指投资者购买新股需缴付现金,从而公司可筹集资金;而后者指投资者无须缴付现金即可获新股。

有偿增资,可根据新股的发行对象分为以下三类:

(1)以不特定多数的投资者为对象,面向社会公众广泛募集的公募;

(2)以公司原有股东为对象,按其持股比例赋予其新股认购权的股东配股;

(3)以公司原有股东以外的第三者(如公司董事、员工、业务往来客户、控股公司等)为对象,赋予其新股认购权的第三者配股。

可见,与股东配股和第三者配股相比,公募的发行对象最广,因此具有可筹措到大笔资金的优点。有偿增资中发行的新股或以优惠价格配售或按照当时的**市价**(market price)发行。

而无偿增资,一般是对公司原有股东的一种投资回报,使其无须支付股款就可取得新股。因此,实施无偿增资并不能使公司筹集到外部资金,而只是造成公司资本结构,或进一步说,股东权益或所有者权益的变化。具体来说,无偿增资一般有以下三种方式:

---

① 资本结构指企业资金的来源构成,能反映企业自有资本(股权资本)和负债资本的对比关系。关于资本结构,详见第六章。

（1）**公积金转增**（capitalization of common reserves），即股份有限公司将资本公积金或盈余公积金转增为股本（资本金），并按股东的持股比例将股份分配给原有股东的增资方法；

（2）**股票分红**（stock dividends），又称股票派息或送股，即对原有股东的分红不采用**现金分红**（cash dividends），而采用分配新股的形式。股票分红可以防止资金流出公司，使公司把利润留在企业中进行扩大再生产；

（3）**股票分割**（stock split），又称股票拆细或拆股，即把大面额股票细分为小面额股票。

以上三种无偿增资的方式都将增加原有股东的持股数量，但对公司股本结构或股东权益的影响是不同的。下面，我们将结合图 3-8 来对此加以说明。公积金转增之后，公司的股本总额（＝股票每股面值×股票发行总数）将随着资本公积金或盈余公积金的减少而相应的增加；股票分红之后，公司的股本总额将随着**未分配利润**（undistributed profits）的减少而相应的增加；而股票分割对公司的资本结构、股东权益各项目没有任何影响。由于股票分割不改变公司的资本额，而只是增加股票数量，因此每股股份所代表的资本额将相应减少，该公司的每股股票的价格也将相应降低。

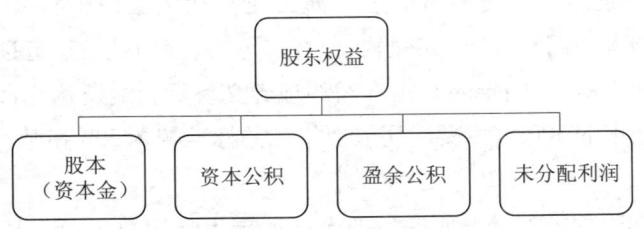

图 3-8　股份有限公司股东权益主要内容示意图

3. 股票的种类

一般来说，按照股东权利，股票可分为普通股、优先股和后配股。

普通股（common stock）是股份有限公司股本结构中最普通、最基本的股份，也是股票中最常见的一种。普通股最大的特点是对股东权利不设限制，即普通股持有人享有公司决策参与权、利润分配权和剩余资产分配权，但普通股可获得的股息不是在事先约定好，而是根据股票发行公司的经营业绩来确定的。

优先股（preferred stock）是在利润分配和剩余资产分配的权利方面优先于普通股，但在参与公司决策的权利方面受到限制（优先股没有投票权）的股份。具体来说，分配利润时，公司按照事先约定的股息率（一般高于普通股），优先向优先股持有人支付股息；若公司解散或破产，分配剩余财产时，优先股持有人优先于普通股持有人接受公司的剩余财产。

与此相对，在利润分配和剩余资产分配的权利方面比普通股处于劣势的股票则被称为**后配股**（junior stock），即后配股持有人一般是在普通股持有人获得分配之后，接受公司利润和剩余资产的分配。

(二) 股票的流通

1. 股价指数

投资者在股票流通市场买卖已发行的股票。流通市场上形成的股价,基本上反映了各上市公司的收益动向。而包含多家上市公司的股价、表现股票市场总体价格水平变化的指标,称作**股价指数**(stock market index)。

中国大陆股票市场代表性股价指数有:①**上证综合指数**(SSE composite index),由上海证券交易所于1991年7月15日发布,以1990年12月19日为基期(基期指数为100),以所有在上海证券交易所上市的股票为样本,以股票发行量为权数进行编制;②**深证成分指数**(SZSE component index),由深圳证券交易所于1995年1月23日发布,以1994年7月20日为基期(基期指数为1000),以500家具有代表性的上市公司为样本股(2015年5月20日之前,样本股数量为40家),以样本股的流通股数为权数编制而成。

另外,对世界股票市场有较大影响力的股价指数,主要如下:

(1)美国:美国纽约证券交易所的**道琼斯工业平均指数**(DJIA: Dow jones industrial average)、上市公司多为高科技股(如微软、英特尔等)的美国纳斯达克证券交易所的**纳斯达克综合指数**(NASDAQ composite)、由在纽约证券交易所和纳斯达克证券交易所等美国主要交易所公开上市的500家主要公司股票组成的**标准普尔500指数**(S&P500: standard & Poor 500 index);

(2)欧洲:英国伦敦证券交易所的**伦敦金融时报100指数**(FTSE 100 index)、法国巴黎泛欧交易所(前巴黎证券交易所)的**CAC 40 指数**(CAC 40 index)、德国法兰克福证券交易所的**法兰克福指数**(DAX)、泛欧绩优股 FTSE Eurofirst 300 **指数**(FTSE Eurofirst 300 index);

(3)亚洲:由在日本东京证券交易所第一市场上市的225家公司股票组成的**日经平均股价**(Nikkei 225)、香港联合证券交易所的**香港恒生指数**(Hang Seng index)等。

2. 投资者的种类

投资者是证券市场的资金供给者,主要分为机构投资者和个人投资者(散户投资者、股民)。**机构投资者**(institutional investors)是指用自有资金或者从资金规模小、资金运用能力有限的个人投资者手中筹集到的资金进行金融投资活动以获得投资收益(如利息、股息、买卖差价等)的金融机构(如证券公司、保险公司、共同基金等)和企事业单位、社会团体等。机构投资者具有专业性和集中性等特点,即依靠其在信息收集处理、投资分析、资金运作方面的专业技能等,将从分散的社会公众手中筹集到的资金汇总并分散投资于国内外种类众多的金融资产以期获得丰厚的投资回报。

个人投资者(individual investors),顾名思义,指的是利用个人的闲置资金,在证券市场上投资于有价证券以获取收益的一般社会公众。由于与机构投资者相比,个人投资者资金规模有限,广泛分散于社会,且与投资有关的专业知识和技能相对缺乏,通常投资行为上存在较大的随意性和盲目性,因此具有分散性和流动性等特点。

近年来,作为证券市场发展的国际趋势,投资主体的结构(股东结构)出现了实质性的变化,即投资者的**机构化**(institutionalization)现象越来越普遍。这指的是机构投资者的股票交易金额和股票保有量在股票市场中占据越来越重的份额,逐渐成为证券市场的主导力量,而个人投资者所占比重逐渐下降的现象。

改革开放之后,中国股票市场的出现和发展成为中国经济体制改革中浓墨重彩的一笔。企业的融资活动、投资者的投资活动、国有企业股份制改革、企业经营机制转换……无论从哪个方面来说,股票市场都可谓中国经济转轨与经济发展中影响极为深远的领域。①特别是 1990 年上海证券交易所和深证交易所的相继建立之后,不仅中国股票市场的规模逐年增加,其在国民经济中所起的作用也越来越大。

图 3-9 显示近十余年来中国股票市场筹资规模、市值规模与交易规模快速扩张的趋势。另外,截至 2018 年 6 月底,沪深两市上市公司数目达 3547 家。

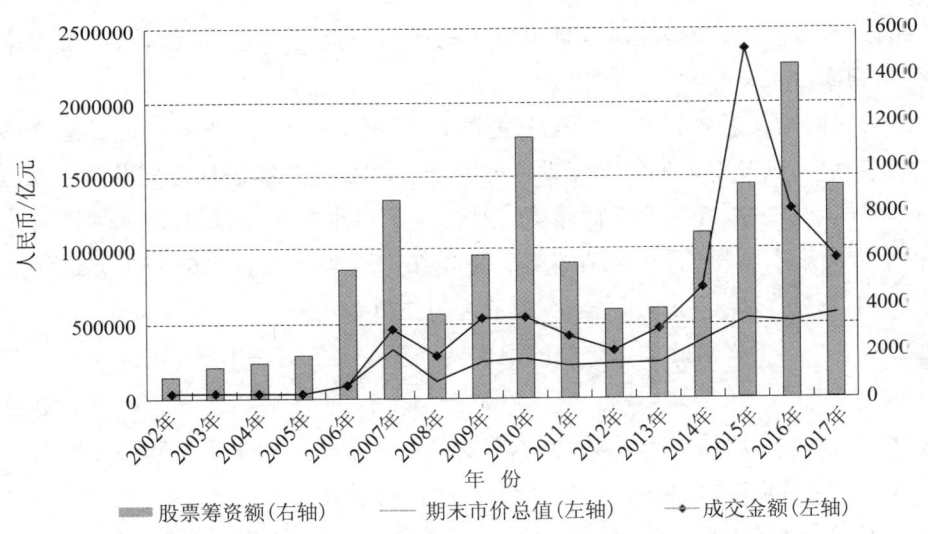

图 3-9 中国股票市场筹资额、市价总值与成交金额

资料来源:根据中国人民银行《金融市场统计》制成。

---

① 关于中国股票市场的发展历程,可进一步参见殷醒民、谢洁[2001]、王凌[2002]、计小青、曹啸[2008]等。

第四章 利率与资产价格

第一节 利率与风险溢价

一、利率的概念

在前面的章节中,我们已经反复指出,金融交易本质上是将现在的购买力和将来的购买力加以交换的跨期交易。由于是跨期交易,进行资金借贷时,通常,借方(资金短缺者)将来要返还的资金和贷方(资金盈余者)现在贷出的资金(本金)数额不相一致。该资金差额,对贷方来说,即是对借方贷出资金的报酬,称为**利息**(interest);利息对本金的比率,称为**利率**(interest rate)。

凯恩斯在论述其著名的**流动性偏好理论**(liquidity preference theory)时是这样谈及利率的:"所谓利率,就是对人们放弃流动性的补偿。"[①] 另外,在凯恩斯之前的古典派诸多人士将利率看作是贷方放弃消费进行储蓄的所得。正如此所示,虽然对于如何理解利率的本质,各学派间观点不尽相同,但利率起着将现在的购买力与将来的购买力进行交换的"价格"作用,在这一点上可以说各学派是有着基本共识的。[②]

让我们举个例子来对此加以更好的说明。设想一下贷方将 100 元以 5% 的年利率贷给借方 1 年的情形。该贷款契约获得执行后,贷方在 1 年之后将得到 105 元。这意味着现在的 100 元和 1 年后的 105 元以 5% 的年利率进行交换。如果贷方和借方签订了 1 年后返还 100 元的借贷协议,那么,现在,贷方应该贷给借方多少钱呢?假定年利率 5%,则贷方贷出 95.2 元(100 ÷ 1.05)即可。这就意味着 1 年后的 100 元和现在的 95.2 元以 5% 的年利率进行交换。

如果我们用公式来表示,那么 n 年后的 A 元以年利率 i 折现后的价值为:

$$PV = \frac{A}{(1+i)^n} \qquad (4-1)$$

[①] 原文为:"… the rate of interest is the reward for parting with liquidity for a specified period." Keynes [1936], p.167。

[②] 流动性偏好理论将在本章第三节详细阐述。

PV 称为 A 元的**现值**(present value)或**折现值**(present discounted value,亦称贴现值)。在这里,利率 i 可理解为**折现率**(discount rate)。从式(4-1)可知,利率 i 越高,期限 n 越长,则 PV 越小。

关于利息如何计算,若利率、本金和借贷期限已知,就可计算出利息。具体来说,利息的计算方法有**单利**(simple interest)和**复利**(compound interest)两种,分别用下列公式来表示:

$$S_s = A(1 + n \times i) \tag{4-2}$$

$$S_c = A(1+i)^n \tag{4-3}$$

S_s 和 S_c 分别为按单利和复利方法计算的本息合计;A 为本金;n 为借贷期限;i 表示年利率(%)。

单利和复利有什么不同呢?单利的计算方法,只对本金支付利息;而复利的计算方法,不仅对本金支付利息,而且对借贷期间发生的利息也要支付利息(即利滚利)。因此,用复利的方法计算利息时,借贷时间越长,利息越是呈加速度递增。无须赘言,对贷方来说,复利比单利有利。

二、名义利率和实际利率

在将现在的购买力与将来的购买力进行交换的跨期交易中,若在此期间物价发生变化,则贷方和借方之间会发生实际购买力的转移。具体来说,如果在贷出的资金得到偿还之前物价上涨,那么贷方将因实际购买力(即剔除物价变动后的真实购买力)的缩水而蒙受损失,而借方则将因实际偿债负担(即剔除物价变动后的真实偿债负担)的减轻而获利;反之,如果在贷出的资金得到返还之前物价下跌,那么贷方将因实际购买力的增加而受益,而借方则将因实际偿债负担的增加而蒙受损失。

物价的变动也会影响到资金借贷双方之间的利率。资金借贷契约所约定的利率是用货币金额表示的需支付利息与用货币金额表示的本金之间的比率,称为**名义利率**(nominal interest rate)。与名义利率相比,企业的设备投资等实物投资受**实际利率**(real interest rate,即剔除物价变动后的真实利率)的影响更大。当物价出现变动时,名义利率和实际利率之间将出现不一致。因此,在物价大幅变动时,需要对名义利率和实际利率加以区别。

为了更好地理解名义利率和实际利率之间的关系,我们假设贷方和借方对未来的物价上涨率持有相同预期,即**预期通货膨胀率**(expected inflation rate,下面简称通胀率预期)相同,均为 π,名义利率为 i,实际利率为 r。那么,名义利率与实际利率之间的关系可表示为:

$$1+i=(1+r)(1+\pi) \qquad (4-4)$$

对该式加以整理,则下列关系式近似成立(即对 $r\pi$ 忽略不计时):

$$i=r+\pi \qquad (4-5)$$

也就是说,名义利率等于实际利率与通胀率预期之和。根据式(4-5),可推导出以下关系:

(1)只有在通胀率预期为零时,名义利率与实际利率相等;

(2)通胀率预期为正,即人们预期未来的物价将上涨时,名义利率高于实际利率;

(3)通胀率预期为负,即人们预期未来的物价将下跌时,实际利率高于名义利率;

(4)若名义利率为常量(其值固定不变),则通胀率预期的上升(下降)将导致实际利率的下降(上升)。不难理解,实际利率的下降,将导致贷方实际利息收入的缩水和借方实际偿债负担的减轻,因此对贷方不利,对借方有利;反之亦然,实际利率的上升则对贷方有利,对借方不利。

由式(4-5)所表示的名义利率、实际利率与通胀率预期之间的关系以提出该构想的美国经济学家欧文·费雪(Irving Fisher,1867—1947)命名为**费雪假设**(Fisher hypothesis)。该等式背后蕴含着这样的金融逻辑:若资金的借贷双方在签订贷款契约时得以正确预测了借贷期间的通胀率,那么,贷方为防止本息实际价值的缩水,将会要求把与通胀率预期相应的利率追加进物价水平无变化时所定的利率。因此,在"对未来能够完全正确预见"的理论前提下,实际利率将保持不变,名义利率将会正确地包含通胀率,即名义利率的变化幅度将与通胀率的完全相等。这种人们的通胀预期迟早会包含名义利率的效应被称为**费雪效应**(Fisher effect)。关于费雪效应是否真实存在,迄今国内外有很多实证研究。其效应的大小程度姑且不论,总的来说结论是肯定的。

三、风险溢价

由于金融交易是跨期交易,将来的购买力终究不过是借方对贷方做出的将来付款的承诺,因此金融交易必然具有不确定性。即便在借贷双方签订借贷契约时借方在支付利息和偿还本金方面不存在任何问题,契约签订后借方也有可能因某些变故而无法履行偿还贷款本息的义务。这种借方的信用风险对利率也有很大的影响。

为了对此加以更好的理解,下面我们来比较一下到期日期相同的两种金融资产:一种是信誉高、无信用风险的金融资产(以下称安全资产);另一种是信誉低、信用风险高的金融资产(以下称危险资产)。之所以考虑同一时间到期的金融资产,是为了除去到期日期的不同给各金融资产利率带来的影响。这里我们假设人们对通胀率的预期不变。根据这个假设,我们可以忽略前述费雪效应的存在。另外,我们还假设投资者对这两种金融资产的质量掌握了正确信息,并能够对安全资产和危险资产加以正确区分。

图 4-1 是在上述前提条件下,即只考虑金融资产间存在质量差异(信用风险差异)时,分析利率如何形成的图表。该图中的(a)和(b)分别表示安全资产和危险资产的利率形成状况。两张图中,纵轴表示安全资产或危险资产的利率(i);横轴表示对安全资产或危险资产的资金需求(I)和资金供给(S)。一般认为借方的资金需求随利率的上升而减少,贷方的资金供给随利率的上升而增加,因此,资金需求曲线和资金供给曲线的交叉点就决定了利率。结合第三章金融市场中所学的知识来说,金融市场上形成的资金供给与资金需求的多寡对比将形成金融市场的"价格"——利率。

设危险资产的初始利率为i_r^0,安全资产的初始利率为i_s^0。在图 4-1 中可见,i_r^0 高于 i_s^0,这两种利率之间的差额 $i_r^0 - i_s^0$,相当于风险溢价,可看作投资者(贷方)为持有信用风险高的金融资产(承担较大的投资风险)而向借方要求的超额收益。换句话说,危险资产的利率和安全资产的利率之间存在以下关系:

$$危险资产的利率 = 安全资产的利率 + 风险溢价 \qquad (4-6)$$

在这里,我们假设贷方获得了关于危险资产信用度的新信息,且判断出其信用风险上升。因此,贷方将会比照增大的信用风险而相应地向借方要求增加超额收益。这意味着图 4-1(b)中的资金供给曲线将向左移动。这将导致储蓄变为投资的资金量减少,同时,危险资产的利率将从 i_r^0 上升到 i_r^1。

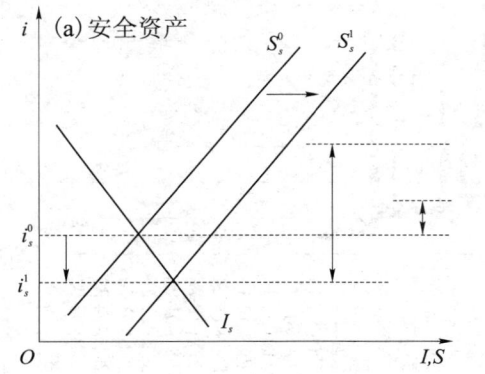
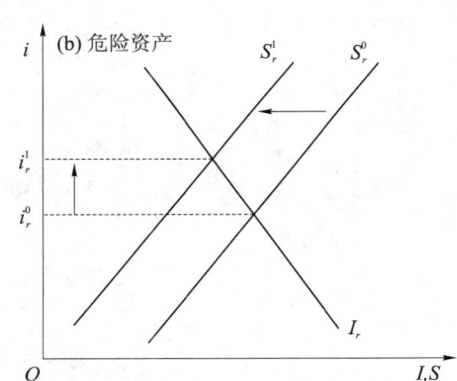

图 4-1 风险溢价与利率

资料来源:在 Furukawa[2014b]图表 4-1 的基础上加工制成。

下面,我们假设由于信用风险的上升,贷方试图将危险资产换为安全资产。这种被称为"向高质资产逃避(flight to quality)"的现象,在图 4-1(a)上表现为资金供给曲线向右移动。也就是说,贷方在相同的利率水平上,增加了对安全资产的持有。其结果,安全资产的市场资金量增加,同时,其利率从 i_s^0 下降到 i_s^1。另外,由于这种资金移动,风险溢价亦从当初的 $i_r^0 - i_s^0$ 增加至 $i_r^1 - i_s^1$。

由以上的分析可知,在其他条件不变的情况下,风险溢价的增加(减少)会引起危险

现代金融理论与运作

资产利率的上升(下降)。①

在近年全球金融局势动荡不安之中,我们屡屡可以观察到"向高质资产逃避"的经济现象。图4-2和4-3分别显示的是2008年美国金融危机前后短期风险溢价和长期风险溢价的趋势图。从中我们可以发现,2007年夏的贝尔斯登(Bear Stearns)危机和2008年秋的雷曼兄弟(Lehman Brothers)破产之际,美国金融市场中的短期风险溢价和长期风险溢价均出现了急剧增加。其原因是像贝尔斯登公司、雷曼兄弟公司这样的华尔街老牌投资银行经营出现危机乃至破产给金融市场带来了巨大冲击,引起了金融体系内风险急剧上升,对风险敏感的投资者们纷纷抛售信用度(安全性)低的金融资产(如公司债券等),将投资资金转移到了信用度(安全性)高的国债。结果,公司债券价格下跌,国债价格上涨。由于债券价格和收益率之间成反向变动关系(详见本章下一节),该结果也表现为公司债券收益率出现上涨,国债收益率出现下跌。换句话说,这种危险资产与安全资产之间的收益率差距的增大,意味着投资者判断公司债券的信用风险增大而要求增加风险溢价。

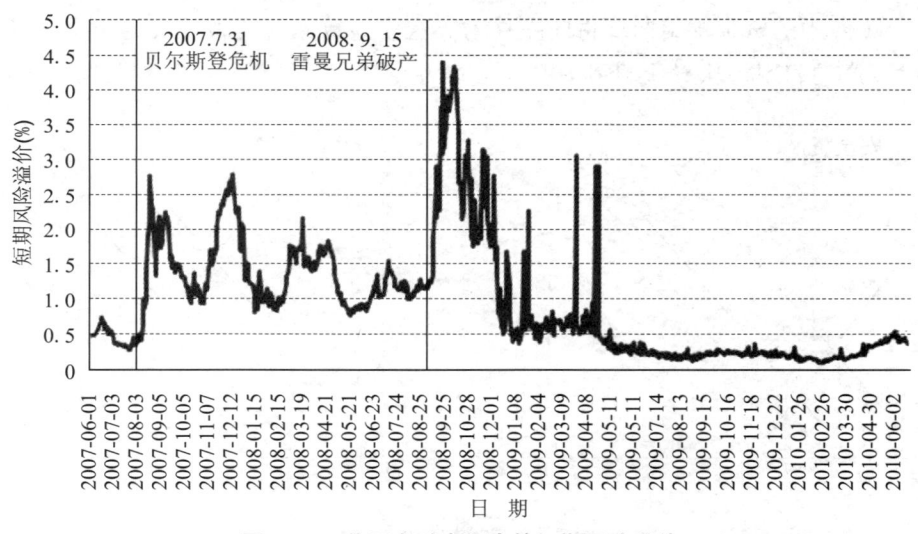

图4-2 美国金融市场中的短期风险溢价

注:短期风险溢价 = 资产担保商业票据利率(3个月期) - 短期国债(3个月期)收益率
资料来源:Wang [2013]。

---

① 因此,式(4-6)也可理解为表现了一种均衡状态。

图 4-3 美国金融市场中的长期风险溢价

注：长期风险溢价 = 穆迪 Baa 级长期公司债券收益率 - 长期国债（10 年期）收益率
资料来源：同上。

第二节 利率与债券价格

债券的市场价格瞬息万变，其与利率之间存在反向关系。也就是说，债券价格的上升，意味着利率的下降；而债券价格的下降，则意味着利率的上升。为了说明这一点，我们首先举**永久债券**（perpetual bonds；consols）这种较为特殊的债券为例。永久债券是一种没有到期日期（本金偿还期限），无限期地按期向持有人支付一定利息的债券。

假设这种债券每张每年约定支付 1 元利息（面值 × 票面利率 = 1），那么，其市场价格（P 元）和利率（r）之间具有以下反向关系①：

$$r = \frac{1}{P} \tag{4-7}$$

投资者在债券市场以 P 元一张的价格购入的债券在 1 年内产生 1 元的收益，因此，在这里，利率 r，实际上指的是在 1 年内投资收益占投资金额（随债券价格的变动而变动）的比率。不过，在像债券这样投资金额与面值（票面金额）不一致的情形中，投资收益占投资金额的比率，一般习惯上称为**收益率**（yield）。从式（4-7）可见，债券价格越高，利率则越低；反之，债券价格越低，利率则越高。

---

① 该式的具体推导见本章第四节。

如果债券种类不是永久债券,而是其他类型,那么债券收益率的计算将变得复杂些。而且,债券收益率有多种,下面我们就来讲一讲主要的债券收益率。让我们先从附息债券谈起。

一、附息债券

我们在第三章中曾指出,债券按付息方式可分为附息债券和贴现债券。附息债券是债券发行人按票面利率定期向持券人支付利息,债券到期时按票面金额(面值)偿还持券人本金的债券;而贴现债券是以低于票面金额的价格发行,债券到期时按票面金额偿付的债券,票面金额与发行价的差额可理解为预先支付的利息。由于附息债券和贴现债券存在着这样的差异,因此,两者的收益率计算方法也不同。让我们先从附息债券谈起。

1. 到期收益率

到期收益率(YTM: yield to maturity,亦称**满期收益率**)指的是投资者购入新发行的债券,即**新发债券**(newly-issued bonds)或已发行的债券,即**已发债券**(already-issued bonds),而且一直持有到偿还期限(满期)时可获得的收益率。

到期收益率(YTM)的计算方法如下:

$$YTM = \frac{M \cdot r_c + (M - P_i) \div n}{P_i} \tag{4-8}$$

M表示票面金额;r_c表示票面利率;P_i表示发行价格;n表示偿还期限。

譬如,若购入偿还期限10年,票面利率6.50%,票面金额100元,发行价格95元的新发债券并一直持有到满期,则到期收益率为7.37%。

投资者在流通市场上购入已发债券的情况也很多。因此,现在,我们假设投资者以90元的市场价格在债券流通市场上购入发行已经过5年的上述债券,即**剩余到期年限**(current maturity)为5年。若要计算这种情况下该债券的到期收益率,只需将式(4-8)中的"发行价格"换成"购入价格",将"偿还期限"换成"剩余到期年限"即可。计算一下可知,这时的到期收益率为9.44%。若其他条件相同,当市场购入价格为95元时,按照公式计算可知,到期收益率将变为7.89%;当市场购入价格为100元时,到期收益率将变为6.50%。通过这个例子我们也能看出债券的市场价格和收益率之间呈反向关系。

2. 直接收益率

通过式(4-8),我们还能看出,不论是新发债券,还是已发债券,到期收益率均由两部分组成:一是每期可获得的利息(票面金额×票面利率)除以债券价格(新发债券为发行价格,已发债券为购入价格);另一是平均每期的**债券赎回利益**(gain on redemption of bonds)除以债券价格。前者称为**直接收益率**(current yield,亦称**当期收益率**)。

3. 持有期收益率

在以上例子中我们考虑的是将购入的债券一直持有到偿还期限的投资模式,不过投资债券时也可以将购入的债券在偿还期限之前出手。通过这种投资模式所获的收益率,即与债券持有期间对应的收益率称为**持有期收益率**(HPY:holding period yield);与此相对,购入债券后一直持有到偿还期限时的收益率,便是前面讲到的到期收益率。持有期收益率(HPY)的计算方法如下:

$$HPY = \frac{M \cdot r_c + (P_s - P_p) \div n}{P_p} \quad (4-9)$$

M 表示票面金额;r_c 表示票面利率;P_p 表示购入价格;P_s 表示卖出价格;n 表示持有期间。

譬如,假设以 90 元购入上述债券(即偿还期限 10 年,票面利率 6.5%,票面金额 100 元,发行价格 95 元的债券),在持有两年后以 96 元的价格卖出。按照式(4-9)计算可知,这时的持有期收益率为 10.55%。

需明确指出的是,以上这些债券收益率均是按单利计算的(中国目前大多数债券是以单利为基准),除此之外,还有按复利计算的债券收益率(欧美国家的债券通常是以复利为基准)。按单利计算的债券收益率有容易计算的优点,但也存在问题。譬如,持有第 1 年所获得的利息与持有 10 年时在第 10 年所获得的利息完全相同。也就是说,对债券持有期间所获得的利息进行再投资利滚利的情况没有考虑到。将附息债券持有至满期时的收益率,若按复利计算,其计算方法如下:

$$P = \frac{R}{1+r} + \frac{R}{(1+r)^2} + \cdots + \frac{R+M}{(1+r)^n} \quad (4-10)$$

P 为债券的市场价格;R 为每期获得的利息;M 为兑付价格;r 为债券的收益率;n 为距离偿还期限的时间。

式(4-10)表示的是债券价格为每期所获利息(满期时为利息与偿还价格之和)的折现值之和。运用该式求 r,即可知债券的复利到期收益率。从理论上来说,与单利到期收益率相比,复利到期收益率是更合适的收益率指标。

另外,在式(4-10)中,若将 P 看成债券的购入价格,M 看成卖出价格,n 看成从购入到卖出的期间,便可求得按复利计算的持有期收益率。

以上便是附息债券收益率的计算方法,下面我们来说明贴现债券的收益率问题。

二、贴现债券

1. 到期收益率

按单利计算的贴现债券到期收益率的计算方法如下:

$$r = \frac{M-P}{n \cdot P} \qquad (4-11)$$

M 为票面金额;P 为债券的市场价格;n 为距离偿还期限的时间。

按复利计算的贴现债券到期收益率的计算方法为:

$$P = \frac{M}{(1+r)^n} \qquad (4-12)$$

在式(4-12)中,若对 r 进行求解,则可求出贴现债券的复利到期收益率。即:

$$r = \sqrt[n]{\frac{M}{P}} - 1 \qquad (4-13)$$

2. 持有期收益率

若要计算贴现债券的持有期收益率,只需将式(4-11)和式(4-13)中的 M 看成购入价格,P 看成卖出价格,n 看成从购入到卖出的期间,那么,便可分别求出按单利或复利计算的持有期收益率。

需要强调的是,从上述所有的收益率计算公式中我们都能容易地确认出收益率和债券价格之间存在反向关系。

第三节 利率期限结构

一般认为,短期利率与长期利率之间的关系存在着一定的规律。在这一节中,我们将用**利率期限结构**(term structure of interest rates)来对债券市场的收益率与到期期限(距离偿还期限的时间)之间存在何种关系加以说明。利率期限结构解释了在债券的种种属性(如债券发行人的信用度、到期期限、市场流动性等)中,到期期限不同(其他属性相同)的债券之间收益率不同的原因。

现有多种理论对利率期限结构加以说明。在这里,我们将讲解其中最主要且影响最大的三个理论:预期理论、流动性偏好理论和市场分割理论。

一、预期理论

预期理论(expectation theory)是在解释利率期限结构的理论中,最为传统也最基本的理论。该理论有以下三个假设条件:

(1)投资者能完全预期未来的短期利率,并基于该预期进行合理的投资行为以使自身的投资收益最大化,而且投资者能在到期期限不同的债券之间自由地进行利率套利

（即把资金从利率低的债券转向利率高的债券，从而谋取利率的差额收入）；

（2）不存在任何的交易费用（如税金、手续费等）；

（3）所有债券均不存在信用风险（即所有债券的发行人都将按期还本付息）。

在以上假设条件下，距离偿还期限的剩余期间为 n 的债券收益率 R_n（近似于长期利率）和各期的短期利率 $r_i(i=1,2,\cdots,n)$ 之间，存在下列关系：

$$(1+R_n)^n = (1+r_1)(1+r_2)(1+r_3)\cdots(1+r_n) \quad (4-14)$$

不过，我们需要注意，在上式中，长期利率 R_n 和第 1 期的短期利率 r_1 是现实市场中可观察到的利率，而其他的利率 $r_i(i=2,3,\cdots,n)$ 则是对未来各期短期利率的预期。

为了对此加以具体说明，让我们假定：现实市场中可观察到的 1 年期利率和 2 年期利率分别为 r_1 和 R_2，对 1 年后的 1 年期利率预期为 r_2，那么，式（4-14）可表现为：

$$(1+R_2)^2 = (1+r_1)(1+r_2) \quad (4-15)$$

也就是说，现实市场中可观察到的长期利率（R_2）可分解为现实市场中可观察到的短期利率（r_1）与对未来短期利率的预期（r_2）的乘积。①由此，我们可以计算出未来短期利率的预期值（r_2）。对未来利率的预期值，一般称为**远期利率**（forward rate）。譬如，如果 1 年期利率为 2.00%，2 年期利率为 2.80%，那么 1 年后的 1 年期远期利率可按以下方法计算：

$$(1+2.80\%)^2 = (1+2.00\%)(1+r_2) \quad (4-16)$$

对上式求解可得 $r_2 = 2.59\%$。下面，我们可以利用求出的 r_2，计算 2 年后的 1 年期远期利率（r_3）。即如果现实市场中可观察到的 3 年期利率为 R_3，那么对以下关系式中的 r_3 求解即可：

$$(1+R_3)^3 = (1+r_1)(1+r_2)(1+r_3) \quad (4-17)$$

按照这种依次类推的方法，我们可以一一计算出式（4-14）中出现的远期利率。

下面我们来解释一下式（4-14）的具体含义。该式的左边是持有到期期限为 n 的债券至偿还期限（满期）时可获得的本息合计，右边是将到期期限为 1 期的债券反复 n 次持有可获得的本息合计。当左边的值大于右边时，这意味着与投资短期债券相比，投资到期期限为 n 的长期债券能带来更大的收益，因此对长期债券的需求将增加，这将导致长

---

① 我们也可以用银行存款为例。假定现行银行储蓄 1 年期利率和 2 年期利率分别为 r_1 和 R_2，对 1 年后的银行储蓄 1 年期利率预期为 r_2，那么，1 元钱存 1 年的本息合计为 $1\times(1+r_1)$；存 2 年的本息合计为 $1\times(1+R_2)^2$；先存 1 年，打算到期后将本息再存 1 年的本息合计则为 $1\times(1+r_1)\times(1+r_2)$。由于假定不存在任何交易费用，且储户可自由进行利率套利，最终 $(1+R_2)^2 = (1+r_1)\times(1+r_2)$。

▶ 现代金融理论与运作

期债券收益率 R_n 的下落(长期债券的市场价格上升),从而使该式两边相等。该机制说明只要存在市场竞争,且投资者能在到期期限不同的债券之间自由进行利率套利,那么,无论是持有到期期限较长的长期债券,或是反复持有短期债券,其在一定期间后获得的投资收益是相等的。

另外,对式(4-14)进行线性近似,可得下式①:

$$R_n = \frac{r_1 + r_2 + r_3 + \cdots + r_n}{n} \qquad (4-18)$$

也就是说,长期利率是从现在到将来所预期的短期利率的平均值。

由式(4-18)可知,当市场预期未来的短期利率将上升时,利率期限结构显示越是长期的利率则值越高;当市场预期未来的短期利率将下降时,越是长期的利率则值越低;当市场预期未来的短期利率将不变时,作为其平均值的长期利率也不变。

譬如,假定 $r_1 = 0.01, r_2 = 0.02, r_3 = 0.03, r_4 = 0.04, r_5 = 0.05$,即市场预期未来的短期利率将上升,那么根据式(4-18)计算,可得 $R_1 = 0.01, R_2 = 0.015, R_3 = 0.02, R_4 = 0.025, R_5 = 0.03$。由此可见,期限越长,利率越高。②

当横轴表示债券的到期期限(到满期的剩余时间),纵轴表示债券的收益率时,用来表示债券收益率与到期期限之间对应关系的曲线,称为**收益率曲线**(yield curve)。根据预期理论,收益率曲线的形状(倾斜方向)取决于预期的未来短期利率的变化趋势。也就是说,如图4-4所示,当市场预期将来短期利率将越来越高(即利率看涨)时,收益率曲线则向上倾斜(曲线Ⅰ);当市场预期将来短期利率将越来越低(即利率看跌)时,收益率曲线则向下倾斜(曲线Ⅱ);当市场预期将来短期利率不变时,收益率曲线将是一条水平线(曲线Ⅲ)。

以上即是关于利率期限结构的预期理论的主要内容。其重要结论可归纳为以下两点:

(1)长期利率是未来短期利率预期的平均值;

(2)当市场预期将来短期利率将上升时,到期期限越长的债券,收益率越高(这时的收益率曲线称为"正收益率曲线");反之,当市场预期将来短期利率将下跌时,到期期限越长的债券,收益率越低(这时的收益率曲线称为"负收益率曲线")。

因此,可以说,收益率曲线内含了市场投资者对未来利率变化趋势的预期。

不可否认的是,预期理论的前提假设具有非现实性。因此,继预期理论之后,又出现了若干基于不同假设的替代理论。

---

① 该式可利用对数公式 $\log x^n = n\log x$,$\log x_1 x_2 = \log x_1 + \log x_2$ 和 $\log(1+x) \approx x$(当 x 足够小)等推导出来。

② 市场预期未来的短期利率将下降或者将保持不变时的长期利率走势,也可用该方法来确认。

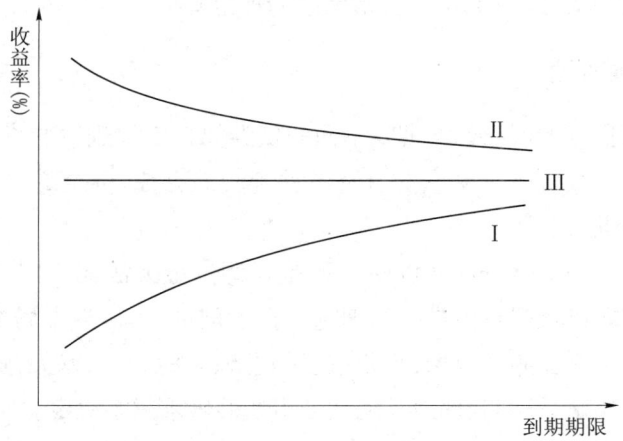

图 4-4 收益率曲线

资料来源：在 Furukawa[2014b]图表 4-3 的基础上加工制成。

二、流动性偏好理论

预期理论假定投资者能完全预期未来的利率（未来的债券价格），但在现实世界中，未来的利率是不确定的，投资者只要持有债券，就有赔本的风险。由于一般来说到期期限越短的债券，流动性越强，利率变动的风险也越小，对想规避债券投资风险的投资者来说，其对到期期限短的债券（短期债券）和到期期限长的债券（长期债券）会有不同的偏好，进一步说，与长期债券相比，其更会容易选择短期债券。

因此，若要让投资者在短期债券和长期债券中选择投资长期债券，长期利率应该比短期利率的平均值高出风险溢价的部分，换言之，应给持有长期债券的投资者提供风险溢价部分的投资收益。以此为内容的理论被称为流动性偏好理论，该理论中的风险溢价亦被称为流动性溢价或流动性报酬。

流动性偏好理论与预期理论一样，认为市场对未来利率的预期将影响投资者的投资行为，但如上所述，否认了预期理论中投资者能完全预期未来利率以及由此导致的对短期债券和长期债券的偏好无差异（即短期债券和长期债券可完全相互替代）的基本假设。

按照流动性偏好理论，长期利率中应在短期利率的基础上加上流动性溢价以弥补长期债券在流动性方面相对于短期债券的劣势。即，式(4-14)应写成：

$$(1+R_n)^n = (1+r_1)(1+r_2+\Delta_1)(1+r_3+\Delta_2)\cdots(1+r_n+\Delta_{n-1}) \quad (4-19)$$

$\Delta_1, \Delta_2, \ldots, \Delta_{n-1}$ 为各期的流动性溢价，且 $\Delta_1 < \Delta_2 < \cdots < \Delta_{n-1}$，即流动性溢价随到期期限的增大而增加。

最后需要指出的是，由于流动性溢价为正，流动性偏好理论是将向上倾斜的收益率曲线(图4-4中的曲线Ⅰ)视为市场正常状态的理论基础。

三、市场分割理论

预期理论假定投资者可在到期期限不同的债券间自由地进行利率套利,然而在现实世界中,由于税金、手续费等交易成本以及各种管制的存在,资金的自由移动受到限制,利率套利无法自由进行。

市场分割理论(market segment theory)便是强调资金无法在不同市场间自由流动或利率套利无法在不同市场间自由进行的理论。在该理论下,债券市场按照债券的到期期限被分割为几个完全无关联的市场,且各市场均有独立的利率,譬如,短期利率由短期债券市场的供求关系决定,长期利率由长期债券市场的供求关系决定。

因此,如果按照市场分割理论,便得到与预期理论和流动性偏好理论不同的结论:短期利率和长期利率之间的关系不存在任何规律。

以上三种理论是关于利率期限结构的主要理论,各自均从独特的角度阐明了利率与到期期限的关系。从很多国家的实证分析结果来看,预期理论对收益率曲线的解释能力最强。特别是,在货币宽松政策即将结束的时候,由于市场普遍预期未来的短期利率将上升,经常能观察到收益率曲线变得向上倾斜;而在货币紧缩政策即将结束的时候,由于市场普遍预期未来的短期利率将下跌,经常能观察到收益率曲线变得向下倾斜。

第四节 股票定价与资产泡沫

一、股票定价理论

股票定价理论是金融经济学的重要理论,其主要考察在不确定性条件下股票价格是如何决定的,即股票价格的决定因素。

(一)股息折现模型

为了说明股票定价的基础理论,我们假定投资者从市场购入某股票,并打算持有一段时间后在市场上卖出,以试图获得投资收益。对该投资者来说,购入股票意味着其需承担两种风险:

(1)由于股票不同于债券,不存在偿还期限(满期),因此无法像债券那样在偿还期限获得事先已确定的收入(即到期偿还额);

(2)与利息收入确定的债券有所不同,持有股票所获得的股息(股利)随企业业绩的变动而变动,无法事先确定能获得多少股息。

为了简单起见,我们假定持有股票期间每期可获得的每股股息为 D 元,每期的市场

利率为 r，那么，该股票的本期价格 P 可用下式表示[①]

$$P = \frac{D}{1+r} + \frac{D}{(1+r)^2} + \frac{D}{(1+r)^3} + \cdots = \frac{D}{r} \qquad (4-20)$$

即本期股价是投资者每期所获股息以该期的市场利率加以折现后的折现值之和。若 D 和 r 保持不变，则股价可简单用每股股息收入除以市场利率得出。式（4-20）是股票定价理论中最基本的关系式，称为**股息折现模型**（dividend discount model），简称 DDM 模型。

值得注意的是，该公式其实和本章第二节中谈到的永久债券（持有人可无限期地按期获得一定利息的债券）的定价公式完全相同。从现在到未来每年约定支付 1 元利息、利率（折现率）为 r 的债券，其现行市价（P 元）可理解为未来无数次利息流量折现值之和，即其定价公式为：

$$P = 1 + \frac{1}{1+r} + \frac{1}{(1+r)^2} + \frac{1}{(1+r)^3} + \cdots \qquad (4-21)$$

上式右边是首项为 1，公比为 $\frac{1}{1+r}$（$0 < \frac{1}{1+r} < 1$）的无穷等比数列之和，用无穷等比数列求和公式计算可得 $P = \frac{1}{r}$。该结果与式（4-7）是完全一样的。

股票和永久债券，虽然在无偿还期限这一点上是相同的，但投资股票所获的收益（股息收入）具有很大的不确定性，而投资永久债券所获的收益（利息收入）则不存在不确定性。从这个意义上来说，股票是一种比债券风险大的资产。因此，如果投资者不是**风险爱好者**（risk lover），当股票的预期收益率（预期股息率）没有式（4-20）中的 r（债券收益率）高时，投资者是不会试图持有股票的。反过来说，正因为股票比债券的风险大，所以其收益率也比债券的高。因此，股票的预期收益率 r_e 和债券收益率 r 之间的关系可用下式表示：

$$r_e = r + \delta \qquad (4-22)$$

在这里，δ 为风险溢价。

投资者考虑到持有股票的风险，在投资股票这一"危险资产"时，会要求在国债等"安全资产"的投资收益率基础上，加上与股票风险相对应的收益率的部分。若考虑到该风险溢价的存在，将式（4-20）里的 r 用 r_e 来置换，股价可用下式表示：

[①] 该式可用首项为 1，公比为 α（$0 < \alpha < 1$）的无穷等比数列求和公式 $1 + \alpha + \alpha^2 + \cdots + \alpha^n + \cdots = \frac{1}{1-\alpha}$ 推导出来。

$$P = \frac{D}{r_e} = \frac{D}{r+\delta} \qquad (4-23)$$

到这里我们一直假定投资者每期可获得的每股股息不变(即股息零增长),若在考虑风险溢价的同时,还考虑企业的成长,即假定每股股息每期以 $g\%$ 的比例稳定增加,则式(4-21)可写成①:

$$P = \frac{D}{1+r_e} + \frac{D(1+g)}{(1+r_e)^2} + \frac{D(1+g)^2}{(1+r_e)^3} + \cdots = \frac{D}{1+r_e}\left[1 + \frac{1+g}{1+r_e} + \left(\frac{1+g}{1+r_e}\right)^2 + \cdots\right]$$

$$= \frac{D}{r_e - g} = \frac{D}{r+\delta-g} \qquad (4-24)$$

由式(4-24)我们可知,股票价格由每股股息、每股股息增长率、市场利率(安全资产的利率)、风险溢价等四个因素决定。换句话说,企业发放的股息越多(如优良企业),股息增长率越高(如快速成长的企业),市场利率越低,投资者要求的风险溢价越低,则股价上升的空间越大。

以上便是股息折现模型的基本内容,该模型着重于价值发现,即从影响股票内在价值的因素来对股票价格进行估价,被认为是决定股票内在价值或者股票理论价格的基础理论。

(二)用于股票估价的主要指标

投资者进行股票投资时,需要用某种基准来衡量其投资对象是否具有投资价值,或者对其投资成果加以评价。在投资实践中,该基准便是股票投资收益率。下面,我们就来简单说明一下股息率(股息收益率)、市盈率、市净率(股价净值比)这三个最具代表性的股票投资收益率。

1. 股息率

股息率(dividend yield ratio,亦称**股息收益率**)是每股股息与股票价格之间的比率。若把前面的式(4-21)变形一下,可得 $r = D/P$。该式的右边是股息率,左边是市场利率。由此可见,如果不存在股息收入的不确定性,即股息像债券利息那样事先确定的话,那么,股息率与市场利率相等。

2. 市盈率

如果假定企业每股税后利润为 E,股价为 P,**市盈率**(PER: price-earnings ratio)可表示为 P/E,即市盈率是股价和企业每股盈利的比值,反映了企业盈利能力(企业发放股息

---

① 显而易见,该式是首项为 1,公比为 $\frac{1+g}{1+r_e}$(假设 $0 < \frac{1+g}{1+r_e} < 1$)的无穷等比数列之和。

的来源)的高低。从投资者的角度来说,市盈率表示投资者为企业每一单位的盈利而愿意支付的价格。

为了简单起见,我们假定企业每股税后利润都将以股息的形式支付给投资者,即 $E=D$。这时,**股息支付率**(dividend payout ratio)D/E 为 1。用式(4-24)可推导出下式：

$$PER = \frac{P}{E} = \frac{1}{r+\delta-g} \qquad (4-25)$$

由此可知,市场利率和投资者要求的风险溢价越高,则市盈率越低;而股息增长率越高(企业业绩的成长预期越高),则市盈率越高。

市盈率通常用来比较同一个行业不同价格的股票是否被高估或者低估。若某企业的市盈率低于同行业企业的市盈率平均值,则一般认为该企业的股价被市场低估;反之,若该企业的市盈率高于同行业企业的市盈率平均值,则一般认为其股价被市场高估。市盈率是常用的评估股价水平是否合理的指标之一。

市盈率的倒数(E/P),则表示投资于该股票的**投资回报率**(earnings yield)。也就是说,股票的投资回报率,为每股盈利占股票价格的比率,通常用百分比来表示。债券收益率(通常是国债收益率)和股票投资回报率的差,称为**收益率差**(yield spread)。

3. 市净率

和市盈率一样,**市净率**(PBR：price-book ratio,亦称**股价净值比**)也是常用的评估股价是否合理的指标之一。

市净率是股价与每股净资产之间的比率。该比率的分母每股净资产反映了股票发行企业的账面价值,是该企业在清偿完所有债务后所剩资产的价值,可理解为理论上其股票的最低价格(即股价下跌的下限)。①

当市净率小于 1 时(即市价低于账面价值时),就如同售价低于成本的商品,因此,可判断该股票的股价被低估。

二、资产泡沫和理论价格

所谓**资产泡沫**(asset bubble)现象,指的是资产价格急剧攀升,而这种价格的大幅上升使市场产生价格将进一步上升的预期,形成价格上升预期的**自我实现**(self-fulfilling)和进一步自我强化,从而导致价格不断高涨的循环过程。资产泡沫现象的另一个主要特征是资产价格暴涨后必然将出现暴跌,正如肥皂泡在膨胀后迟早要破裂一样。历史上有不少资产泡沫的著名事例,远至 17 世纪初在荷兰出现的对郁金香球根的投机(即郁金香狂

---

① 从这个意义上来说,市净率这个投资标尺,与我们在第三章第三节谈到的剩余资产分配权(股东基本权利之一)息息相关,因为企业在清偿完所有债务后所剩资产归股东所有,股东有权向企业请求分配剩余资产。

热)、18世纪前半期对南海公司股票的投机(即南海泡沫事件)、1929年美国经济恐慌前出现的股票市场热;近至20世纪80年代后半期至90年代初日本出现的资产价格暴涨、引发2008年全球金融危机的美国房地产市场泡沫等。

资产泡沫可定义为地价、股价等资产价格大幅超过由**经济基础条件**(fundamentals)决定的理论价格。在由前述式(4-24)表示的股息折现模型中,只要知道了每股股息、每股股息的增长率、安全资产的利率以及风险溢价这四个因素,便可计算出由经济基础条件决定的理论价格。如果现实股价超出该理论价格,其超出部分即是泡沫。

由式(4-24)表示的股票定价模型可直接运用于土地定价模型。也就是说,地价可看作考虑土地的风险溢价时,将土地能带来的未来预期收益流(从现在至未来的地租收入)以市场利率(无风险收益率)折现的折现值之和。①因此,若将式(4-24)中的 D 看作地租,δ 看作持有土地的投资者要求的风险溢价,g 看作从现在至将来地租的增长率,那么,式(4-24)便成为评估土地价格的模型。如果现实地价超出由以上诸要素决定的理论地价,其超出部分即可视为泡沫。

像这种通过将未来的现金流折现来对资产进行估值的模型称为**现金流折现模型**(discounted cash flow model),简称DCF模型。②在本小节中,虽然我们运用现金流折现模型对资产泡沫加以了说明,但需要指出的是,准确地测定资产泡沫的程度并不容易。为什么这么说呢?因为对有无资产泡沫进行实证分析时需要对股价、地价等资产计算出由经济基础条件决定的理论价格,而且需要正确预测资产未来的现金流量(如股息、地租等)、持有资产的风险溢价、市场利率的动向等,这些都非易事。

三、资产价格变动与经济活动

股价、地价等资产价格的变动将通过种种渠道给经济活动带来莫大影响。下面,我们就以资产价格的下落为例来对此加以说明(关于资产价格的上涨给整个经济带来的影响,反过来解释即可)。

(1)股价下落将给企业的实物投资带来直接影响。譬如,我们假设现在企业A在决策为实施某项目是否进行设备投资(如出资购买机器设备等资本品),再假设企业B有着与企业A相同的投资项目(设备投资费用以及由此产生的收益完全相同),且企业B的股票市值低于企业A为实施该项目所需的设备投资费用。这时,对企业A来说,不进行设备投资,而在市场上购入企业B的股票对其进行收购为上策。正如该事例所示,一般来说,由于股价越低,不进行设备投资而收购现成企业变得越有利,因此设备投资将减少;反之,股价越高,进行设备投资就将变得越有利。这种强调股价(市场价值)与设备投

---

① 也可理解为此时的折现率为市场利率(无风险收益率)和对土地的风险溢价之和。
② 股息折现模型(式4-20)和永久债券定价模型(式4-21)可看作现金流折现模型的特殊形式。

资之间相互关联的理论用其提出者——美国经济学家、1981年诺贝尔经济学奖得主詹姆斯·托宾(James Tobin, 1918—2002)的名字命名为**托宾的 q 理论**(Tobin's q theory)。

具体来说,"托宾的 q"是企业资本存量的市场价值(企业股票的市值和债务额的合计)对其资产重置成本(重新创建该企业所需费用)的比率,即:q = 企业的市场价值/资产重置成本。当 $q>1$ 时,进行设备投资,即购买新的资本品更有利,因此设备投资支出将会增加;当 $q<1$ 时,由于购买现成的资本品比购买新的资本品更便宜,通过收购其他较便宜的企业而不是设备投资来实现生产能力的进一步扩张更合理,因此设备投资支出将会减少。①

(2)资产价格的下落将对资产持有者的支出行为,特别是对其消费支出将有直接影响。资产价格的变化导致持有者资产价值或财富的变化,进而影响到其消费,这种效应称为财富效应。地价、股价的下跌给居民(家庭)消费所带来的负面影响,被称为逆财富效应。

(3)资产价格的下落将恶化借方(通过借款来筹措资金的资金短缺者)的资产负债表,减少其实物投资。假定企业、居民等将通过银行贷款、发行公司债券等负债形式筹措到的资金用于购入土地、股票等资产。其结果,借方的资产负债表上,资产和负债同额增加。下面,我们再假定在这种情况下土地、股票等资产的价格出现下跌,这必然导致借方资产额的减少。因此,只要银行贷款和公司债券的负债额不变,资产价格的下落就会直接减少借方的净资产(= 总资产 – 负债总额)。净资产的减少将降低借方的信誉度,并导致筹资成本的上升,使筹资变得困难。无疑,这些将会给企业等的投资支出带来消极影响。该效应被称为**资产负债表效应**(balance sheet effect)。

(4)对金融机构资本充足率有严格监管规定时,资产价格的下落将通过减少金融机构的资本金来抑制其放贷。具体来说,在现行的金融机构资本充足率管制的国际统一标准,即**国际清算银行**(BIS: bank of international settlements)管制下,若金融机构持有股票的**未实现收益**(unrealized gain)减少或者**未实现损失**(unrealized loss)增加,则作为资本充足率管制对象的金融机构的自有资本将减少,从而抑制其放贷。②无疑,金融机构放贷的收缩将给企业等借方的投资行为带来负面影响。值得指出的是,资金贷方资产负债表的变化将影响借方支出,该效应与前面谈到的资产负债表效应,即着眼于资金借方资产负债表的变化给借方自身的支出带来的影响,形成鲜明的对照。

(5)资产价格的下落将通过减少**抵押价值**(collateral value)使金融机构放贷态度趋于谨慎,其结果,借方的投资支出也将有可能减少。该渠道在影响贷方资金供给这一点上,和上述的金融机构资本充足率管制的影响是一样的。不过,借方向贷方提供抵押的行为

---

① 托宾的 q 还会影响到货币政策的效果。关于这一点,详见第八章。
② 关于BIS管制,详见第八章第四节。

可理解为一种**自我选择机制**(self-selection mechanism),即通过提供抵押让金融机构相信自己很可靠,是安全的借款人,以图从金融机构获得优惠的贷款条件。如果这么考虑的话,那么,由抵押价值的变动所带来的效应,便可以说是和前述基于借方净资产变动的效应(资产负债表效应)是密切相关的。

第五章

金融机构

第一节 商业银行行为理论

一、一个简单的商业银行行为模型

金融机构与我们在第三章中谈到的金融市场一样,也是金融体系的运作载体,而商业银行可谓是金融机构的代表。下面,我们用一个简单的商业银行(以下简称银行)行为模型,来对银行的资产负债选择行为加以理论分析。该理论模型的基本思路是将银行定位为是一个和一般企业一样,在一定制约条件下追求利润最大化的理性的经济主体。

为简单起见,对该模型,我们做出以下假设:

首先,假设作为考察对象的银行,其资产负债表如表5-1所示。

表5-1 商业银行的资产负债表

存款准备金	(R)	存款	(D)
贷款	(L)	中央银行借款	(B)
		同业拆入	(C)

资料来源:在Furukawa[2014b]图表5-1的基础上加工制成。

由于资产负债表左侧项目的合计与右侧项目的合计必须保持恒等,由此我们可推导出表5-1中各项目之间存在以下关系:

$$R + L = D + C + B \qquad (5-1)$$

假定D和B是外生决定的,即银行接受的存款额和从中央银行借入的金额均为既定数量。另外,假定R、L、D、B均取正值(但B有时也为零),假定C正负值均可取。若C为正,则意味着银行从同业拆借市场融入资金(同业拆入);若C为负,则意味着银行在同业拆借市场融出资金(同业拆出)。由于银行在短期金融市场既可为借方也可为贷方,若对

C 如此解释的话,那么式(5-1)可同时表示短期资金借贷双方的**资产组合**(portfolio)。①

其次,假定银行接受的存款均为同一性质,而且对该种完全同质的存款,银行只支付法定存款准备金制度(商业银行等金融机构必须向中央银行缴纳存款准备金以保证存款人提取存款和资金结算需要的制度②)所要求的最低限度的**存款准备金**(bank reserves),即**法定存款准备金**(required reserves)。③因此,R 与 D 之间存在以下关系:

$$R = qD \qquad (5-2)$$

q 为法定存款准备金率(required reserve ratio);R 为法定存款准备金。

接下来,假设银行在一定期间内的利润为 π,并如下式所示:

$$\pi = r_L L - r_D D - r_C C - r_B B - F(L) \qquad (5-3)$$

$$且\ F'(L) > 0, F''(L) > 0$$

r_L 为贷款利率;r_D 为存款利率;r_C 为银行间同业拆借市场利率④;r_B 为中央银行的再贷款利率(再贷款为中央银行对金融机构的贷款);$F(L)$ 为贷款费用函数,表示银行因贷款而产生的费用。

关于该贷款费用函数,正如一阶导数和二阶导数符号所示,我们假设贷款费用随贷款额的增加而增加,而且增加幅度也为递增。如此假设的理由是,一方面,随着贷款额的增加,产生不良贷款的可能性将增大,因而处理坏账所需的费用将增加;另一方面,贷款额的增加将不可避免地导致贷款审核费用等相关费用的增加。

通过式(5-1)和式(5-2),我们可以把式(5-3)改写为:

$$\pi = (r_L - r_C)L - F(L) + (r_C - r_B)B + [(1-q)r_C - r_D]D \qquad (5-4)$$

关于式(5-4)中出现的各种利率,为了简单起见,我们假定其或是在市场中由竞争所决定,或是由中央银行所规定,总之,对市场中各银行来说,所有的利率均为已知条件。

下面,我们就在以上假定条件下分析银行的利润最大化行为。通过对式(5-4)中的 L 求导,我们可得到以下的利润最大化条件:

$$r_L - F'(L) = r_C \qquad (5-5)$$

---

① 若将银行间同业拆借市场利率看成整个短期金融市场的市场利率,那么,同业拆出资金表示银行在短期金融市场上运作的资产总额,同业拆入资金表示从短期金融市场筹措的负债总额。

② 关于法定存款准备金制度,详见第八章第三节。

③ 由商业银行等金融机构自行决定存放于中央银行、超出法定存款准备金的准备金,称为**超额存款准备金**(excess reserves)。

④ 也可将该银行行为模型中的银行间同业拆借市场利率视为短期金融市场利率,即银行的短期资金借贷利率。

上式的左边表示贷款边际收益，即从贷款利率中扣除贷款边际费用之后所剩的余额；右边是银行间同业拆借市场利率。因此，该式表示，对各银行来说，使其利润达到最大的贷款额是当贷款边际收益与银行间同业拆借市场利率相等时的贷款额。

另外，由式(5-1)和式(5-2)可得：

$$C = L - (1-q)D - B \qquad (5-6)$$

即只要 D 和 B 已知，那么贷款额 L 的最优值求出后，便可知银行间同业拆借市场拆借额 C 的最优值。这样，表5-1所表示的银行资产组合（资产与负债的组合）也就完全决定了。

二、银行行为的变化

如将第一节中所讲述的各变量间的关系图示，即为图5-1。在该图中，横轴表示贷款，纵轴表示贷款的边际收益。假定贷款利率已知，且贷款边际费用递增，那么显然贷款的边际收益呈右下倾斜状。

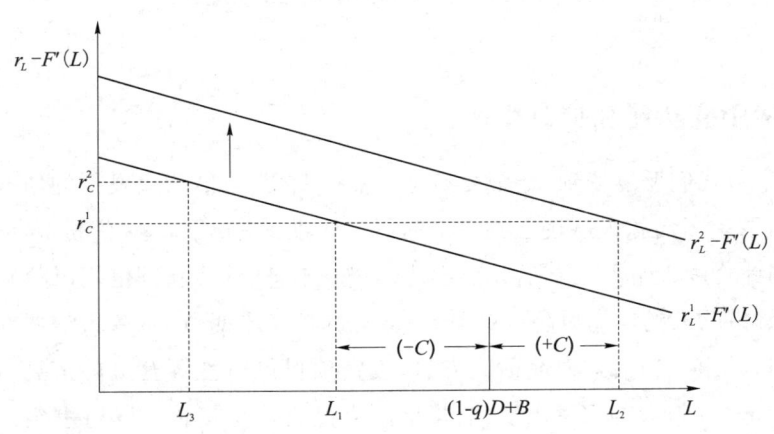

图 5-1　银行的最优化行为

资料来源：在 Furukawa[2014b] 图表5-2的基础上加工制成。

贷款利率为 r_L^1 时，贷款边际收益为 $r_L^1 - F'(L)$，若假定这时的银行间同业拆借市场短期利率为 r_C^1，那么根据式(5-5)，最优贷款额即为 L_1。此时，若银行可自由使用的资金额 $(1-q)D+B$，如图5-1所示，在 L_1 右侧的话，则该银行将在银行间同业拆借市场拆出资金，其金额为图中的 $-C$。

我们可以运用图5-1来分析贷款利率和银行间同业拆借市场利率的变化给银行行为带来的影响。譬如，假设现在的银行间同业拆借市场利率为 r_C^1，而且，贷款利率由 r_L^1 上升至 r_L^2。那么，贷款边际收益曲线将由 $r_L^1 - F'(L)$ 向上平移至 $r_L^2 - F'(L)$。其结果，最优

贷款额将由 L_1 增至 L_2。在这里，假定银行可自由使用的资金量仍为 $(1-q)D+B$，那么，由于贷款利率的上升，银行将从原先的在同业拆借市场拆出资金变为在同业拆借市场拆入资金，且拆入资金的最优额为 $+C$。

下面，我们再来看看贷款利率保持不变，一直为 r_L^1，而同业拆借市场利率从 r_C^1 上升至 r_C^2 的情况。这时，最优贷款额将由原先的 L_1 减至 L_3，同业拆借市场拆出额将增加，且增加额正好等于最优贷款额的减少额。

以上说明的银行行为理论，是传统的微观经济学理论的应用，即把银行视为与一般企业一样，是在一定制约条件下将利润最大化的经济主体。这种观点现在依然有效，而且我们可以根据不同的分析目的来对该银行行为理论进行各种调整。

不过，需要指出的是，虽然与一般企业有相同之处，但银行也有其特有功能。以上说明的银行行为理论无法阐明银行（或更广泛地说，金融中介机构）的特有功能及其存在理由。在下一节中，我们将对此加以详细说明。

第二节 金融机构的功能

一、金融中介功能和信息生产

在前面章节我们反复谈到，金融交易是一种跨期交易，借款人发行的债务凭证（本源证券）的质量取决于借款人从现在到将来的行为和收入等，再加上，借贷双方之间存在信息不对称，因此贷款人常面临着借款人不偿还贷款本息的风险（即信用风险）。

为了控制借款人的信用风险、减轻借贷双方的信息不对称，贷款人需要在贷款前（事前）收集、分析并审查与借款人偿债能力、拟投资项目可行性等有关的信息，而且在贷款后（事后）还要从债权者的立场出发，监督借款人是否依据贷款合同行事（如所贷款项的使用等），如有必要还要向借款人追加抵押等，以确保贷款能万无一失地回收。贷款人这种贷前审查和贷后监督其实是调查或发现借款人资质的活动，可解释为是一种信息生产活动，换句话说，贷款人可理解为是信息生产专家。

进行金融交易必不可少的前提是需找到交易对象，且交易双方在利率、借贷金额、借贷期间等交易条件上达成一致。但是，正如"需求的双重巧合"严重制约物物交换的成立那样（参见第一章），交易双方在交易条件上达成"需求的双重巧合"需付出可观的交易成本。贷前审查、贷后监督等信息活动所需的费用自然也包括在交易成本之内。

只要由金融交易引发的交易成本存在，那么与最终借款人和最终贷款人直接进行交易相比，以专门的中介机构为媒介来进行交易可节省交易成本，或者换句话来说，效率更高。银行等金融中介机构（更广泛地说，金融机构）最基本的功能就是发挥**金融中介功能**

(financial intermediation),即通过节省交易费用将最终借款人和最终贷款人有效地连接起来。

金融机构之所以能大幅节省交易成本,高效进行金融中介活动,一般认为是因为有以下几个理由:

(1)对从社会广泛筹集来的闲散资金进行分散投资,从而可降低风险;

(2)通过专门从事审查、监督等信息生产活动,即信息生产的专业化,可降低交易成本;

(3)信息生产成本中属于固定成本的成分较多,因此随着生产、加工信息量的增加,平均成本将出现递减,即可享受规模经济效应;

(4)关于某借款人偿债能力、收益动向等信息,有可能适用于同一行业的其他借款人,从而不用重复生产同类信息,因此,在信息生产活动中可享受范围经济效应,即同时生产多种产品或进行多种服务的费用低于分别生产每种产品或进行每种服务时的费用。

根据上述理由,我们可以认为,在金融交易中,比起贷款人自己分别对每个借款人逐一进行审查、监督,把对借款人的审查与监督(当然也包括对借款人的资金供给)委托给信息生产的专家——金融机构的做法更高效。

近年来,从这种角度来对金融机构存在理由加以说明的观点,在理论界逐渐获得了广泛认可。金融机构受投资者(最终贷款人)的委托,专门进行与最终借款人相关的信息生产活动,金融机构起的这种作用称为**受委任的监督**(delegated monitoring)。金融机构存在的意义,就在于作为**受托监督者**(delegated monitors)来节约整个社会的金融中介费用。①

当然,为了减轻借贷双方之间的信息不对称,借款人也可主动披露自身内部信息,向金融机构传递有助于其对自身质量加以正确把握的信号。譬如,借款人的"**投资者关系**(IR:investor relations)"相关活动、借款人主动向金融机构提供抵押等都是借款人披露自身经营信息及财务状况的具体做法。通过这种**信号传递**(signaling),如果金融机构相信借款人的"安全性"(即信用风险低),则借款人有可能从金融机构获得有利的借款条件。这种鼓励借款人披露真实信息的效应可理解为激励效应,而诱发这种激励效应的机制,则为我们在第四章提到的自我选择机制。但是,需要指出的是,这种借款人自行披露的信息具有相当的局限性。若要获取尽可能详尽准确的,与借款人信用风险、财务健全性、项目收益性、偿债能力等相关的信息,金融机构自身生产信息不可或缺。

图5-2是该观点的图示。图中的A、B、C表示投资者和金融机构生产信息所需的成本(监督成本)。具体来说,A为投资者直接监督借款人时的信息生产成本;B为投资者

---

① 把金融机构视为"受委托的监督者"这一观点由Diamond[1984]提出。该观点在强调基于分散投资的"规模经济"重要性的同时,从新的角度为Gurley and Shaw[1960]的观点,即金融机构的本质功能是将初级证券转换成间接证券的"资产转换功能"注入了新的生命力。

监督金融机构时的信息生产成本;C为金融机关监督借款人时的信息生产成本。金融机构作为执行金融中介功能的专业化组织存在于社会的前提条件无疑是$C<A$,而金融机构的存在能够降低整个社会的金融中介费用、提高全社会资金分配效率的前提条件是下列不等式必须成立:

$$B + C < A \tag{5-7}$$

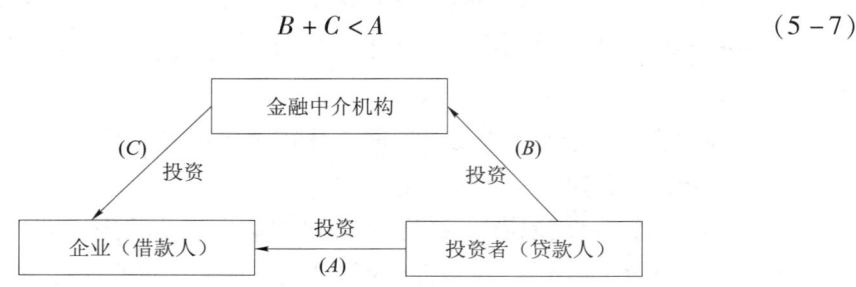

图 5-2　金融中介与中介费用

资料来源:在 Furukawa[2014b]图表 5-3 的基础上加工制成。

前面我们已经谈到,金融机构对从投资者筹集来的资金进行分散化运作,通过这种分散投资来降低自身所面临的借款人信用风险,而且金融机构信息生产活动中存在的规模经济效应导致信息生产平均成本递减,这些因素都将大大降低C以及整个社会的金融中介费用($B+C$),从而使式(5-7)表示的前提条件得以满足。

下面,我们用比较正式的形式来证明式(5-7)成立。

假设投资者(储户)数为m,企业(借款人)数为n,一名投资者或一家金融机构直接监督一家企业的平均成本为K。那么,在式(5-7)中,A与C分别为nmK和nK。另外,假设投资者监督金融机构的成本B是n的函数,即$B=B(n)$。

在上述假设条件下,金融中介活动提高全社会资金分配效率的条件,换句话说,金融中介机构的存在对整个经济社会有益的条件是下列不等式必须成立:

$$B(n) + nK < nmK \tag{5-8}$$

式(5-8)可变形为:

$$\frac{B(n)}{n} + K < mK \tag{5-9}$$

如果企业数n很大,即$n\rightarrow\infty$,那么,$\lim_{n\rightarrow\infty}\frac{B(n)}{n}=0$,再加上投资者数$m>1$,因此,式(5-9)成立,从而式(5-7)成立。

二、契约的不完全性

借贷双方之间信息不对称的存在,是阻碍金融交易顺利进行的一大障碍。本小节中要说明的**契约不完全性**(contractual incompleteness)是与信息不对称紧密相关的问题。下面,我们就结合借款人无法清偿到期债务的情况来该问题加以讲解。

一般来说,当贷款人根据事先借贷双方签订的借贷契约要求借款人还款,而借款人无法偿还时,贷款人可诉诸法律让借款人破产。但是,与其让借款人破产莫如对其加以救济(如对借款人还款期限予以延期;对借款人所负债务进行部分或全部减免等)以图令其东山再起,这种做法对借款人自不待言,就是对贷款人自身,在不少情况下,也有可能成为上策。贷款人在对借款人偿债能力进行重新审查的基础上放宽对借款人还款的要求,从而使借款人的财务状况得以改善并使其重新具有偿债能力,这样的例子在现实经济中并不少见。

不过,即便借款人在陷入清偿危机之后依靠贷款人救济得以东山再起,在何种情况下令其破产是上策,在何种情况下对其进行救济是上策,事先(借贷双方签订借贷契约之前)很难进行适当的判断。而且,借贷契约一旦签订便无法轻易变更偿债条款。

因此,可以说,在签订借贷契约时,借贷双方将未来可能发生的所有情况全部考虑在内,并将当事人对每种情况的应对措施一一明文写入契约,是不可能的。无法将未来有可能发生的所有情况均详尽写入的契约,即称为**不完全契约**(incomplete contract)。与此相对,将未来可能发生的所有情况均考虑在内并将当事人对每种情况的应对措施作为附加条件写入的契约,则称为**完全契约**(complete contract)。

然而,不难想象,签订那样一种带有附带条件的完全契约是不现实的。要签订完全契约,不仅需要负担无法承受的高昂费用(不仅指金钱方面的费用,也包括为签订契约而花费的时间、劳力等非金钱方面的费用),而且还必须有相关措施保证当事人能正确履行该契约。譬如,当出现违约情况时,需要有法院等第三方对事实加以认定,并通过课以违约者相应处罚的方式来强制性地令其履行当初的契约。但是,现实经济中,请第三方来对违约情况加以证实往往非常困难。这种**可证实性**(verifiability)的问题,也是导致契约不完全性的重要因素。基于上述理由,我们可以说,现实经济中签订的契约,从性质上来说,只能是不完全的。

由于这种契约不完全性问题的存在,在借款人陷入清偿危机时,借贷双方可进行**再交涉**(renegotiation),变更原借贷契约中的偿债条款,如前面提到的推迟借款人还款期限、减免借款人债务等。只要借贷双方之间有再交涉的余地,双方经济上互利互惠的余地就将增大。一般来说,在这种因借款人无法清偿债务而进行再交涉的情况中,金融机构往往处于关键地位。换句话说,不少场合,以银行为中心的金融机构在改善因契约不完全问题造成的经济效率低下的过程中掌握主导权。

不过,需要注意的是,通过再交涉变更偿债条款,不仅对金融机构,就是对整个社会来说,也未必会带来理想的结果。假设对于难以还贷的企业,金融机构面临着要么对其加以清算,要么对其追加贷款使其免于破产的两难选择。若该企业为劣质企业,显然前者为理想选择,但如果金融机构误判了企业状况而选择了后者,那么,其结果无疑是使效率低下的企业得以苟延残喘,从而导致整个经济的资源分配效率的低下。

如此所示,对金融机构来说,究竟是让无清偿能力的企业破产,抑或是对其加以救济,要做出正确选择,并非易事。另外,同一借款企业存在多家贷款金融机构时,也存在因金融机构之间难以达成共识而无法签订令交易方都满意的契约的情况。考虑到这些,对金融机构来说,根据具体情况相机对事前签订的借贷契约加以灵活调整或变更,将有助于其提高经营效益。在下一节要说明的关系型借贷,就可以理解为具有克服上述契约不完全性问题的作用。

第三节 逆向选择与道德风险

一、信息不对称问题

我们在前面章节多次提到,在金融交易中,关于资金用途、拟投资项目的收益性和风险性、贷款人还款可能性等,借款人比贷款人知道得更多,即拥有更多信息。从这个意义上来说,借贷双方之间存在着信息不对称。这种信息不对称的存在,导致了**逆向选择**(adverse selection)和**道德风险**(moral hazard)等问题的出现。

逆向选择和道德风险,原本是用来描述保险市场中存在的问题。保险市场中的逆向选择是指,虽然保险公司希望做出好的选择——选择低风险的客户,但实际上越是风险高的人参加保险的诱因越强,从而高风险的客户将低风险的客户驱逐出市场,即出现事与愿违的情况。

保险市场中出现这种逆向选择的原因是保险公司事前(与投保人签约前)不知道潜在投保人的风险水平,即使有办法事先辨别潜在投保人的风险水平,在实际操作中也需花费极其高昂的费用来收集相关信息。因此,逆向选择可以理解为源于事前的信息不对称(保险公司对投保人风险水平的认知程度远低于投保人对自己风险水平的认知程度)。譬如,医疗保险中,关于潜在投保人的健康状况、家族病史、生活习惯等私人信息,保险公司无法完全掌握。如果保险公司对所有投保人都课以相同的保险费率,那么,该统一的保险费率有可能低于高风险投保人应承担的保险费率,而高于低风险投保人应承担的保险费率,换句话说,高风险投保人等于以相对低廉的费用买了保险,而低风险投保人就等于以相对高昂的费用买了保险。因此,保险公司设定的统一保险费率越高,对风险低的潜在投保人来说,参加保险就越不利,从而促使其退出保险市场。其结果便是保险市场上高风险投保人所占比例越来越高,保险公司的赔偿概率将超过预期的赔偿概率,保险公司的盈利状况受到影响。

值得注意的是,如果在这种情况下,保险公司为了维持盈利水平而提高保险费率的话,这将获得适得其反的结果:进一步削弱低风险的人参加保险的诱因,进一步促使其退出保险市场,保险市场上高风险投保人所占比例将变得更高,从而使保险公司的盈利状况受到更大的影响。逆向选择问题过于严重的话,保险公司的赔偿概率将大大超过预期的赔偿概率,从而导致保险公司出现亏损甚至破产,进而严重影响到保险市场的正常运作。

另一方面,道德风险指的是加入保险后,风险发生的概率反而提高的现象。譬如,投保人在加入火灾保险之后,由于心想即使发生火灾,保险公司也会赔偿保险金,故而放松对火灾的防范,从而导致发生火灾的概率提高便是道德风险的典型事例。

保险市场上出现道德风险的原因是,保险公司事后(与投保人签约后)难以监督投保人的行动。在这种情况下,投保人在投保后会采取什么行动成为投保人的私人信息,因此投保人有可能会采取对保险公司不利的行动,如疏于对火灾的防范甚至故意纵火,从而危害保险公司的利益。

信贷市场也存在逆向选择和道德风险问题。信贷市场上的逆向选择,指的是质量低劣(信用风险高)的借款人轻易获得贷款,而质量优良(信用风险低)的借款人却贷不到款的问题。换句话说,这里的选择结果并非选优而是选劣,一反人们通常选优的常识。信贷市场上的这种逆向选择源于借贷双方事前(签订贷款契约前)的信息不对称,即贷款人对借款人信用风险高低的认知程度远低于借款人对自己信用风险高低的认知程度。信贷市场上的逆向选择阻碍资金的有效配置,有可能导致金融市场出现严重的**市场失灵**(market failure)甚至崩溃。

信贷市场上的道德风险,指的是借款人从贷款人获得贷款后,为了谋私利而损害贷款人利益的问题。譬如,借款人不努力经营、擅自变更资金用途、不按照事先签订好的贷款契约履行还款义务等,均是信贷市场上道德风险的具体表现。信贷市场上的道德风险源于借贷双方事后(签订贷款契约后)的信息不对称,即贷款人难以监督获得贷款后的借款人的行动。这种信息不对称会诱发借款人的道德风险,即恶用私人信息,采取损害贷款人利益的行动,使贷款人蒙受损失。因此,和逆向选择一样,借款人的道德风险问题也会妨碍资金的有效配置,制约借贷双方的交易机会。

下面,我们将进一步对信贷市场上因信息不对称而产生的逆向选择和道德风险问题加以说明。

二、逆向选择效应

逆向选择效应,指的是贷款利率越上升,持有安全投资项目的借款人或者信用风险低的借款人退出市场的可能性就越大,从而使信贷市场中信用风险高的借款人所占比例增大的效应。由于逆向选择效应导致贷款人收益下降,因此贷款人会把贷款利率限制在一定水平以下。具体来说,逆向选择效应产生的机制如下:

现代金融理论与运作

假定有两家企业(借款人)计划着手新的投资项目。假定现在有两个项目,成功的概率为 $p_i(i=1,2)$,失败的概率为 $1-p_i$。如果项目成功了,会产生 $R_i(i=1,2)$ 的收益;如果项目失败了,则收益为零。另外,我们假定这两家借款人为实施其项目都需筹措一定数额的资金(在这里,将资金筹措额固定为1),且利率为 r。因此,本息偿还额为 $1+r$,以下简单用 I 来表示($I=1+r$)。两家借款人的利润,在项目成功时,为 R_i-I;在项目失败时,为零。也就是说,在这里我们假定借款人为有限责任公司,若借款人的项目失败,借款人可申请破产来免除偿还本息债务。

在上述假定条件下,两家借款人的预期利润 $\pi_i(i=1,2)$ 可表示为:

$$\pi_i = p_i(R_i-I) + (1-p_i) \times 0 = p_i(R_i-I) \tag{5-10}$$

假定 $p_1 > p_2, R_1 < R_2$,且 $p_1 R_1 > p_2 R_2$。该假定表示与项目 2 相比,虽然项目 1 成功时的收益较小,但成功的可能性较高,即项目 1 是低风险低回报型的项目,项目 2 是高风险高回报型的项目。

根据以上假定和式(5-10),图 5-3 图示了借款人的预期利润 π 和本息偿还额 I(或贷款利率 r)之间的关系。通过该图,我们可以发现,随着本息偿还额 I 的增加(或者贷款利率 r 的上升),借款人的预期利润逐渐减少(预期利润曲线呈右下倾斜状),不过,实施项目 1 的借款人预期利润减少的程度显然大于实施项目 2 的借款人(因为 $p_1 > p_2$)。

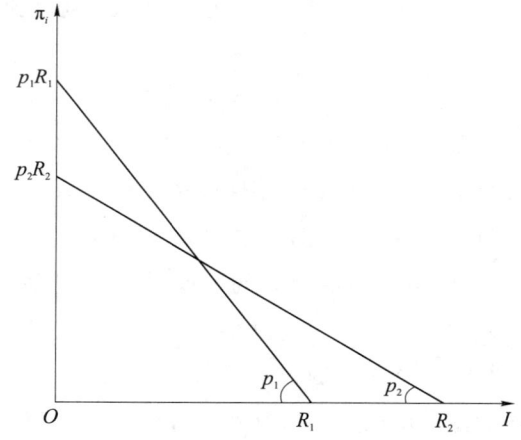

图 5-3 逆向选择下的投资项目选择

资料来源:在 Furukawa[2014b]图表 5-4 的基础上加工制成。

在这里,如果假定只要预期利润为正值(即 $\pi_i > 0$),借款人便着手实施项目。那么,当 $I < R_i$ 时,项目 1 和项目 2 都将得以实施;当 $I > R_1$ 时,项目 1 无法实施,只有项目 2 才能得以实施。这就产生了项目的选择将随着利率的提高而改变的问题:利率越高,则越容易选择高风险的项目。因此,贷款人越提高利率(如为了增加收益),越促使实施安全项目的借款人退出市场,导致市场中高风险借款人的比例越高,银行所面临的借款人不还款的信用风险越高。我们把这种现象称为信贷市场上的逆向选择。①

下面我们转向贷款人,来求其预期收益 $\eta_i (i = 1, 2)$。若用公式表示则为:

$$\eta_i = p_i I + (1 - p_i) \times 0 = p_i I \tag{5-11}$$

即对于贷款人来说,其贷款的预期收益既取决于贷款利率,也取决于项目成功(换言之,借款人还款付息)的概率。由于 $p_1 > p_2$,所以 $\eta_1 > \eta_2$。也就是说,对贷款人来说,贷款给实施项目 1 的借款人更合理。但是,信息不对称问题将阻碍贷款人的这个合理选择。这里的信息不对称问题,具体来说,指的是虽然借款人清楚地知道自己将实施何种项目、自己的风险水平等,但对贷款人来说,对这些信息在事前(提供贷款之前)完全加以掌握是不可能的。因此,在借贷双方就借款人类型(质量、风险水平等)存在信息不对称的情况下,贷款人是难以对不同风险水平的借款人区别对待,即实行不同的贷款利率的。因此在这里,我们假定,不管借款人的风险水平如何,贷款利率均相同。

这时,如果贷款人对两家借款人都相同程度地提高贷款利率,将产生两种完全相反的效果:一方面是增加贷款人预期收益的直接效果;另一方面是促使实施安全项目的借款人退出信贷市场或转向实施危险项目从而使贷款人的预期收益降低的反向效果(即逆向选择导致的减收效果)。因此,在确定使贷款人预期收益最大化的利率时,需要再把上述这两个效果都考虑到。

图 5-4 便是在考虑到上述两种效果的基础上,表示贷款利率(纵轴)和贷款额(横轴)关系的图表。在这里,借款人的资金需求曲线(曲线 D)呈右下倾斜状,即贷款利率越高,借款人的资金需求越低;而贷款人的资金供给曲线(曲线 S)呈向外凸出状,即虽然贷款人的资金供给随着贷款利率的升高而增加,但一旦贷款利率上升到一定水平(图中的 r^*),资金供给便会随着贷款利率的升高而减少。r^* 是使贷款人的预期收益达到最大的利率。

为什么资金供给曲线呈这样的形状?正如前面我们所讲,由于信息不对称将引发逆向选择,贷款利率的上升会促使低风险的借款人退出市场,导致留在市场的是具有更高风险的借款人,因此贷款人的贷款风险将随着贷款利率的上升而增加。也就是说,当贷款利率超过一定的临界值(r^*),贷款人的收益反而会恶化。

---

① **格雷欣法则**(Gresham's law),即"劣币驱逐良币(bad money drives out good)",可谓是逆向选择的典型事例。具体来说,该法则指的是在铸币流通时代,材质不同的货币以同样面值流通时,最终市面上只有材质恶劣的货币(即劣币)流通,而材质优良的货币(即良币)逐渐退出市场的现象。英国商人、银行家托马斯·格雷欣(Thomas Gresham,1533—1603)指出了该现象,故称之为"格雷欣现象"。不过,需要指出的是,"劣币驱逐良币"是个古老的现象,在格雷欣之前,已有不少人发现了该现象。譬如,在中国,西汉政论家、文学家贾谊(B.C.200—B.C.168)提出的"奸钱(笔者注:劣币)日繁,正钱(笔者注:良币)日亡"(《新书·铸钱》)可谓与"劣币驱逐良币"有异曲同工之妙。

现代金融理论与运作

在图 5-4 中,如果假定信贷市场上资金供求达到一致(即信贷市场达到均衡)的贷款利率水平为 r_m,那么,在贷款利率低于 r_m 时,借款人的资金需求将超过贷款人的资金供给。在这种资金供不应求的情况下,贷款人将贷款利率设定为 r^* 将使其预期收益达到最大,且不会产生试图调整贷款利率的诱因。在贷款人设定的某特定贷款利率(如这里的 r^*)下,信贷市场上所出现的这种贷款需求大于贷款供给的情况,将导致只有部分贷款需求得以满足(即使愿意支付比 r^* 高的贷款利率也得不到贷款),因此这种情况被称为**信贷配给**(credit rationing)。信贷配给模型告诉我们,存在信息不对称时,贷款人的预期收入并不总是与贷款利率的高低同方向变化。

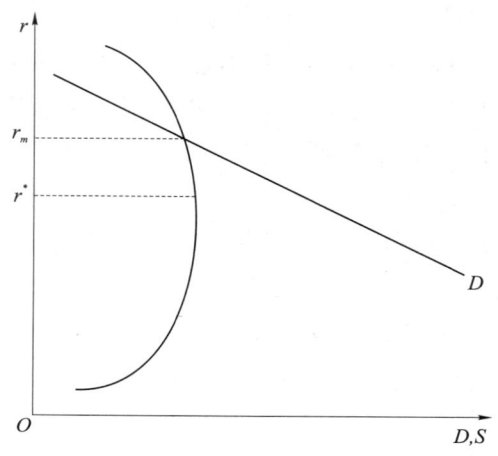

图 5-4 贷款利率与信贷配给

资料来源:在 Furukawa[2014b]图表 5-5 的基础上加工制成。

三、道德风险

在存在信息不对称的情况下,譬如,贷款人无法直接监督借款人或者即便能监督也需花费高昂费用,借款人为了弥补随着贷款利率的上升而增加的融资成本,其会产生在获得贷款后实施高风险高收益型项目的动机。下面,我们就举例来说明一下这种"道德风险"的问题。

我们假定某借款人有两个项目的选择:项目 a 和项目 b。两个项目成功的概率为 p_i(i = a, b),失败的概率为 $1 - p_i$。如果项目成功了,会产生 R_i(i = a, b)的收益;如果项目失败了,则收益为零。另外,与前一节的逆向选择一样,我们假定不管实施哪个项目,借款人都需以贷款利率 r 来筹措 1 单位的资金(即本息偿还额为 $1 + r$,以下简单用 $I = 1 + r$ 来表示)。在这样的假定条件下,实施项目 i 时的预期利润 π_i(i = a, b)可表示为:

$$\pi_i = p_i(R_i - I) + (1 - p_i) \times 0 = p_i(R_i - I) \tag{5-12}$$

假定 $p_a > p_b$，$R_a < R_b$，且 $p_a R_a > p_b R_b$。该假定表示与项目 b 相比，虽然项目 a 成功时的收益较小，但成功的可能性较高（即项目 a 是低风险低回报型的项目），预期收益也高于项目 b。

根据以上假定和式（5–12），图 5–5 图示了借款人的预期利润 π 和本息偿还额 I（或贷款利率 r）之间的关系。该图显示，不管是实施项目 a 还是实施项目 b，随着本息偿还额 I 的增加（或者贷款利率 r 的上升），借款人的预期利润都将逐渐减少（预期利润曲线呈右下倾斜状），不过，实施项目 a 时预期利润减少的程度显然大于项目 b（因为 $p_a > p_b$）。在这里，如果假设使两个项目的预期利润相同（即 $\pi_a = \pi_b$）的贷款利率为 r^*，那么，当 I 低于 I^*（即 $r < r^*$）时实施项目 a，当 I 高于 I^*（即 $r > r^*$）时实施项目 b，这种项目的选择将给借款人带来更多的预期收益，对借款人更有利（粗线表示借款人根据贷款利率水平所选择的项目 i 的预期利润）。也就是说，贷款利率的高低将导致借款人在获得贷款后实施项目的不同：贷款利率越高，借款人越有可能在获得贷款后不选择风险低（成功率高）的项目而选择风险高（成功率低）的项目。随着贷款利率的升高，借款人选择高风险高收益的投资项目的诱因增强，这种行为可看作是道德风险的一个例子。

另一方面，贷款人的预期利润 η_i（$i =$ a, b）为：

$$\eta_i = p_i I + (1 - p_i) \times 0 = p_i I \tag{5-13}$$

由于实施项目的变更，贷款人的预期利润将由 $p_a I$ 减至 $p_b I$，因此，对贷款人来说借款人选择成功率高的项目 a 对其更有利，贷款人不愿意将贷款利率提高至与 I^* 对应的贷款利率水平 r^* 之上。于是，和前述图 5–4 一样，在贷款人设定的某特定贷款利率水平（r^*）之下，将有可能发生信贷配给。

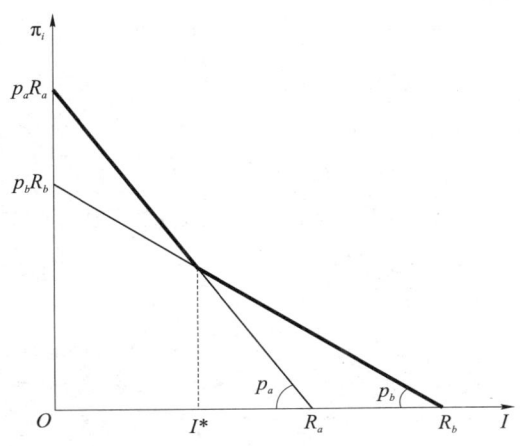

图 5–5　道德风险造成的项目选择

资料来源：在 Furukawa[2014b] 图表 5–6 的基础上加工制成。

> 现代金融理论与运作

最后值得强调的是,不管是逆向选择的例子,还是道德风险的例子,我们都假定贷款人无法事先完全辨别借款人实施项目的风险(p_i)。如果贷款人能够在贷款前正确辨别借款人实施项目的风险,那么,贷款人就可以根据其风险水平的高低,来设定不同的贷款利率,以区别对待不同的借款人。

第四节 关系型银行业务

对金融机构,特别是对银行来说,为克服与客户间的信息不对称而构筑、维系与客户间的长期交易关系十分重要,这向来被认为是金融中介机构重要的存在意义(Boot [2000])。

一般来说,按照银行和客户间关系(以下简称银企关系)的紧密程度,可将银行开展业务的方式分为**关系型银行业务**(relationship banking)和**交易型银行业务**(transaction banking)两种。前者的业务模式是,银行和客户在维系长期交易关系的过程中,银行利用长期积累下来的关于客户的"软信息",即从外部难以获得的、具有强烈人格化特征的非公开信息(譬如,客户在业界内或本地的信誉、业主个人品行、借款企业员工的生产能力等),来判断是否该向该客户提供贷款等金融服务。①与此相对,后者基于企业的财务报表、抵押的质量和数量、**信用分数**(credit score)等"硬信息",可以说是市场性很强的业务模式,也可理解为是一种与客户之间存在一定距离的业务模式。②关系型银行业务与交易型银行业务的不同之处还在于,关系型重视长期的、综合性的成本核算,而交易型由于多为一次性或短期交易,因此其重视的是短期的、按每笔交易进行的成本核算;关系型通常基于银行与客户间的**隐性契约**(implicit contract),即存在于银企默契中非正式的、没有明文规定的交易惯例;而交易型则基于正式的、明文的**显性契约**(explicit contract)。

由于在关系型银行业务中,金融机构通过与客户维系长期紧密的交易关系来积累客户信息,并以这些信息为基础来提供以贷款为主的种种金融服务,因此,关系型银行业务很好地体现了我们在本章第二节第一小节讲到的金融中介功能,特别是信息生产功能。换句话说,若将金融中介机构视为信息生产者,则关系型银行业务在为信息不对称问题严重、利用资本市场困难且缺乏抵押品的中小企业提供金融服务方面具有经济合理性。

---

① 日本的**主银行**(main bank)制度可谓是关系型银行业务模式的典型。在该制度中,企业和其主银行之间还往往通过**交叉持股**(cross-shareholding)或者主银行向企业派遣董事会成员来加强相互间的资本关系及人事关系。主银行由此可直接获取关系型企业内部的重要信息。

② 信用分数通过**信用评分系统**(credit scoring),即金融机构将容易数码化、可观察到的客户特征(如个人的年龄、职业、收入、资产或者企业的财务报表等)等输入电脑,由电脑程序对该客户的信用风险程度加以评价的方法来获得。由于金融机构根据电脑打分来决定是否提供贷款以及贷款条件,因此,通过信用评分系统,贷款审查的大部分业务都实现自动化,从而可缩短审查时间、降低审查成本。

另外，需要指出的是，与本地企业、本地区经济密切相关的地方性金融机构比全国性金融机构更适合于开展关系型银行业务。全国性金融机构的客户一般为业绩优良的大企业，而地方性金融机构的客户主要为中小企业。因此，与全国性金融机构相比，地方性金融机构拥有更多关于中小企业的专有信息，在克服与客户之间的信息不对称问题方面拥有优势。换句话来说，对地方性金融机构来说，开展关系型银行业务有望成为有效的商业模式。

从理论上来说，银行与特定客户维系长期稳定的交易关系具有经济合理性，其基本理由是，金融机构为该特定客户生产信息，只有在长期、持续的交易条件下才有可能，而且，由于其生产信息所需的费用具有沉没成本的性质，这种性质的费用适于在维持双方交易关系的前提下进行长期回收。反过来说，一旦金融机构和该特定客户的交易关系取消，那么，之前金融机构好不容易积累起来的关于该特定客户的专有信息就将和无法转为他用的资本品一样，失去价值。譬如，零部件厂家 A 专门为汽车厂家 B 生产零部件（即该汽车零部件为汽车厂家 B 专用），一旦两家的交易关系解除，那么零部件厂家 A 生产的该汽车零部件立即将变得无处可用。因此，从这个意义上来说，金融机构与特定企业结成长期交易关系也具有自我束缚的一面。①

提到关系型银行业务，人们很容易联想到关系型借贷。不过，关系型银行业务中的银企关系是综合性的、全方位的。也就是说，两者的交易关系不仅体现在贷款交易上，而且还涉及存款业务、结算业务等几乎所有银行业务。对银行来说，通过与客户维系综合性的、多方面的交易关系可以确保贷款利息、业务手续费等多种收益来源，并能在此基础上享受范围经济的种种好处。加之，与客户维系综合性的、多方面的交易关系能使银行在生产和积累该客户内部信息方面处于有利地位。譬如，银行能够通过监督客户存款账户内的资金收支情况，来详细观察该客户资金的忙闲、营业额的变化、贷出款项的去向等，从而高效地收集、生产与该客户有关的重要信息。

另一方面，对客户来说，与银行建立长期稳定的交易关系也是有好处的。譬如，能够享受到各种各样的金融服务，特别是能获得一个相对稳定的融资来源。而且，与信誉好的银行建立长期稳定的交易关系，其本身就是一个向市场传递自己是优良借款人信息的信号。

然而，关系型银行业务的优势在某些情况下也会转变为劣势，带来负面影响。譬如，作为其潜在的问题，常被举出的有**预算软约束**（soft budget constraint）、**套牢**（hold-up）等。

预算软约束，一般是指企业等经济组织无视预算和成本，从事资金使用效率极低的投资行为，其根源是当事人持有反正陷入财务困境的时候，依靠外部救助能得以继续生

---

① Wang and Furukawa [2007] 指出关系型银行业务具有自我强化的特质，而且这种特质是导致关系型银行业务具有两面性的根源。

存的侥幸心理（道德风险）。在关系型银行业务中，若站在银行的角度，我们可以将预算软约束理解为：对于陷入经营危机的借款企业，关系型银行为了避免该企业的破产倒闭所导致的已贷款项坏账问题显性化，不管将来能否收回贷款，都不得不继续向该企业追加贷款（或减免贷款利息、延长还款期限、放弃债权等），即银行的预算约束软化。不过，需要指出的是，银行的这种向经营不善的企业持续提供资金支援的行为会导致一些业绩恶劣、无望恢复生机的企业完全依靠关系型银行的救助而免于破产倒闭，成为僵而不死的僵尸企业，无疑，这将会降低银行的盈利能力，增加银行的坏账风险。

当然，我们不排除由于关系型银行的支援，借款企业起死回生的可能性。在关系型银行业务中，银企之间通常存在着这样一种共识：银行对企业提供救助保险，即银行在关键时刻（如企业出现亏损时等）对企业加以救助；企业则向银行支付保险费，即以贷款利息和各种手续费为主要形式的，在维系长期的、综合性的交易关系的过程中向银行缴纳的诸多费用。不过，即使考虑到这一点，关系型银行对借款企业的救助也不是无原则、无条件的。对于具有经济合理性的关系型银行来说，其对借款企业施以援手仅限于从长期来看，该企业并没有失去盈利能力，通过救助确实能使其东山再起的情况。而且，银行是否出手救助的判断，一般取决于救助该企业可获得的长期收益和为此所需付出费用的比较，如果后者大于前者，显然不予救助是合理选择。

套牢，指的是在关系型银行业务中，关系型银行独占、垄断有关借款人的私有信息，而且借款人从非关系型银行那里获得贷款实际上变得相当困难，这容易诱发关系型银行利用自己相对于借款人所处的优越地位向借款人提出对己有利的融资条件，如向借款人索取更高的贷款利率，以获取私有信息垄断租金、确保盈利。套牢问题向我们展示了关系型银行业务会导致借款人被套牢、降低其**议价能力**（bargaining power）、增加其借贷成本的可能性。不过，考虑到关系型银行业务的本质就在于借贷双方交易关系的长期持续性以及某特定银行（关系型银行）对借款人的信息垄断，要完全避免关系型银行业务中的套牢问题绝非易事。

第五节　金融机构与不良贷款问题

一、资产泡沫的破灭与资产负债表的恶化

20世纪80年代后半期，以股价、地价等为中心，日本的资产价格出现了急速上涨，即所谓的**资产通胀**（asset inflation）。进入90年代后，资产价格又随即出现了急速下跌，即所谓的**资产紧缩**（asset deflation）。这种资产泡沫的产生与破灭，给日本的企业和金融机构带来了巨大冲击，一方面使日本陷入了长期的经济衰退，另一方面由于不良贷款的激增加大了金融体系的脆弱性。

日本的事例向我们说明,在资产价格上涨时通过借款获取资产的企业和居民(家庭),以及对这些企业和家庭提供贷款的金融机构,其资产负债表,将由于随后的资产价格暴跌而恶化。因此,资产泡沫破灭后,一方面,企业和居民(家庭)的经济活动受到遏制;另一方面,金融机构的信贷活动也将萎缩。这就是我们在第四章中所谈到的"资产负债表效应"。

对企业来说,当资产泡沫破灭,换言之,当资产价格出现大幅度下跌时,一方面企业资产的价值(市价)将大大缩水;另一方面,企业的负债额却不会因资产价格的下跌而减少,因此,企业的净资产(自有资本)必然减少,甚至出现资不抵债的情况。也就是说,资产泡沫的破灭将严重破坏企业的资产负债表,而资产负债表的急剧恶化不仅将加剧企业偿债的紧迫感,迫使企业为了尽快修补严重受损的资产负债表而把收入尽量用于还债,而且将降低企业的抗风险能力,从而将遏制企业的投资、雇佣等支出活动。

对居民(家庭)来说,股价、地价等资产价格的大幅下跌,将导致其财富缩水,另一方面,和企业一样,居民的负债额,如需偿还的住房贷款等,却不会因资产价格的下跌而减少,因此,正如第四章第四节所述,由于"逆财富效应",居民的消费支出将减少。

对金融机构来说,融资企业资产负债表的恶化甚至资不抵债将直接导致金融机构不良贷款的增加(如出现欠息欠款等情况)、风险承受能力的低下,加之土地抵押价值也随地价的下跌而缩水,故而使金融机构的放贷态度趋于谨慎。无疑,这种金融机构放贷态度的谨慎化与惜贷(如提高向企业发放贷款的条件,增加拒绝发放贷款的件数等),将会遏制企业的投资、雇佣等支出,这不仅会导致企业经营陷入困境,也将给经济带来恶劣影响。

这里有两点值得强调。第一,从信贷活动的角度来说,资产价格的大幅下跌一方面将导致企业及居民的**去杠杆化**(deleverage),即缩减负债的行为,更不用说有积极的借款意愿和资金需求了;另一方面将导致金融机构放贷能力和放贷意愿的低下,严重影响银行正常发挥金融中介功能。其结果,整个经济中的信贷活动将趋于停滞,而信贷收缩也将会导致经济活动的萎缩。第二,资产价格的急剧下跌导致的经济低迷将进一步压低资产价格、挤压资产价值,加速企业业绩的恶化,使金融机构的不良贷款进一步增加,从而导致经济活动更趋于低迷,也就是说,资产泡沫的破灭将导致经济出现恶性循环。

二、次贷危机

如前所述,日本20世纪80年代后半期产生的资产泡沫以及进入90年代后泡沫的破灭,一方面使日本经济陷入长期停滞,另一方面给金融机构带来了严重的不良贷款问题,显著加大了金融体系的脆弱性。日本的此次金融危机在二战后的世界经济及金融史上都是一重大事件。资产价格的大幅变动给实物经济带来莫大影响的另一典型事例则是美国的**次贷危机**(subprime mortgage crisis)。2007年全面爆发的次贷危机以2008年9月美国著名投资银行雷曼兄弟的破产为高潮,并引发了世界性金融危机。

这里的"次贷"是"次级抵押贷款"的缩略语,指的是向信用度低的低收入阶层发放的住房贷款。次贷与被称为**优级贷款**(prime loan)的房贷相比,具有贷款拖欠率高、信用风险大的特点。尽管如此,次贷占美国整个房贷的比率,从2003年开始急剧上升。其背景有二:

(1) 2000年以后,美国房价不断攀升。如果用于抵押的住宅升值,那么借款人的抵押能力将会提高,在这种情况下,借款人既可根据抵押价值的增值情况相机增加贷款,也可通过将住宅转手来偿还贷款并获得价差;

(2) 随着房价的上升,金融机构等提供房贷的贷款人之间的竞争激化。其结果导致贷款人向借款人提出的贷款条件大幅降低,譬如,房贷的最初数年间利率被设定为极低水平,借款人的利息负担极度被减轻等。可是,优惠期结束后的贷款条件变得苛刻,如利率将大幅上升,从而使借款人潜在的信用风险增加。然而,在房价持续上涨、整个经济中的雇佣状态良好时,借贷双方对这种潜在风险将转化为现实的可能性都缺乏充分的认识。于是,房价的上升导致金融机构住房贷款的增加,而金融机构住房贷款的增加又将增加人们购房时的购买力,提高其对住房的需求,从而进一步拉升房价,即房地产泡沫就在这种合成效应中产生了。

美国次贷危机的过程与日本资产泡沫生成至破灭的过程十分相似。

在日本,股价和地价等资产价格出现了暴涨;在美国,也是房价出现了暴涨。日美两国导致资产价格急剧上涨的主要原因均是在货币宽松政策的背景下金融机构大幅增加了贷款。资产抵押价值的增加导致金融机构信用供给(贷款)的增加,而金融机构信用供给的增加又带来了资产价格的进一步上涨,日本的资产泡沫和美国的次贷危机中都存在这种资产泡沫产生的内在循环机制。

而资产泡沫一旦破灭,则齿轮倒转。在日本,资产价格暴跌,金融机构出现大量不良贷款。不良贷款严重侵蚀了金融机构资本,导致金融机构放贷能力和放贷意愿的低下,这种信贷紧缩给实体经济带来了严重影响,而实体经济的恶化又导致资产价格的进一步下跌和金融机构不良贷款的进一步增加,形成恶性循环。在美国,资产泡沫破灭后的情况也大致相同。尤其值得一提的是,美国的经济构造是以消费拉动经济的消费主导型,个人消费占GDP的70%。次贷危机发生之前,房价和股价等资产价格的持续上涨导致住房和股票等资产的未实现利润增加,而所持资产未实现利润的增加在拉动个人消费方面起到了积极的推动作用。可是,资产价格一旦下跌,由于抵押价值的缩水,居民(家庭)借款能力大幅降低,金融机构也因为担心不良贷款的增加而提高贷款要求,由此导致信贷紧缩。该状况加剧了经济萧条,加快了金融危机的爆发。

不过,值得一提的是,美国次贷危机也体现出了美国金融体系的独特之处。次贷危机加重美国的经济衰退,并使该国的金融危机急速扩散到世界范围的根本原因,被认为是证券化(参见第二章第三节)和全球化的进展。原本仅限于美国国内的房贷坏账问题,之所以会扩散到全球,就是因为房贷等贷款债权被证券化,并被广泛分散在全世界的金融机构和投资者所持有。在美国,住房贷款信用风险一经显现,以住房贷款为抵押发行的各种证券化产品的价格暴跌,给大量持有证券化商品(集房贷及多种债券等抵押资产于一身,被包装成好似单种证券一样的金融商品)的金融机构和投资者带来了巨大损失,使其收益状况严重恶化。尤其是抵押资产中包括次贷的**担保债务凭证**(CDO:collateralized debt obligation)带来了严重后果——大量住房贷款成为坏账导致担保债务凭证的价格暴跌,从而成为美国金融危机的导火索。

在第二章中我们曾谈到,证券化中具有代表性的就是贷款债权的证券化,即金融机构等为了加大债权的市场流动性,用贷款债权做抵押来发行证券。这是一种金融机构通过与借款人面对面交涉型交易来设定贷款利率、贷款金额、贷款期间等融资条件,而另一方面又以贷款债权为抵押发行证券,并将其在市场转卖,从而进行市场交易的手法。这里所谓的市场交易,就是不特定多数的市场参与者对股票、债券等标准化的金融产品进行买卖的交易。也就是说,贷款债权证券化的最大特征在于金融机构既进行面对面交涉型交易又进行市场交易,这是其被称为市场型间接金融交易代表性事例的原因。

贷款债权证券化的最大问题在于金融机构在向借款人实行融资时以及实行融资后,由于信息不对称的存在将无法对借款人进行有效监督,即失去监督功能。从金融机构买入贷款债权并对其实施证券化的投资银行,在将证券化商品出售给投资者后,也将失去对借款人进行监督的动机。这种监督功能或监督动机的缺失导致了向那些无法正确把握利率风险和信用风险的投资者提供高风险金融产品事态的发生。

第六节 中国的金融机构体系

经过几十年不断的改革、发展与摸索,中国目前已形成以中国人民银行(中央银行)为主导,包括政策性银行、商业银行、证券机构、保险公司等在内的多层次、多元化的金融机构体系。

具体来说,中国的金融机构可分为银行业金融机构与非银行业金融机构两大部分,并以银行业金融机构为主体。银行业金融机构又可细分为银行业存款类金融机构与银行业非存款类金融机构,并由银行业存款类金融机构主导。下面,我们结合图5-6来对中国现行的金融机构体系加以说明。[①]

---

① 各类金融机构具体的改革与发展历程,详见第七章。

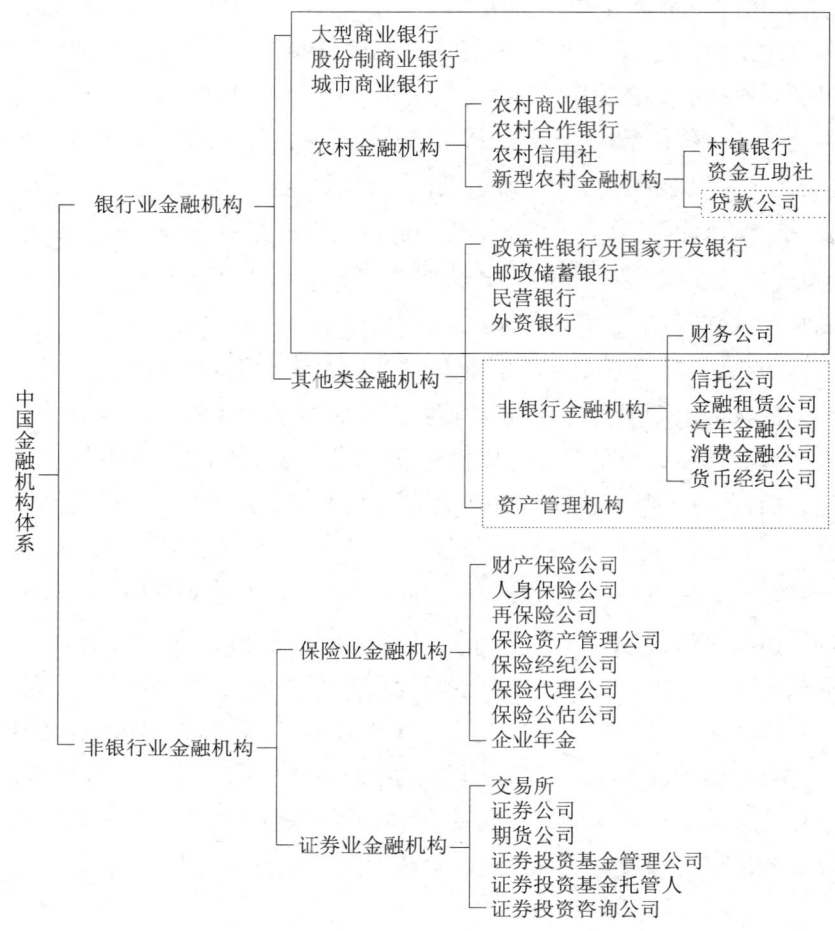

图 5-6 中国现行的金融机构体系

注：实线框表示银行业存款类金融机构，虚线框表示银行业非存款类金融机构。

一、银行业金融机构

根据中国银行保险监督管理委员会（以下简称银保监会）银行业监管统计指标数据披露口径，中国银行业金融机构主要可以分为五大类，即大型商业银行、股份制商业银行、城市商业银行、农村金融机构和其他类金融机构。表 5-2 显示了截至 2018 年 6 月该五大类银行业金融机构的总资产情况。

根据银保监会公布的《银行业金融机构法人名单》，截至 2018 年 6 月底，中国银行业金融机构共有法人机构 4571 家。在这些金融机构中，大型商业银行、股份制商业银行、城市商业银行、政策性银行及国家开发银行、邮政储蓄银行、民营银行、外资银行、农村金融机构（但不包括新型农村金融机构中的贷款公司）、财务公司属于银行业存款类金融机构;其余的则属于银行业非存款类金融机构。下面,我们对其逐一进行讲解。

表 5-2 中国银行业金融机构的总资产规模

	总资产(万亿元人民币)	占银行业金融机构比例
大型商业银行	90.57	35.70%
股份制商业银行	45.15	17.80%
城市商业银行	32.33	12.80%
农村金融机构	33.70	13.30%
其他类金融机构	51.69	20.40%

注:1. 农村金融机构包括农村商业银行、农村合作银行、农村信用社和新型农村金融机构。
2. 其他类金融机构包括政策性银行及国家开发银行、民营银行、外资银行、非银行金融机构、资产管理机构和邮政储蓄银行。
资料来源:根据中国银行保险监督管理委员会《银行业金融机构资产负债情况表(法人)》制成。

(一) 银行业存款类金融机构

银行业存款类金融机构是指通过吸收存款获得可利用资金,并将其贷给需要资金的经济主体以及投资于证券等获取收益的银行业金融机构。

1. 大型商业银行

这里的大型商业银行指工(中国工商银行)、农(中国农业银行)、中(中国银行)、建(中国建设银行)、交(交通银行)5 家全国性、综合性大型国有商业银行。其中,工农中建四大行的前身为原来的国家专业银行。目前,五大国有商业银行已全部完成股份制改造并上市。[①]

由于该五大国有商业银行规模巨大、资本雄厚、业务范围广泛,中国商业银行体系及银行业金融机构体系可谓由该五大国有商业银行主导(见表 5-2 和图 5-7)。英国《银行家》(*The Banker*)杂志公布的"2018 年全球银行 1000 强"(Top 1000 World Banks 2018)中,中国工商银行、中国建设银行、中国银行和中国农业银行**一级资本**(tier 1 capital)分列前四,交通银行列第 11 位。

2. 股份制商业银行

这里的股份制商业银行指的是自 1987 年陆续组建的全国性股份制商业银行。目前,全国性股份制商业银行共有 12 家:中信银行、中国光大银行、华夏银行、中国民生银行、招商银行、兴业银行、广发银行、平安银行、上海浦东发展银行、恒丰银行、浙商银行、

---

① 2005 年,交通银行在香港联合证券交易所上市;同年中国建设银行也在香港联合证券交易所上市;2006 年,中国银行和中国工商银行均在上海证券交易所和香港联合证券交易所两地上市;2007 年,交通银行和中国建设银行在上海证券交易所上市;2010 年中国农业银行在上海证券交易所和香港联合证券交易所上市。

渤海银行。

表 5-2 显示,截至 2018 年 6 月,12 家全国性股份制商业银行总资产达到 45.15 万亿元人民币,占银行业金融机构的比例达到近 18%。由此可见,股份制商业银行在中国商业银行体系及银行业金融机构体系中占据着重要地位。

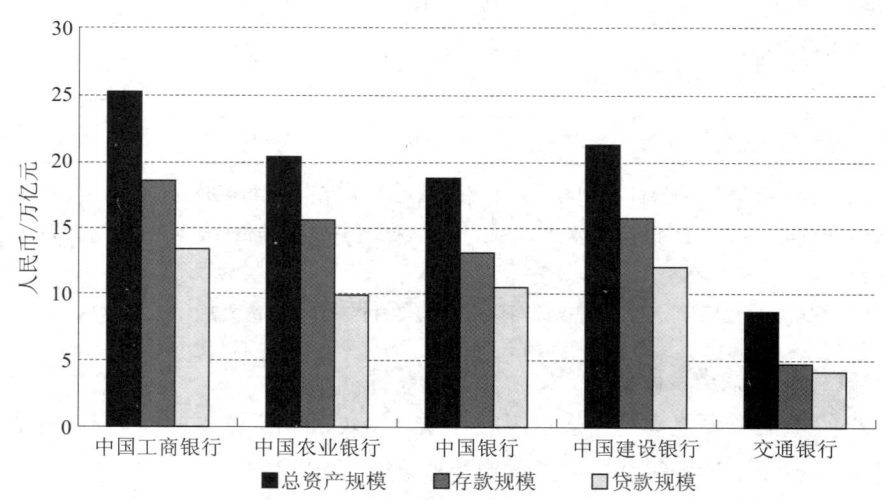

图 5-7 中国五大国有商业银行的总资产与存贷款规模

资料来源:根据各银行 2017 年年报制成。

3. 城市商业银行

1995 年,国务院决定在城市信用社的基础上组建城市商业银行。[①] 经过二十余年的发展,城市商业银行已逐步转变成由城市企业、居民和地方财政投资入股组成的地方性股份制商业银行。虽然城市商业银行与全国性股份制商业银行相比,资产规模较小(见表 5-2),但其在掌握当地客户的资信状况等信息生产方面具有地区性优势。

根据银保监会公布的《银行业金融机构法人名单》,截至 2018 年 6 月底,城市商业银行的数量已达 134 家,为地方经济、中小企业及地方居民提供金融服务。

4. 政策性银行及国家开发银行

1993 年 12 月 25 日,国务院发布《国务院关于金融体制改革的决定》,提出改革金融体制的具体方案,以适应社会主义市场经济的需要和更好地发挥金融在促进国民经济健康稳定增长及优化资源配置中的作用。其中一项主要内容便是将政策性金融与商业性金融分离:为了推动工、农、中、建四大国家专业银行转型为国有商业银行,从该四大行中剥离出国家的政策性业务;被剥离出的政策性金融业务由新组建的政策性银行专门

---

① 城市商业银行最初称为城市合作银行,1998 年起陆续更名为城市商业银行。第一家城市商业银行为 1995 年成立的深圳市城市合作银行(现为平安银行)。

承担。

1994年,国家开发银行(当时主要承担国内开发型政策性金融业务)、中国进出口银行(当时主要承担大型机电设备进出口融资业务)、中国农业发展银行(当时主要承担农业政策性扶植业务)三家直属国务院领导、接受中国人民银行监督的政策性银行相继由政府发起并出资成立。

政策性银行不以营利为目的,专门为贯彻、配合政府特定的社会经济政策和意图,在特定的业务领域内进行政策性融资和信用活动。三家政策性银行成立后,在促进经济持续健康发展、推动社会进步方面发挥了积极作用(李志辉、崔光华[2008];刘孝红、王志峰[2009]等)。

近年来,深化政策性银行改革的制度建设不断推出。譬如,2008年12月国家开发银行改制为国家开发银行股份有限公司,标志着该行及中国政策性银行改革取得重大进展;2015年3月,国务院明确国家开发银行定位为开发性金融机构。

5. 中国邮政储蓄银行

中国邮政储蓄银行是在改革邮政储蓄管理体制的基础上组建的国有商业银行,于2007年3月20日正式挂牌成立,并于2016年在香港联合证券交易所上市。目前,邮储银行在全国31个省(自治区、直辖市)全部设立了省级分行,拥有近4万个营业网点,城乡业务网点覆盖面广泛。

根据中国邮政储蓄银行2017年年报,截至2017年末,其总资产突破9万亿元人民币,居全国银行业第六位。英国《银行家》杂志公布的"2018年全球银行1000强"中,按一级资本排序,中国邮政储蓄银行位居第23位。

6. 民营银行

2012年5月,银监会发布《关于鼓励和引导民间资本进入银行业的实施意见》,明确表示支持民间资本与其他资本按同等条件进入银行业。

根据银保监会公布的《银行业金融机构法人名单》,截至2018年6月底,民营银行有17家。

7. 外资银行

1979年日本输出入银行(现在的日本国际协力银行)被批准在北京设立代表处,拉开了中国改革开放后外资银行进入中国银行业的序幕。根据加入世贸组织(WTO)承诺,中国自2006年12月11日起取消了对外资银行经营人民币业务的地域范围和服务对象范围的限制,取消了对外资银行的所有非审慎性限制。2007年银监会发布《中国银行业对外开放报告》,明确表示外资银行可根据其在中国的经营战略,按照自愿的原则选择商业存在形态,鼓励外国银行设立或者将现有分行转制为中国注册的法人银行,且外资法

现代金融理论与运作

人银行可以经营各类客户的外汇和人民币业务。①

根据银保监会公布的《银行业金融机构法人名单》,截至2018年6月底,全国共有外资法人银行41家;另外,根据银保监会公布的《外国及港澳台银行分行名单》,外国及港澳台银行分行有115家。

8. 农村金融机构

农村金融机构的主要宗旨是为当地农民、农业和农村经济发展提供金融服务。和城市商业银行一样,农村金融机构也属于中小型地方性金融机构,在获取当地中小型客户信息、解决与其之间存在的信息不对称问题等方面具有地区性优势。

农村金融机构包括下列金融机构:

一是农村商业银行,其是由辖内农民、农村工商户、企业法人和其他经济组织共同入股组成的地方性股份制商业银行。农村商业银行由农村信用社改制而来。2003年开始的一轮深化农村金融改革允许在合作制基础上积极探索股份制和股份合作制,农村商业银行和后面我们将谈到的农村合作银行便是农村信用社的两个改制方向。2011年,银监会表示将不再组建新的农村合作银行,农村合作银行要全部改制为农村商业银行。自此,农村商业银行的数量快速攀升,农信社和农村合作银行的数量则逐渐减少。

二是农村合作银行,其是由辖内农民、农村工商户、企业法人和其他经济组织入股组成的股份合作制社区性地方金融机构。上面我们已经提到,农村合作银行由农村信用社改制而来,其后又改制成农村商业银行。

三是农村信用社,其是由农民集资联合组成的,实行入股社员民主管理,以互助为主要宗旨的合作金融机构。虽然农村信用社仍是农村金融机构的重要组成部分,但经过农村金融改革后,很多农村信用社改制为农村合作银行或农村商业银行。

四是新型农村金融机构,即2006年12月银监会发布《关于调整放宽农村地区银行业金融机构准入政策 更好地支持社会主义新农村建设的意见》后,按有关规定设立的村镇银行、贷款公司和资金互助社。其中,村镇银行和资金互助社属于银行业存款类金融机构。村镇银行是在农村地区设立的,主要为当地农民、农业和农村经济发展提供金融服务的地方性金融机构,其市场定位主要是满足当地农民的小额贷款需求和服务于当地

---

① 根据《中华人民共和国外资银行管理条例》规定(第二条),依照中华人民共和国有关法律、法规,经批准在中华人民共和国境内设立的外资银行包括:1家外国银行单独出资或者1家外国银行与其他外国金融机构共同出资设立的外商独资银行;外国金融机构与中国的公司、企业共同出资设立的中外合资银行;外国银行分行;外国银行代表处。其中,外商独资银行与中外合资银行是注册于中国的法人银行,享受国民待遇,在业务资质方面受到的限制最少;外国银行分行虽可开展经营性业务,但不是注册于中国的独立法人机构,与外资法人银行相比,不具有独立承担民事义务的能力,能开展的业务也有限;外国银行代表处不仅不具有独立法人资格,也不属于营业性机构,主要从事与其代表的外国银行业务相关的联络咨询、市场调查等非经营性活动。

中小型企业;农村资金互助社是由乡(镇)、行政村农民和农村小企业自愿入股组成,为社员提供存款、贷款、结算等业务的社区互助性银行业金融机构。

根据银保监会公布的《银行业金融机构法人名单》,截至 2018 年 6 月底,全国共有农村商业银行 1311 家;农村合作银行 31 家;农村信用社 907 家;村镇银行 1593 家;农村资金互助社 47 家。

9. 财务公司

这里的财务公司指的是企业集团财务公司。其是由企业集团内部集资组建,目的是加强企业集团资金集中管理,提高企业集团资金使用效率以及为企业集团成员单位提供财务管理服务。自 1987 年 5 月中国第一家企业集团财务公司,即东风汽车工业集团财务公司成立以来,不少大型企业集团相继成立了财务公司。

根据银保监会公布的《银行业金融机构法人名单》,截至 2018 年 6 月底,全国共有财务公司 247 家。

(二) 银行业非存款类金融机构

银行业金融机构中,属于农村金融机构的贷款公司以及属于其他类金融机构的非银行金融机构(但不包括财务公司)和资产管理机构构成银行业非存款类金融机构。

1. 贷款公司

作为农村金融机构中新型农村金融机构之一的贷款公司"只贷不存",主要服务于"支农"、"支小",满足农村地区的融资需求,缓解农村融资难问题。

根据银保监会公布的《银行业金融机构法人名单》,截至 2018 年 6 月底,全国共有贷款公司 13 家。

2. 非银行金融机构(除财务公司)

银行业金融机构中的非银行金融机构(除财务公司)包括主要经营信托业务的信托公司、以经营融资租赁业务为主的金融租赁公司、为汽车购买者及销售者提供汽车金融服务的汽车金融公司、为居民个人提供以消费为目的的贷款的消费金融公司、专门从事促进金融机构间资金融通和外汇交易等经纪服务的货币经纪公司等。

根据银保监会公布的《银行业金融机构法人名单》,截至 2018 年 6 月底,中国有信托公司 68 家、金融租赁公司 69 家、汽车金融公司 25 家、消费金融公司 22 家、货币经纪公司 5 家。

3. 资产管理机构

这里的资产管理机构主要指的是金融资产管理公司。中国的金融资产管理公司是指国务院决定设立的收购国有银行不良贷款,管理和处置因收购国有银行不良贷款形成的资产的国有独资非银行金融机构。

目前，中国有4家金融资产管理公司，即中国华融资产管理公司、中国长城资产管理公司、中国东方资产管理公司和中国信达资产管理公司。中国信达资产管理公司成立于1999年4月，其他三家全国性金融资产管理公司于1999年10月相继成立。

二、非银行业金融机构

1. 保险业金融机构

保险业金融机构包括财产保险公司、人身保险公司、再保险公司、保险资产管理公司、保险经纪公司、保险代理公司、保险公估公司、企业年金等。其中，保险经纪公司、保险代理公司、保险公估公司为保险中介机构。

中国保险监督管理委员会（以下简称保监会）发布的《2017年财产保险公司原保险保费收入情况表》和《2017年人身保险公司原保险保费收入情况表》显示，63家中资财产保险公司和22家外资财产保险公司的原保险保费收入分别为10335.0亿元和206.4亿元；57家中资人身保险公司和28家外资财产保险公司的原保险保费收入分别为24105.9亿元和1933.7亿元。另外，根据保监会发布的《保险机构企业年金等受托管理业务情况表》，截至2018年3月，保险业企业年金基金法人受托管理机构共有5家，企业年金受托管理资产规模为6520.2亿元；共有7家保险机构参与企业年金投资管理，企业年金投资管理资产规模为7059.2亿元；保险业参与养老保障及其他委托管理资产的规模为6750.2亿元。

2. 证券业金融机构

证券业金融机构包括交易所、证券公司、期货公司、证券投资基金管理公司、证券投资基金托管人、证券投资咨询公司等。

中国目前有上海和深圳两家证券交易所，此外，还有其他具有金融功能的交易所，如上海期货交易所、中国金融期货交易所等。根据中国证券业协会和证监会发布的数据显示，截至2018年6月，证券公司共有131家，期货公司共有149家；另外，截至2018年8月，公募基金管理机构共有119家，证券投资基金托管人共有43家，公开募集基金销售支付结算机构共有40家，证券投资咨询机构共有84家。

第六章 公司金融

第一节 企业融资

正如第一章中所讲,企业等资金短缺者筹措资金的方法,大致可分为内部融资(亦称内源融资)和外部融资(亦称外源融资)两种。内部融资主要包括利用保留盈余(即从企业利润总额中扣除税金、董事奖金、股息等之后的所剩余额)和利用折旧基金(即对企业所拥有的房屋建筑、机器设备等有形固定资产,将其每年的损耗计入费用以便企业将来有能力进行固定资产的更新)两种方式。

另一方面,作为外部融资的具体形态,有借款、发行股票、发行公司债券、发行商业票据(CP)等方式。一般来说,通过内部融资筹措的资金(内部资金),与通过外部融资筹措的资金(外部资金)在性质上有所不同,不需要偿还,也不需要支付利息或股息,因此,对企业来说,内部融资可谓是一种最稳定且融资成本最低的融资手段。

另外,在上述融资手段之中,通过发行股票融资,即**股权融资**(equity finance)筹措的资金和内部资金(保留盈余和折旧基金)的合计称为**股权资本**(equity capital);与此相对,外部资金中通过**负债融资**(debt finance),如银行借款、发行公司债券、发行 CP 等筹措的资金称为**负债资本**(debt capital)。

表 6-1 显示了中国企业近年来的外部融资状况。企业从金融机构获得的贷款融资额、通过证券市场的债券融资额和股票融资额如图所示。

表 6-1 中国企业的融资状况　　　　　　　单位:亿元人民币

年份	贷款融资额	债券融资额	股票融资额
2008	303 395	976	3 596
2009	317 898	715	4 610
2010	366 434	1 320	10 275
2011	410 387	1 707	6 780
2012	466 801	2 101	3 823

续表 6-1

年份	贷款融资额	债券融资额	股票融资额
2013	518 584	4 082	6 885
2014	583 370	3 571	8 427
2015	657 633	21 524	29 494
2016	718 521	29 312	46 237

注：贷款融资额为金融机构的非金融企业及机关团体贷款；债券融资额为可转债、可分离债、公司债、可交换公司债、中小企业私募债的合计。

资料来源：根据中国人民银行《金融机构人民币信贷收支表》、中国证券监督管理委员会《证券市场月报》制成。

由表 6-1 可看出，按照融资规模的大小，中国企业的外部融资手段依次为贷款融资、股票融资和债券融资，其中，贷款融资具有绝对优势。我们在第二章中谈到，中国的金融体系是典型的"银行主导型"，以银行信贷为主的间接融资在中国社会融资中一直扮演着主要角色。从银行信贷在企业融资中占据的主导地位来说，中国企业的融资模式可谓是以间接融资为主的融资模式。

从增长速度来看，贷款融资额长期稳定增长，而债券融资额和股票融资额近年来呈大幅增长态势。证券市场上行政管制的减少（如发行审批程序的简化、发行条件的放宽等）、市场化约束机制的强化（如企业信息披露的强化等）、交易品种的增加等对债券和股票的发行增加有着积极影响。

伴随着证券市场融资额的扩大和融资方法的多样化，整个社会融资结构得到明显改善。大企业的融资渠道不再以银行信贷为主导，而是开始由间接融资向直接融资转变，即通过发行债券、股票等有价证券来筹资越来越普遍，而且，在海外证券市场发行债券和股票等来筹措资金的事例也明显增多。不过，对于难以通过证券市场融资的中小企业来说，其融资仍主要依赖于银行信贷。

在本节的最后，我们来看看美日两国企业部门（非金融民营企业）的融资结构。由图 6-1 可看出，经济发展水平相当的美日两国在企业的融资结构方面差异相当大：与美国企业相比，日本企业从金融机构贷款的比例远高于美国企业；反之，美国企业从资本市场融资（债券融资和股票融资）的比例明显高于日本企业。另外，从该图中，我们也能看出，中国企业的融资结构与日本企业更相似。为什么不同国家间企业的融资结构存在如此大的差异？这是一个在金融学界十分耐人寻味的问题。①

---

① 有一种解释认为国家间企业融资结构的不同源于国家间金融体系的差异。对此，详见第二章。

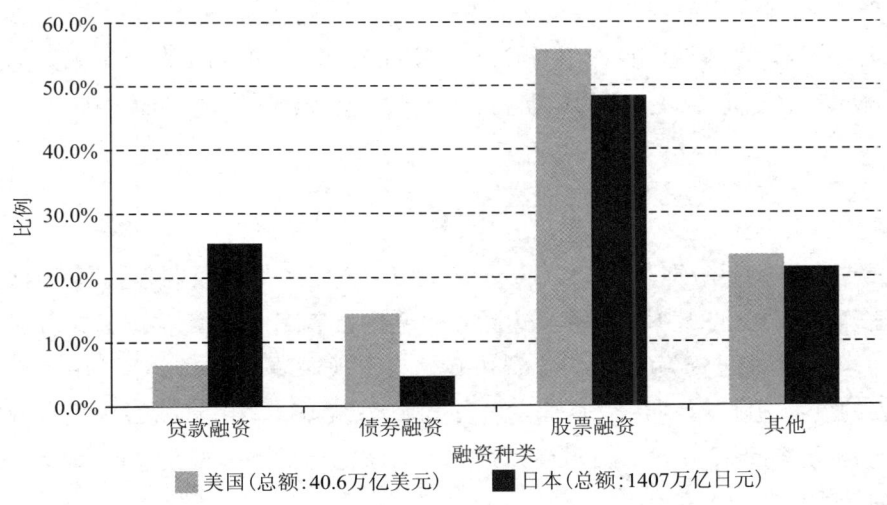

图 6-1　美日非金融民营企业的融资结构（2016 年 9 月末）
资料来源：根据日本银行《资金循环的日美欧比较》制成。

第二节　投资的决定

企业融资的方法多种多样，企业通过这些方法筹措来的资金大致用来作为营运资金和设备资金。

营运资金，指的是企业在一定设备条件下，为保证生产与营业活动的正常运行所需的资金。对制造业来说，营运资金是在生产期间所需的短期资金；对非制造业来说，营运资金是从进货到销售结束这一期间所需的短期资金。通常，营运资金用于购买原材料和商品、调整库存、支付工资等方面。

与此相对，设备资金，指的是企业为扩大将来的生产能力、节约劳力成本、生产新产品购入机器设备（即设备投资）所需的资金。与营运资金相比，设备资金具有长期资金的性质。

对于持续进行生产经营活动的企业，即**持续经营**（going concern）企业来说，一方面要制定每期的生产或营业计划，另一方面，还必须不断对未来进行预测并制定相应的投资计划。在制定投资计划时，对企业来说最大的问题是：①进行多少设备投资为最佳；②用什么方法来筹措设备投资所需的资金。

第一个问题，即企业的投资决定，作为宏观经济学的中心命题为人们所熟知。简单地说，使**投资边际效率**（MEI：marginal efficiency of investment）与该投资的融资成本（即利率）相等的投资额，便是该企业应实施的最优投资额。所谓"投资边际效率"，就是新增一

单位的投资所带来的新增利润,其定义如下:

假设现在新增的投资项目费用为 C,由该投资项目产生的第 1 期至第 n 期的预期利润为 $Q_1,Q_2,\cdots,Q_n$,那么该投资的预期利润率(p)可由式(6-1)推导而出:

$$C = \frac{Q_1}{1+p} + \frac{Q_2}{(1+p)^2} + \cdots + \frac{Q_n}{(1+p)^n} \quad (6-1)$$

由于 p 是向该投资项目新增加 C 数量的投资资金时每期的预期利润率,因此我们可以把 p 理解为投资边际效率。若投资边际效率超过利率,则可判断实施该投资对企业有利。另外,随着企业投资额的增加,投资边际效率出现递减,这在图 6-2 中表现为向右下方倾斜的投资边际效率曲线 EE。①当投资边际效率与利率相等时,最优投资额即被决定。也就是说,图 6-2 中,由于投资额为 I^* 时,投资边际效率等于利率 r,因此,I^* 为企业应实施的最优投资额。

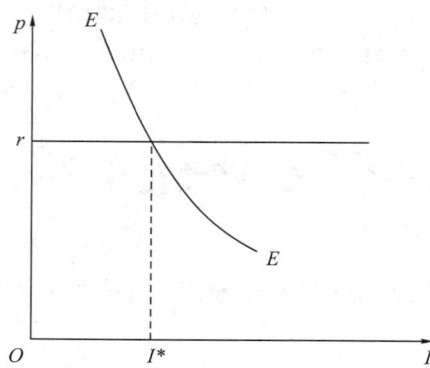

图 6-2 投资边际效率曲线与投资的决定

资料来源:在 Furukawa[2014b]图表 6-2 的基础上加工制成。

下面,我们换个角度来对上述观点加以说明。如果假设每期的利率(r)从现在到将来保持不变,那么,投资额 C 带来的预期利润的折现值 V,可由下式来表示:

$$V = \frac{Q_1}{1+r} + \frac{Q_2}{(1+r)^2} + \cdots + \frac{Q_n}{(1+r)^n} \quad (6-2)$$

将式(6-1)和式(6-2)加以比较,可以发现,若 $p=r$,则 $V=C$。也就是说,投资边际

---

① 导致投资边际效率(投资的预期利润率)递减的原因可从以下三个方面来考虑:第一,投资额的增加有可能导致机器设备等资本品价格的上涨,从而增加企业的投资成本,使投资的预期利润率下降;第二,投资额的增加还有可能导致企业产量或相同行业中同种产品数量的增加,增加市场中该产品的供给,使该产品的预期价格下跌,进而使投资的预期利润率下降;第三,随着企业投资额的扩大,企业有可能会投资于利润率较低的投资项目。

效率与利率相等,意味着投资预期利润的折现值(V)与进行该投资需付出的资金现值(C)相等。因此,当投资预期利润的折现值超过该投资所需资金现值时,说明该投资有利可图,可进行投资。

由此可见,企业在决定是否投资,换句话说,在实物资产和金融资产之间进行资产选择(决定是将资金用于购买实物资产还是将资金投资于金融资产)时,利率是重要的判断依据。可以说,利率既是持有货币的机会成本,也是持有实物资产(即投资)的机会成本。企业决定投资时,利率就是企业必须获取的利润率的下限,相当于**资本成本**(cost of capital)。

一般来说,资本成本指的是股东等资本提供者(投资者)对所提供资本所要求的最低投资回报,即投资收益率。而且,在下面**完美资本市场**(perfect capital market)的假设下,企业筹措资金时所需支付的资本成本等于利率:

(1)投资者可以在金融市场自由地进行套利活动。
(2)对于投资者来说,信息是完全的,且不存在信息不对称性。
(3)税金、手续费等交易成本为零。

第三节 完美资本市场假设与 MM 理论

假设企业已做出有关投资额的决定,那么,通常接下来企业需要考虑的问题便是该如何筹措投资所需的资金。具有经济合理性的企业,一般都会去选择能使资本成本(换言之,融资成本)最小化的融资手段或融资手段组合。美国经济学家弗兰科·莫迪利安尼(Franco Modigliani,1918—2003)与默顿·米勒(Merton H. Miller,1923—2000)在其划时代的论文(Modigliani and Miller [1958])中对企业该如何筹措投资所需资金的问题给出了解答。人们取两人姓氏的字头将其理论略称为 **MM 理论**(modigliani-miller theorem),该理论构成了现代公司金融理论的基础,两位学者因此分别获得 1985 年和 1990 年的诺贝尔经济学奖。

MM 理论的结论是:在完美资本市场的假设下,对企业来说,无论是内部融资还是外部融资,无论是股权融资还是负债融资,均毫无差别,即企业的资本成本并不依赖于企业选择何种融资手段。

下面,我们就用简单的例子来对 MM 理论加以说明。假设现有 U 和 L 两个企业,收益相等(设其为 X),但其融资方法不同。企业 U 无负债,仅靠发行股票来融资;企业 L 通过发行股票和债券(债券利率为 r)来融资。若用 V 来表示企业价值(股票市值和负债市值的合计),用 E 来表示企业的股票市值(所发行股票的价值),用 D 来表示企业的负债市值(发行的债券的价值),那么,企业 U 的企业价值等于其股票市值,即 $V_U = E_U$;企业 L 的企业价值等于其股票市值与负债市值的合计,即 $V_L = E_L + D_L$。

现代金融理论与运作

在这里,我们假设投资者有两种投资选择:第一种投资选择是购入 $\alpha(0<\alpha<1)$ 单位的企业 U 股票,这时,其投资额为 αV_U,另外,从该投资可获得的投资收益假设为 αX;作为替代性的投资战略,第二种投资选择是分别购入 α 单位的企业 L 股票和企业 L 债券。由于债券利率为 r,因此,在该项投资中,从债券获得的投资收益为 $\alpha r D_L$,另外,我们假设从股票获得的投资收益为 $\alpha(X-rD_L)$。进行第二种投资选择,即同时持有企业 L 股票和债券时的投资额与投资收益如表 6-2(a)所示。

表6-2(a) 同时持有企业 L 股票和债券时(第二种投资选择)的投资额与投资收益

种类	投资额	投资收益
债券	αD_L	$\alpha r D_L$
股票	αE_L	$\alpha(X-rD_L)$
合计	$\alpha(D_L+E_L)=\alpha V_L$	αX

资料来源:在 Furukawa[2014b]图表 6-4(a)的基础上加工制成。

在上述假设下,我们可以推导出第一种投资选择(只持有企业 U 的股票)和第二种投资选择(同时持有企业 L 的股票和债券)的投资收益相同。在完美资本市场中,对于带来相同投资收益的投资必须给予相同的市场评价,因此,$\alpha V_U=\alpha V_L$。也就是说,无负债企业的企业价值(V_U)和负债经营企业的企业价值(V_L)最终将相等。如果投资者可自由进行套利交易,当 $V_U>V_L$ 时,投资者将在市场上卖出企业 U 的股票,并用所得资金购买企业 L 的股票和债券,通过这样的套利交易,投资者可获得 $\alpha(V_U-V_L)$ 的收益。而且,投资者的套利交易将促使企业 U 的股价下跌,企业 L 的股价上涨,从而最终使 $V_U=V_L$。

接下来,我们假设投资者有以下两种投资选择:第一种投资选择是购入 α 单位的企业 L 股票,这时,其投资额为 $\alpha E_L=\alpha(V_L-D_L)$,且从该股票投资可获得的投资收益假设为 $\alpha(X-rD_L)$;作为替代性的投资战略,第二种投资选择是以利率 r 借入数量为 αD_L 的借款,并用于购入 α 单位的企业 U 股票,即投资额为 αV_U,另外,假设从该投资可获得的投资收益为 αX。这时投资者的投资额与投资收益如表 6-2(b)所示。

表6-2(b) 通过借款购入企业 U 股票时(第二种投资选择)的投资额与投资收益

种类	投资额	投资收益
借款	$-\alpha D_L$	$-\alpha r D_L$
股票	αV_U	αX
合计	$\alpha(V_U-D_L)$	$\alpha(X-rD_L)$

资料来源:在 Furukawa[2014b]图表 6-4(b)的基础上加工制成。

在这种新的投资选择假设下,我们仍然可以发现,第一种投资选择(只购入企业 L 的股票)和第二种投资选择(通过借款购入企业 U 的股票)的投资收益相同。由于在完美资本市场中,对于带来相同投资收益的投资必须给予相同的市场评价,因此,$\alpha(V_L - D_L) = \alpha(V_U - D_L)$。由此可知,无负债企业的企业价值和负债经营企业的企业价值相等,即 $V_U = V_L$。换句话说,只要投资者能按照跟企业同样的借款条件(借款利率均为 r)获得借款,那么,在投资者的套利交易下,两家企业的企业价值最终将相等。

综上所述,在完美资本市场的假设前提下,不管是通过股权融资(发行股票等),还是通过负债融资(银行借款或发行债券等),或者是通过股权融资与负债融资的组合来筹措投资所需资金,企业价值不会改变,换句话说,企业价值不受融资手段的影响。

由于企业的资本结构是企业筹资组合的结果,反映企业的股权资本(自有资本)和负债资本的构成,因此上述结论成为 MM 理论中的中心命题——"企业价值与其资本结构无关"。

企业价值最终决定于该企业的实物投资,而正如本章第二节说明的那样,企业的投资由投资边际效率与企业在金融市场筹措资金时所需支付的资本成本共同决定(当投资边际效率与资本成本相等时,企业的最优投资额即被决定)。换言之,企业价值(企业的投资)与企业的资本成本紧密相关。要提高企业价值,只有一个办法,就是实施投资边际效率高于资本成本的投资项目。

因此,若资本成本与企业价值有关,而企业价值又与融资手段无关的话,那么,我们可以推出 MM 理论中的另一中心命题——"企业的资本成本与其融资手段无关"。

第四节 资本市场非完美性与代理成本

一、代理问题

"企业的资本成本与其融资手段无关"这一 MM 理论的中心命题,给传统的公司金融理论带来了革命性变化,但其也存在问题,那就是该命题是以信息的完全性为前提,而且忽视了税金、手续费等交易成本的存在。这里所说的信息的完全性,指的是外部资金的提供者不需花费任何成本便能收集到与融资者有关的所有信息。信息的完全性是完美资本市场的具体体现。

这种资本市场完美性的假设与现实世界之间有着很大的差距。譬如,企业在筹措资金时,现实上受到税金、手续费等交易成本的影响,而且,投资者若想收集与企业相关的信息,不仅需要投入大量的时间、精力等非金钱成本,也需花费高昂的金钱成本,更不要说收集到所有信息了。若考虑到这样的交易成本和信息问题,那么,根据融资方法的不同,企业的投资行为及资本成本将有可能产生差异。下面,我们就来重点探讨一下信息问题存在时企业的融资问题。

股份有限公司代表的现代企业,由经营者、股东、债权者、员工、客户等众多经济主体构成,他们各自的利益目标未必一致。构成现代企业的这些经济主体间的关系可以理解为是一种**委托代理关系**(principal-agent relationship)。这里的委托代理关系指的是一种契约关系,一般来说就是**委托人**(principal)将自己权限的一部分或全部委托给**代理人**(agent),让其从事特定的工作,然后双方对工作成果按事先的约定加以分配。股东和经营者,经营者和员工,或者债权者和经营者之间的关系都可看作是一种委托代理关系,前者为委托人,后者为代理人。在这个意义上,我们可以将企业理解为各方利益相关者之间**契约关系的联结**(nexus of a set of contracting relationship)。

在企业的委托代理关系中,很多情况下,委托人和代理人的利害关系一致,双方协调行动以争取获得最大成果,但是,两者之间也有可能出现利益的背离,发生所谓**利益冲突**(conflict of interest),其结果将给生产和投资活动带来负面影响。这种企业各方利益相关者之间的利害对立,称为**代理问题**(agency problem),而由于代理问题所导致的企业价值的减少或企业生产效率的降低,称为**代理成本**(agency costs)。

企业通过股权融资和负债融资时,会产生不同的委托代理关系,随之产生不同性质的利益冲突和不同内容的代理成本(Jensen and Meckling [1976])。①下面,我们将对此加以详细讲解。

二、利益冲突与代理成本

1. 股东与经营者之间的利益冲突

现代企业,特别是大企业,很多都采取股份有限公司的公司形态。这些企业有一个共同特点,那就是一方面其股票被众多股东分散持有,另一方面,其经营由几乎不持股(没有公司股权)的专业经营者来进行。这种**所有和经营的分离**(separation of ownership and control),很容易导致股东和经营者之间利益的不一致,甚至导致利益冲突的产生。之所以这样说,是因为正如下面我们要具体讲到的那样,股东(委托人)和经营者(代理人)的目标、动机等不相一致,股东以股东权益最大化为目标,经营者则以自身利益最大化为目标,双方之间容易产生代理问题。

通常,经营者如果积极努力经营,那么企业业绩可望提升,企业价值(股价)可望增加。当然,这对股东来说是很理想的。然而,对经营者来说,为提高经营活动水平做出努力的过程很艰辛,有可能会给其带来负效用。另外,一般来说,经营者比股东更在乎企业规模的扩大。这是因为,第一,规模的扩大有可能给经营者带来更高的报酬;第

---

① Jensen and Meckling [1976] 对股权融资和负债融资中的委托代理关系和代理成本做出了开创性研究。

二,企业规模的扩大,将使经营者的控制支配欲得以实现,扩大其权利基础;第三,企业规模的不断扩大将带来经营者社会地位的提升。而这些由企业规模的扩大所带来的效应往往会通过货币或者非货币性的在职消费形式(如,为自己修建豪华办公室、购置高级专用车、录用多名秘书等),诱发经营者满足私欲(无法增加股东财富)的行为,即引发道德风险。

　　股东和经营者之间产生这种利益冲突时,若股东能够完全监控经营者的行为,则代理问题不会很严重。譬如,股东一旦发现经营者的行为有损股东利益时,可采取在股东大会上提出异议、让经营者"下课"等行动,以此来维护自身作为股东的利益。但是,现实世界中由于"所有和经营的分离",股东(企业外部投资者)和经营者(企业内部人)之间存在着信息不对称。也就是说,经营者比股东拥有更多的关于企业经营状况、投资机会等内部信息,而且对每个股东来说,时刻监督经营者、完全正确把握企业的经营内容是不可能的。在这种情况下,**内部人控制**(insider control)问题容易产生,即经营者有可能成为企业的实际控制人,并以损害股东利益为代价而追求自身利益,换句话说,企业经营中容易出现将经营者利益置于股东利益之上、优先考虑经营者利益的倾向。

　　如果我们假定,身为企业外部投资者的股东和企业内部人的经营者之间存在着上述的利益冲突,那么,该企业在通过发行股票筹措资金,即实行股权融资时,容易发生由两者间的利益冲突而导致的代理问题,譬如,经营者会把资金用于前面提到的修建豪华办公室等"非生产性活动"中或者进行低效投资。由此导致的企业价值的低下,便是发行股票时的代理成本。

　　另外,投资者和经营者之间的信息不对称还会通过股价形成机制来影响企业的股权融资。如果身为企业外部人的投资者拥有和经营者同等程度的有关企业投资项目收益性的信息,那么,该企业的股票在资本市场上应该会得到公正的评价,即股价会处于适当价位。但是,如果投资收益性为只有经营者知晓的内部信息,而且,企业投资项目的收益性实际上非常低,那么,该企业的股价就有可能被市场高估。当股价被高估时,发行相同数量的股票可筹措到更多的资金,因此发行股票来筹措资金就比较容易。不过,将通过发行股票筹集到的资金用于投资项目,且其收益性之低一旦被投资者知晓,其结果自然是股价的下跌。反之,尽管企业投资项目的收益性非常高,但企业外部的投资者对此并不知晓时,企业的股价将有可能被市场低估。这时,企业就不得不放弃通过发行股票来筹措资金。

　　我们再来设想一下与经营者相比处于信息劣势(对哪家企业有何种投资机会不知晓)的投资者将企业是否发行股票进行融资作为判断企业价值的信号,并基于此信号进行投资决策时,将会出现何种情形。当投资者将企业发行股票理解为该企业的投资项目收益性低、股价被市场高估的信号时,只要投资者是理性投资者,他们就会对企业发行股票做出负面反应,不购买或仅购买少量的股票。在这种情况下,即使是收益性优良的企业发行股票融资,也有可能会被市场误解为是投资项目收益性低的企业,从而导致其股价被低估、所筹资金低于预期等不良结果,增加企业的融资成本。这种由信息不对称的信号效应导致的企业融资成本的增加,也属于股权融资的代理成本。

2. 债权者和经营者的利益冲突

企业从金融机构借款或发行公司债券,通过负债的形式来筹措资金时,金融机构、债券投资者等债权者和身为债务人的企业之间也会产生代理问题。在这里,为简单起见,我们假定经营者和股东是企业的内部人,两者的利益关系一致,也就是说,在下面的论述中,我们把股东和经营者看成一体,不考虑其间的代理问题。

在为企业经营活动提供资金这一点上,金融机构和债券投资者等债权者和股东是一样的,不过,从委托代理关系的角度来看,债权人和股东有着很大的不同:债权人是不直接参与企业经营、将自己的资金委托给股东(经营者)的委托人;而股东可看作是能自由使用债权人所提供资金的代理人。

股东和债权人,在所拥有的请求权的性质上也有很大的差异。股东所拥有的请求权正如被称为"剩余资产分配索求权"那样,当公司破产或清算时,若其资产在清偿完公司债务之后仍有剩余,该剩余资产归全体股东所有,股东有权主张剩余资产分配权,即要求按照出资比例对该剩余部分进行分配。不过,在以有限责任为基础的股份有限公司的公司形态中,剩余资产如果为负,则可看作为零。也就是说,在有限责任制下,股东的负担不会超过其出资额。

与股东相比,债权人所拥有的请求权是要求企业按照预先约定好的方式还本付息,而且还本付息的金额固定,与企业收益的多寡无关。当企业无力偿债时,债权人将负担所贷款项的一部分或全部损失。具体来说,对金融机构来说,其所贷款项将成为坏账;对债券投资者来说,该项债券投资以失败告终。

股东和债权者之间在请求权上存在的这种差异,将会提高股东从事高风险投资的动机,导致企业选择风险相对较高的投资项目。为什么会这样呢?成功率虽低,可一旦成功便可获得高收益的投资项目(即高风险高收益型投资项目)成功时,投资收益超过债权人要求的还本付息固定金额的部分,即剩余收益归股东所有,而且,由于投资项目成功是利好,因此,股东还能通过企业股票价格的上涨分享到更多的投资回报。与此相对,不管企业从成功的投资项目中获得多大的收益,债权者的收益都是固定不变的,即预先约定好的还本付息金额;当投资项目失败时,由于有限责任,股东的损失以其出资额为限,而债权人将承担企业无法还本付息所造成的损失,且该损失无上限。因此,股东往往喜欢选择高风险性的投资项目。企业通过负债形式融资时债权人所面临的诸如此类的问题通常被称为**资产替代问题**(asset substitution problem)或**风险转移问题**(risk shifting problem)。不难发现,资产替代问题或风险转移问题的根源就在于股东与债权人之间的利益冲突。特别是当企业的负债金额很大时,股东与债权人之间的利益冲突会变得激烈,股东"赌一把",即选择高风险性投资项目的动机会加强。当企业(借款人)将风险低的投资项目换成风险高的投资项目时,收益将由债权人转移至股东(或可理解为股东从债权人处掠夺收益),因此债权人蒙受损失的可能性将增加。另外,值得注意的是,身为企业外部人的债权人越无法有效监督企业经营,债权人蒙受损失的可能性也就越大。

理性的债权人会考虑到企业(借款人)这种道德风险或风险偏好动机,因此会向借款人要求提高贷款利率或公司债券收益率,或者向借款人提出严格的**财务限制条件**(covenants),譬如,特别约定保持净资产不变或限制股息支付额的增加或让借款人保证获取一定数额以上的收益等。这种提高利率、设定严格的财务限制条件的做法所导致的企业价值的减少,便是负债融资的代理成本。这种代理成本最终要由身为借款人的企业(股东)承担。

三、融资的优先顺序

如前所述,企业从外部融资时,不管是发行股票(增资),还是发行债务(从金融机构贷款或发行公司债券等),都无法避免代理成本的产生。因此,公司金融领域有一个理论认为,由于代理成本的存在,根据企业融资方法的不同,企业面临的资本成本会不同,因此企业在融资时存在**融资优先顺序**(financing hierarchy)。该理论通常称为**融资优先顺序理论**(financing hierarchy theory)或**啄食顺序理论**(pecking order theory),目前该理论已被广泛接受。据说,该理论的名称来自小鸟啄食按好吃的顺序(最好吃的先吃)这一自然现象,从而表示企业在筹措所需资金时,也是存在一定的优先顺序。具体来说,就是优先选择内部融资,然后选择外部融资,而在外部融资中,又优先选择银行借款,然后选择发行股票(Myers〔1984〕;Myers and Majluf〔1984〕)。

根据该理论,企业优先选择内部融资(即保留盈余和折旧基金等内部资金)的理由是,企业通过发行股票、借款等外部融资方式筹措资金时,由于代理问题的存在,资本成本高;与此相对,内部融资时可以不用考虑代理成本,故而,对企业来说,内部融资可视为资本成本最低的融资方法。反之,外部融资时,对自己不太了解的企业,外部投资者容易低估其股价或者提出较高的公司债券利率要求,银行也或许会要求较高的贷款利率或惜贷,从而增加企业的资本成本。

内部资金之后的第二个选择,是银行借款。其理由是,与发行股票筹措资金相比,银行借款的代理成本较低。企业从银行借款,不仅仅是接受银行提供的资金,还意味着要受到银行监督(关于银行等金融中介机构在减轻信息不对称以及生产信息方面的功能,参见第五章第二节)。当银行对借款人(企业)进行监督时,企业经营者为了追求自身利益而损害银行利益(道德风险)的可能性将降低。因此,从银行借款时的代理成本比没有银行监督时(如发行股票)低。

现代金融理论与运作

与此相对,通过发行股票筹措资金时,因为没有像从银行借款时的监督机制,代理成本最高,对企业来说,股权融资就成为优先顺序最低的融资方法(在这里,为简单起见,我们假定发行公司债券等银行借款以外的负债融资与股权融资具有同样效果。)

如上所述,如果假设企业的资本成本反映代理成本的大小,且按内部资金、银行借款、发行股票(或发行公司债券等银行借款以外的负债融资方式)的顺序递增,那么,企业在进行投资的时候,具有经济合理性的融资方法是,尽可能筹措成本相对较低的资金,即按照内部资金＞银行借款＞股权融资的优先顺序来融资。关于这一点,请看图6-3。

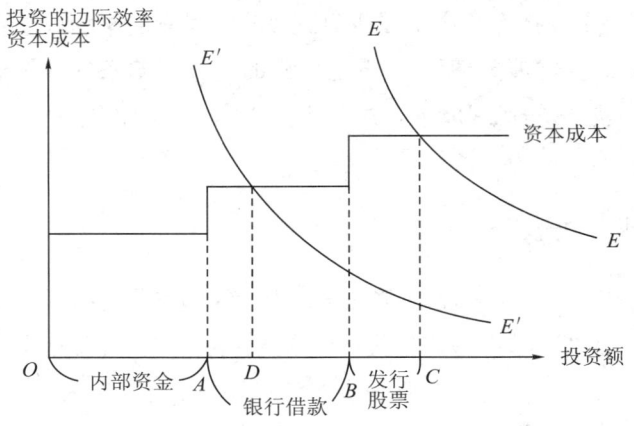

图6-3 融资的优先顺序

资料来源:在 Furukawa[2014b]图表6-3的基础上加工制成。

图6-3的横轴表示公司投资额和融资额,纵轴表示投资边际效率以及不同融资手段的资本成本。EE 曲线是投资边际效率曲线。另外,阶梯式的曲线表示与融资手段相对应的资本成本。如同之前说明的那样,资本成本按照内部资金、银行借款、发行股票的顺序递增。

现在,假定某企业的投资边际效率曲线处在图6-3中所示位置,而且该企业可利用的融资手段和与各融资手段相对应的资本成本的高低也如该图所示,那么,该企业的最优投资额就是与 EE 曲线和资本成本曲线的交点对应的 OC 所示金额。因此,对该企业来说,具有经济合理性的融资方法是,先把 OA 部分的内部资金用于投资,其次,从银行获得 AB 部分的借款,最后,不足资金 BC 部分通过发行股票来筹措。

如果该企业的投资边际效率曲线如 $E'E'$ 所示,那么,对其来说,进行 OD 部分的投资,且所需资金用内部资金和 AD 部分的银行借款来筹措是理性选择。

综上所述,如果充分考虑到资本市场的非完美性,那么,我们就会得出和以资本市场的完美性为前提的 MM 理论截然不同的结论,即企业融资时存在一定的融资优先顺序。

第五节　企业融资与公司治理

企业用什么样的融资方法来筹集投资和生产活动所需的资金？关于这个企业融资问题，仅从资本成本的角度（即哪种融资方法的资本成本最低）来考虑是不够的。企业融资与公司治理之间的关系也是思考该问题时非常重要的视角。通常，公司治理在不同的领域有不同的解释，内容比较宽泛。广义地来说，可将其解释为：对生产和投资等企业经营活动进行监督，在企业所有利益相关者中对企业经营进行制衡的机制。不过，若从企业融资的角度来说，按照 Shleifer and Vishny［1997］的解释，"公司治理是解决如何让企业的全部资金提供者能确保从投资中获得回报的办法"。①下面，我们就按照企业融资方式，即股权融资（发行股票）和负债融资（银行借款和发行债券），来分别对其中的公司治理进行论述。

一、股权融资和公司治理

企业股东（委托人）对经营者（代理人）行为的监督与制衡机制，大致可分为两种：一种是行使股东权，直接控制企业经营；另一种是通过资本市场，间接控制企业经营。

前者指的是当企业经营者进行低效生产和投资时，股东在股东大会上行使表决权（投票权），从而进行董事的遴选和更换或对现任经营者提出特定要求，以此来管控企业经营。

与此相对，后者指的是，当股东对现任经营者行为不满时，在市场上出售所持有的股票，从而使股价下跌，以此来向经营者传达股东对企业经营状况的负面评价。譬如，对于收益率低或成长性低的企业，如果股东在市场上抛售其股票，其股价将下跌，从而导致企业从资本市场筹措资金的成本增大。为避免这样的事态发生，企业就必须努力提高经营效率，改善财务状况。这就是所谓"市场对企业的治理"（通过股票的市场评价来监督与制约经营者行为）的基本机制。

这种依靠资本市场向企业经营者施加外部压力、监督制约其行为的另一个具体做法是通过 TOB（股票公开收购）进行**敌意收购**（hostile takeover），即收购方在未经被收购企业董事会允许的情况下强行进行收购，收购成功后对被收购企业经营管理层进行重组和裁员。这将对企业经营形成制衡和压力。所谓 TOB，指的是收购方为获得目标企业经营控制权，向目标企业股东公开发出收购要约，承诺在一定期间内以高于收购前股票市价

---

① 原文为："Corporate governance deals with the ways in which suppliers of finance to corporations assure themselves of getting a return on their investment."

的价格收购目标企业一定比例的股份,并依此大量购进目标企业股票的方法。如果根据该方法能收购到足以支配目标企业经营控制权的股票数量,即成为控股股东的话,那么,收购方就可对被收购企业实施管理层重组、变更经营方针、大量裁员等措施以提高企业业绩。值得一提的是,企业通过 TOB 被敌意收购的潜在可能性也会产生激励经营者改善经营效率、提高经营业绩的效果。

比较股东行使表决权来监督经营者和依靠资本市场来监督经营者两种做法,我们可以发现,前者可理解为是现有股东通过"用手投票"对经营者直接表达自己的意见、直接约束经营者行为;与此相对,后者则可视为现有股东在资本市场上通过"用脚投票"从该企业退出、间接约束经营者行为。因此,可以说,在股权融资中,股东通过"用手投票"和"用脚投票"这两种方法,来确保对经营者的监督约束和公司治理的有效进行。

不过,需要指出的是,股权融资中股东对经营者进行监督的这两种方法,其有效性均有前提。股东行使表决权这种直接监督约束的方法能否有效发挥作用,**股权集中度**(ownership concentration)是重要因素。一般认为,股权相对较集中时,股东对企业经营的直接监控更能有效发挥作用。之所以这样说,是因为大量持有股票、所占股份比率高的股东(即大股东)是企业的主要投资者,与中小股东相比,其在获取企业内部信息、监督约束企业经营等方面具有更大的发言权和议价能力,且企业经营效率的提高将会给其带来更多的投资收益,因此持股集中的大股东更有动机和能力去监督经营者执行有利于股东权益最大化的经营决策,具有更大的诱因来行使表决权、参与公司治理。反之,当股权相对较分散时,由于各个股东所占股份比率较低,即使企业经营业绩有所提高,其从中可获取的收益较少,不足以抵消其在监督企业经营活动上所花费的成本,这时很容易出现"**搭便车问题**"(free rider problem),即各个股东都希望其他股东去监控企业经营,从而自己可"免费"享受企业业绩改善的好处。因此,股权分散容易导致股东缺乏足够的诱因来监督企业经营、约束经营者行为、行使表决权,从而造成股东对企业的监控不力、"用手投票"的直接约束机制弱化。不过,值得注意的是,股权过于集中也会产生弊端。譬如,容易导致董事会和股东大会受少数大股东控制、广大中小股东利益受到侵蚀和危害(大股东利用自己的优越地位为自己谋取利益而牺牲中小股东的利益)、大股东与经营者私下联手共谋利益等问题。

另一方面,企业股票的发行上市、在市场上自由买卖、公正合理的价格形成机制等则是"市场对企业的治理"有效运作的前提。股票市场的基本功能是利用股票价格的信号机制来实现资源的最优配置:通过发出股价信号来引导稀缺的资本投向企业或者从企业退出。为了提高股票市场的资源配置效率,并有效发挥市场机制对企业的治理作用,股票市场具备准确、合理、真实的价格信号至关重要。

下面我们来谈一谈中国企业的股权融资和公司治理。1999 年 9 月召开的中共中央十五届四中全会明确指出公司治理的重要性:"公司法人治理结构是公司制的核心。要明确股东会、董事会、监事会和经理层的职责,形成各负其责、协调运转、有效制衡的公司法人治理结构",并提出"提高直接融资比重"、"要完善股票发行、上市制度,进一步推动证券市场健康发展"等促进股权融资的方针(《中共中央关于国有企业改革和发展若干重大问题的决定》)。经过多年的努力,中国企业的公司治理取得了显著进展。譬如,通过股权分置改革,长期困扰中国证券市场发展、阻碍公司治理机制有效运作的股权分置问题得到解决,中国上市公司的股权结构发生了重大变化,上市公司的公司治理效率得到了改善。

股权分置,指的是上市公司的股本被分为上市流通的部分(流通股)和不上市流通的部分(非流通股,大多为国有股和法人股),体现了国有企业在股份制改造中明显的"双轨"特征。①张亦春、孙君明[2009]的研究结果表明,股权分置改革之前的2003年,中国上市公司的非流通股约占总股本的三分之二(63.82%),国有股和法人股占非流通股的绝对比重(国有股:36.36%;境内法人股:14.81%;境外法人股:1.22%),且股权集中度过高(第一大股东持股比例均值为43.48%;前五大股东持股比例均值为58.76%)。这种不合理的股权结构不可避免地引发了诸多公司治理上的缺陷,如不同类型股东间出现利益冲突、委托代理问题恶化、内部人控制问题严重、直接与间接监督约束经营者的机制均弱化、政企不分、大股东侵占中小股东利益等。另外,由于占绝对支配地位的国有股和法人股不能上市流通,导致大股东乃至上市公司本身对股价的涨跌漠不关心,这也扭曲了资本市场真实的供求关系和定价机制,并导致TOB无法产生,从而削弱了资本市场对公司的治理。

为了改善上市公司的股权结构、提高其公司治理效率,2004年1月,国务院发布《国务院关于推进资本市场改革开放和稳定发展的若干意见》,明确提出"积极稳妥解决股权分置问题";2005年4月,证监会发布《关于上市公司股权分置改革试点有关问题的通知》,启动了股权分置改革试点工作;2005年8月,证监会、国资委(国务院国有资产监督管理委员会)、财政部、中国人民银行、商务部联合发布《关于上市公司股权分置改革的指导意见》;接下来的9月,证监会发布《上市公司股权分置改革管理办法》,由此,股权分置改革工作全面展开;从2006年6月开始,非流通股陆续进入股票流通市场,至2011年,中国股票市场逐步实现了全流通。而且,股权分置改革以后,股权集中度过高的问题也得到了一定的改善。因此,可以说,股权分置改革有利于之前提到的股东对企业经营的直接监督("用手投票")与间接监督("用脚投票"),对中国上市公司公司治理的改善有着积极的意义。

---

① 中国股票市场建立与发展与国有企业改革息息相关,详细请参见林义相[1999]、王凌[2001]、刘慧龙、吴联生、肖泽忠[2014]等。

二、负债融资与公司治理

对经营者的监督除了来自股东以外,也来自债权者。一般来说,从金融机构借款以及发行公司债券等负债融资具有提高企业经营效率、约束企业经营的效果。下面,我们就来具体说明一下其中的原因。

现在,假定企业通过负债融资,并用所筹资金进行投资。当经营顺利时,企业能够支付事前约定好的利息,并在约定好的还款期限偿还所借资金。但是,如果企业业绩不佳,出现破产,那么其将陷入无法还本付息的境地,从而导致企业经营权移交给债权者。这时,债权者将以种种形式介入企业经营,譬如,更换经营者或进行裁员等。为避免这种事态的发生,经营者必须不断努力提高经营效率,以确保获得足以还本付息的收益。如此所示,从能够激发经营者做出经营努力这一点上来说,债务负担具有激励效应。

不仅如此,负债融资还具有另一种效应,即减少企业的**自由现金流**(free cash flow),从而约束经营者将自由现金流浪费在低效投资上的行为(Jensen[1986])。所谓"自由现金流",指的是"满足全部净现值(以相应的资本成本折现的折现值)为正的项目之后所剩余的现金流"。① 换句话说,企业用在一定时期内通过经营活动产生的现金流(利润和折旧基金的合计)进行了所有可盈利的投资项目之后的剩余现金流。一般来说,自由现金流越多,能够支付给股东的股息越多,但是,由于经营者与股东间的委托代理问题,经营者往往缺乏诱因将自由现金流支付给股东,而有可能将其收于己用(用于个人目的)或者用于不能盈利的投资项目,从而造成企业资金的浪费和股东价值的受损。这就是自由现金流过多所导致的代理成本。当企业有债务时,企业的收益必须优先用来偿还债务,因此,债务能够通过给企业施加偿债压力来硬性约束经营者浪费企业内部资金的行为(譬如,一味追求企业规模的扩大、增加不必要的非生产性开支、进行低效投资等),从而降低自由现金流带来的代理成本。与此相对,股权融资时,由于向股东支付股息不具备强制力(在企业经营状况不佳的情况下,可不分派股息),所以,通过减少企业的自由现金流来约束经营者行为的效果没有负债融资那么强。换言之,用发行股票来筹措资金时,企业可以和投资者(股东)共同分担投资项目失败的风险,而通过负债筹措资金时,该风险全部由企业自己负担。因此,我们可以说,股权融资是对经营者行为的"软约束",而负债融资则是对经营者行为的"硬约束"。

银行借款和公司债券虽然都是具有代表性的企业负债形式,但两者是有显著区别的。其最主要的区别在于借款期间企业是否接受债权人的直接监督。具体来说,从借款人(资金需求者)来看,银行借款可视为"受债权人(银行)直接监督的负债";而公司债券

---

① 原文为:"Free cash flow is cash flow in excess of that required to fund all projects that have positive net present values when discounted at the relevant cost of capital."

可视为"不受债权人(投资者)直接监督的负债"。或者从贷款人(资金提供者)来看,根据可获取的企业内部信息的多寡和难易程度,可以把银行借款看成**内部负债**(inside debt),把公司债券看成**外部负债**(outside debt)。在这里,内部负债指的是"债权人可获得有关企业经营决策的非公开信息的负债";而外部负债指的是"债权人根据企业的公开信息进行交易的负债"。银行借款,总体上来说,是短期融资。银行可以通过**借款展期**(roll-over),即对快到期的借款进行延期,来对企业进行持续性的监督和约束。与此相对,发行公司债券一般属于长期融资,即便在债券发行时企业接受承销机构(证券公司)和信用评级机构的严格审查,可一旦债券发行了,债权人,即投资者则无法直接监督约束该企业的经营。

不过,发行公司债券融资时,可通过发行企业的**声誉**(reputation)来间接监督、约束企业经营。也就是说,若企业经营高效、业绩改善,那么,其在市场上的声誉就会得到提升,从而有可能使其获得有利的公司债券发行条件;反之,若企业经营不善、业绩恶化,那么,其在市场上的声誉就将下落,从而将有可能导致公司债券发行条件恶化。为了避免这种情况的发生,企业必须努力提高收益,改善财务状况。如果说"监督"是他人给自己的约束,那么,"声誉"可以说是来自市场的约束。另外,"声誉"也可视为一种约束借款人低效经营等道德风险的自控装置,即自己给自己的约束。

Diamond[1991]指出,借款人迄今为止所获声誉的好坏将影响到"监督"和"声誉"这两个要素在约束借款人行为方面的有效性以及借款人将选择何种债务形式(银行借款或是发行公司债券)融资。譬如,声誉好的借款人(预期收益高的借款人)在没有监督的情况下也会为了维持好不容易建立起来的声誉而努力经营以确保到期能按照约定还本付息,因此这样的借款人将通过发行公司债券来筹措所需资金。与此相对,声誉不太好的借款人(预期收益低的借款人)往往是在同意接受银行监督的前提下才能从银行借到款。而且,这种类型的借款人很有可能在事前(贷款前)的审查阶段便被甄别出来而无法筹措到资金。另外,声誉中等的借款人一般选择受债权人(银行)直接监督的银行借款来筹集所需资金。

银行借款和发行公司债券在处理应对借款人不履行债务问题上也有很大的区别。不管是银行借款,还是发行公司债券,当借款人无法还本付息时,通常,借款企业将破产,并在司法程序下,处置破产财产,清偿债权人。不过,借款企业经营困难时,根据其具体情况,贷款人选择延长还款期限或者放弃部分债权以延缓借款企业寿命使其不致破产,这种做法在不少场合,对借贷双方均有利。譬如,关于机器设备等用于抵押的财产,有时会出现对借款企业来说的价值(机器设备继续运转、生产活动继续进行时的价值)高于对贷款人来说的价值(清算价值)的情形。在这种情况下,若借款企业无法履行债务,一般认为,比起将这些资产作为抵押品没收,通过借贷双方之间的再交涉对债务实行延期或减免,从而使借款企业免于破产的做法对借贷双方都更有利。

不过,即便借款企业陷入无法偿债境地后的状况如上所述,在什么情况下令其破产,又在什么情况下令其继续存活,事前(最初签订借贷契约时)对此做出合理恰当的判断是

现代金融理论与运作

极其困难的,而且,将所有可能发生的情形均写入契约是不可能的。正如我们在第五章第二节中所述,无法将未来可能发生的所有情况一一详尽写入的契约,为不完全契约。借贷契约为不完全契约的属性导致借贷双方在签订契约后,可以根据具体状况重新磋商(再交涉)签订新的借贷契约。银行借款和发行公司债券这两种负债融资的具体形式中,在债务条件的再交涉方面,前者比后者更容易。

下面,我们聚焦于中国企业,谈一谈中国企业负债融资时的公司治理状况。前面我们已经提到,长期以来,间接融资(银行借款)一直是中国企业融资的主要渠道,因此,银行在中国企业的公司治理方面,起着监督经营的重要作用。特别是国有银行以大债权人的特殊身份,可对国有企业进行长期持续性的监督和约束。不过,国有银行作为债权人监督国有企业时,一方面,由于国家同时控制国有企业和国有银行,国有银行和国有企业间的利益冲突有可能通过国家主导下的各种协调机制而受到遏制从而降低由利益冲突导致的代理成本;另一方面,由于国家这一具有强控制力的利益相关者的存在,关联交易易于发生(如国家要求国有银行向经营不善的国有关联企业提供优惠贷款等),由此,国有银行和国有企业之间的利益冲突也有可能恶化,或者导致国有银行失去对国有企业进行监督的诱因和积极性。

近年来,随着中国企业(特别是大企业)股权融资的扩大(见表6-1),与过去相比,在监督约束企业经营方面,银行的作用有所下降,而资本市场发挥着越来越大的作用。导致该趋势产生的另一个深层原因来自银行监督与市场监督的本质不同。银行监督具有依赖于企业经营状态的特征,即如果企业业绩良好,则银行不介入其经营,银行仅仅在企业业绩恶化时才介入。与此相对,在资本市场上,企业的股票和公司债券时时刻刻都在被投资者买卖,企业业绩时时刻刻都在被投资者关注,因此,可以说,市场对企业经营动向是极其敏感的。

从这个角度上来说,确保资本市场的透明性与公正性对中国企业的公司治理具有重大意义。发生在资本市场的披露虚假信息、内部人员交易(企业内幕信息的知情者利用职权之便和外界无法获取的信息进行证券交易以谋私利)、操纵市场行情等不公正行为,会误导投资者在被隐瞒的情况下做出不合理的或错误的投资决定,严重损害其利益,使其丧失对市场的信任和信心,长此以往将会导致企业无法从资本市场筹措到所需资金,即资本市场失去市场融资功能,失去作为企业有效的融资场所的魅力。特别是中国资本市场的投资者结构依然以中小散户等个人投资者为主,截至2016年2月,个人投资者账户数量占比99.71%(蒋健蓉、钱康宁、龚芳[2016]),考虑到个人投资者在分辨企业经营信息、持有资金量、投资风险防范等方面本来就处于弱势,上述不公正的证券欺诈行为无疑将会给其带来巨大损失。为了维护资本市场的运行机制和活力、确保公正公平的资本市场规则、保护广大投资者的权益,通过法律法规和证监会等监管部门来加强对不公正行为的监管,将其清除出市场至关重要。

第七章
支付结算、信用秩序与金融监管

第一节 支付结算体系

一、结算与结算手段

在市场经济中,不管是企业的生产经营活动,还是居民的消费活动,所有的经济活动最终都必须进行结算。在这里,结算指的是由商品买卖、服务供应、金融商品交易,或者资金借贷产生的债权和债务以货币收付行为结清(清偿)。一般而言,一个完整的支付过程主要由交易、**清算**(clearing)和结算三个环节构成。①结算的完成,意味着相关债权债务关系的终结。用于结算的支付手段称为**结算手段**(means of settlement),使结算顺畅进行、实现货币资金转移的系统称为**支付结算体系**(payments and settlement system)。支付结算体系好像空气一样,平常意识不到其存在,但是,历史上的金融危机给我们的教训是一旦该体系受损,则会带来极为巨大的负面影响,导致金融机构、金融市场乃至整个经济陷入瘫痪。从这一点来说,支付结算体系不仅是连接金融体系各个部分的"资金的高速公路",也是连接实体经济和货币经济的"大动脉"。因此,支付结算体系被广泛认为是支撑现代经济社会最重要的**金融基础设施**(financial infrastructure),可谓是一种**公共产品**(public goods)。

目前,在中国,主要的结算手段有现金、存款货币和中国人民银行(中央银行)准备金存款账户三种。

现金结算是指以现金来进行的货币收付行为。现金作为法定货币被赋予了强制通用效力,具有可用于所有结算的普适性、**结算最终性**(finality)及使用方便等优点。②因此,现金目前仍然作为最基本的结算手段被广泛利用。不过,收付大量的现金时,往往会产生较高的费用,譬如,现金的保管和运送需要耗费大量人力、物力和财力,而且还存在易

---

① 清算可理解为在结算之前对支付指令进行发送、接收、对账和确认,从而建立最终结算头寸的过程。

② "结算最终性"指的是在使用现金的时点结算即完成。

遗失、被盗等风险,因此,现金一般专门用于小额交易的结算。

　　与现金结算相比,转账结算具有诸多优越性,譬如,不受结算金额的限制、可节省保管和运送现金时的费用、可保证资金安全、支付结算更为快捷等。转账结算具体是指通过在银行的账户间划转款项来进行的货币收付行为,包括用支票、汇票、本票、银行汇款、银行账户转账、信用卡等来进行的资金结算(如异地汇款、支付水电费等公共费用、支付工资、支付货款等)。要利用转账结算,必须在银行开立的活期存款账户上有足够的存款货币(因为活期存款可即刻用于支付结算)。①银行接受存款人的委托,利用其活期存款在银行账户间进行资金转移,完成资金收付。

　　由此可见,在中国,对于企业和居民等经济主体来说,支付结算最终将利用由中国人民银行垄断发行的现金或者利用活期存款转账结算方式(即通过存款货币)来完成。如果商业银行等金融机构间形成的结算网络运行顺畅,那么,存款货币是比现金成本更低、更安全、更方便快捷的结算手段。其实,企业间的大宗交易,很少有一笔一笔用现金来结算的。活期存款之所以作为结算手段被广泛利用,可以说是基于公众对货币的一种信赖,即人们相信活期存款可随时兑换成作为法定货币的现金。

　　企业和居民等经济主体在利用支票、汇票、本票及银行汇款等进行支付时,结算的手续并非是收付了票据就万事大吉,而是资金从买方(付款人)的银行账户划转到卖方(收款人)的银行账户后,结算方算完成。这种银行间的资金转移,通过各银行在中国人民银行开立的存款账户(即准备金存款账户)划转资金来进行。利用准备金存款账户进行结算时,各银行持有的支票等票据先集中到票据交换所(详见下一小节),然后各银行在汇总出自己对所有其他银行的应收总额(债权额)和应付总额(债务额)之后,算出应收应付轧差,该收付差额通过中国人民银行的准备金存款账户间的转账即可结清。这种对金融机构间相互的债权额与债务额之差进行核对确认的处理过程,就是我们之前提到的清算的具体内容。

二、中国的支付结算体系

　　为适应市场经济的需要,经过长期不断的改革与摸索,中国的支付结算体系得到不断的改进与完善。目前,中国的支付结算体系通过票据交换所、商业银行行内资金汇划系统、中国人民银行支付结算系统等来进行同城和异地两大类资金结算。这里,同城结算指同一城镇或同一区域范围内各单位之间的转账结算;与此相对,异地结算则指在不

---

① 有观点认为支票、汇票、本票等为结算手段,不过,这些票据实质上是利用在银行的活期存款进行银行转账的无条件支付指令,此时的结算手段毕竟还是活期存款。用信用卡进行支付也是一样,信用卡本身应看成无条件支付指令,真正的结算手段是用于支付货款的活期存款。

同城镇或不同区域范围内各单位之间的转账结算。

(一) 票据交换所

票据交换所(clearing house)是集中办理同城或同一区域内各银行间应收应付票据的交换和资金结算的场所。前面我们已经谈到,参加票据交换的银行对应收应付票据相互轧抵而仅仅收付其差额。各银行之间应收应付的差额,利用其在中国人民银行的准备金存款账户划转。同城结算主要通过票据交换所来进行,同城票据交换由中国人民银行当地分支机构组织。

由于纸质票据在制作、运输、交换、流通等方面具有诸多不便,还容易伪造、遗失、被盗,近年来,在票据交换所结算中,无纸化的电子票据正不断取代纸质票据的使用。

另外,随着通信网络技术的发展,以中国人民银行为中心,利用网络连接票据交换所,为同城或同一区域内的银行提供跨系统的资金实时虚拟清算和电子票据实时交换的实时同城票据交换系统(电子系统)也不断被开发推出。

(二) 商业银行行内资金汇划系统

商业银行行内资金汇划系统是商业银行进行支付结算和银行内部资金划转的工具与渠道。目前,商业银行相继利用通信网络技术建设了行内汇划系统(电子系统)。使用商业银行行内资金汇划系统进行异地资金汇划(即系统内异地结算)时,最终需要通过中国人民银行办理转账结算。

(三) 中国人民银行支付结算系统

中央银行通常是一国的结算中心,作为中国中央银行的中国人民银行在中国支付结算体系中占据特殊重要地位。中国人民银行开发建设的中国现代化支付系统(CNAPS:China national advanced payment system)可以说是其履行"维护支付、清算系统的正常运行"(《中华人民共和国中国人民银行法》第一章第四条)职责的核心支持系统(电子系统),它利用通信网络技术将各商业银行行内系统连接在一起,构成范围覆盖全国资金汇划网络,能快捷高效地处理同城跨行和异地跨行的各种支付业务及其资金结算资金汇划。[①]中国现代化支付系统不仅有效解决了银行间的跨行(跨系统)支付结算问题,有助于银行随时掌握头寸变动状况、提高资金的流动性和使用效率、防范和控制资金结算过程中的风险,而且,由于其与债券市场、外汇市场、同业拆借市场等相连,从而也能为这些市场的交易提供快速高效的资金汇划与支付结算,在有效支持金融市场的稳定发展和货币政策的平稳实施等方面发挥着重要作用。

中国现代化支付系统主要由大额实时支付系统、小额批量支付系统、支票影像交换

---

① 跨行结算(跨系统结算)分为同城跨行结算和异地跨行结算。同城跨行结算包括同城票据交换和通过中国现代化支付系统的同城跨行实时支付。异地跨行结算通过中国现代化支付系统进行。

系统、境内外币支付系统、电子商业汇票系统及网上支付跨行清算系统构成。①

1. 大额实时支付系统(HVPS：high value payment system)

大额实时支付系统是中国现代化支付系统的重要组成部分之一,通过电子方式,主要处理跨行(区别于行内汇划)及跨区域(跨省),单笔金额在规定金额起点以上的大额款项汇出业务或规定金额起点以下的紧急小额款项汇出业务。②大额实时支付系统是大额资金汇划结算的主渠道,其最大特点是对支付指令逐笔实时发送、全额清算资金,以节省大额资金跨行汇划到账的时间,加快社会资金的周转,最终更好地满足银行、广大企事业单位以及金融市场的支付结算需要。

2. 小额批量支付系统(BEPS：bulk electronic payment system)

小额系统是中国现代化支付系统的另一重要组成部分,主要处理单笔金额在规定金额起点以下的同城或异地的跨行交易。与大额实时支付系统相比,小额批量支付系统的特点是对支付指令批量发送、轧差净额清算资金,主要是为了满足广大公众的日常性支付活动的需要。

3. 支票影像交换系统(CIS：cheque image system)

支票影像交换系统主要运用影像技术、支付密码、数字签名等技术,将纸质支票转化为支票影像电子信息,通过通信网络技术将接收的同城及异地支票影像电子信息传递至出票人开户行进行提示付款的业务处理系统。支票影像交换系统打破了以往支票只能同城使用的界限,实现了支票在全国范围内的通用。

4. 境内外币支付系统(CFXPS：China foreign exchange payment system)

境内外币支付系统以中国人民银行清算总中心为核心,银行等参与者以法人为单位"一点"集中接入该系统(银行需对其行内业务系统发起行或接收行实行资金统一管理),由代理结算银行负责进行银行间外币资金结算。③境内外币支付系统的特点是中国

---

① 大额实时支付系统于2002年10月8日投产试运行,2005年6月24日推广至全国,第二代支付系统于2013年10月8日成功上线运行,并已于2015年4月底完成全国推广;小额批量支付系统于2005年11月28日投产试运行,2006年6月26日推广至全国;支票影像交换系统于2006年12月18日投产试运行,2007年6月25日推广至全国;境内外币支付系统于2008年4月28日投产;电子商业汇票系统于2009年10月28日在北京、上海、山东、深圳四地投产试运行,并于2010年6月28日推广至全国;网上支付跨行清算系统于2010年8月30日投产运行,并于2011年1月24日推广至全国。

② 大额实时支付系统还负责处理国库资金汇划,资金拆借市场、证券买卖、外汇交易等业务的资金结算,现金存取、缴存款、再贷款等中央银行业务的资金结算以及同城票据交换净额结算等业务。

③ 境内外币支付系统的参与者为符合中国人民银行规定的加入条件的银行。目前已有10家全国性银行成为境内外币支付系统的参与者。除银行外,符合中国人民银行规定条件的同城外币清算机构和证券存管机构可以特许参与者的身份加入境内外币支付系统。另一方面,结算银行是中国人民银行指定或授权的商业银行,为参与者开立外币结算账户,负责参与者之间的外币资金结算。

人民银行清算总中心负责对参与者支付指令进行接收、清算和转发,并对支付指令逐笔实时全额清算后,分币种、分场次将结算指令提交结算银行结算。目前采用港币、英镑、欧元、日元、加拿大元、澳大利亚元、瑞士法郎和美元 8 个币种作为结算币种。

境内外币支付系统主要提供三类业务的服务:一是境内付款银行向境内收款银行发起的付款业务(范围限于国家外汇管理局规定可以外币进行计价结算,收付款人均在中国境内的外汇划转项目);二是轧差净额业务(外币清算机构为结算其外币轧差净额发起的多边支付业务);三是付款交割业务(DVP:delivery versus payment),即证券存管机构为同时完成外币债券交割与资金结算发起的支付业务。

5. 电子商业汇票系统(ECDS:electronic commercial draft system)

电子商业汇票系统是依托通信网络技术,提供与电子商业汇票货币给付、资金结算行为相关服务并提供纸质商业汇票登记、查询和商业汇票(含纸质、电子商业汇票)公开报价服务的综合性业务处理平台。其最大的特点是商业汇票的签发、流转和结算等票据业务过程都采取电子化方式,以数据电文来完成,从而不仅使电子票据实现实时、跨地区流通使用,加快了结算速度,还解决了纸质商业票据成本高、效率低下、操作风险高等问题。

6. 网上支付跨行清算系统(IBPS:internet banking payment system)

网上支付跨行清算系统主要支持网上支付等新兴电子支付业务的跨行资金汇划处理。客户可通过商业银行的网上银行在线方式随时随地提交跨行支付业务,并可实时获取业务处理结果。

最后需要指出的是,中国现代化支付系统不支持国际支付,因此,2015 年 10 月由中国人民银行开发建设的人民币跨境支付系统(CIPS:cross-border inter-bank payment system)的投产上线具有至关重要的作用:其不仅铺设起了一条将全球人民币使用者联结起来、大大促进人民币跨境使用的"人民币支付之桥",还有利于更好地满足跨境人民币业务发展需要、激发市场主体更多的人民币需求,向**人民币国际化**(RMB internationalization)迈出了战略性一步。①

综上所述,目前,中国已形成一个以由中国人民银行运行管理的中国现代化支付系统和人民币跨境支付系统为中心,商业银行行内资金汇划系统为基础,各地同城票据交换所并存的支付结算体系,并依托该体系满足金融机构、金融市场以及广大社会公众日

---

① 根据**环球同业银行金融电讯协会**(SWIFT:Society for Worldwide Interbank Financial Telecommunication)数据显示,截至 2017 年 6 月,人民币在全球支付中是第六大最常用货币,其价值份额占 1.98%(前五大最常用货币及所占价值份额依次为:美元 40.47%、欧元 32.89%、英镑 7.29%、日元 3.16%、加拿大元 2.04%)。全世界范围内有超过 1900 家金融机构开展人民币支付业务,其中 1295 家开展涉及中国内地或香港的人民币国际支付业务,该数值比 2015 年 6 月增加了 16%,超过 600 家银行将人民币用于与中国内地或香港无关的支付业务(SWIFT[2017])。

益增长的支付结算需要。

前面我们谈到跨行资金结算需通过中国人民银行办理,为了加深对此的理解,最后,我们通过一个简单的事例来具体谈一谈不同商业银行之间汇划款项是如何进行的。假设企业 A 在 X 银行有存款账户,企业 B 在 Y 银行有存款账户,而且,企业 A 从企业 B 购入 5 万元的货物,货款通过从企业 A 在 X 银行的存款账户汇给企业 B 在 Y 银行的存款账户的形式支付。显而易见,其结果是,X 银行中的企业 A 的存款将减少 5 万元,与此同时,一旦 X 银行将该汇款信息传递给 Y 银行,Y 银行中的企业 B 的存款将增加 5 万元。

仅从表面上来看,企业 A 和企业 B 之间的资金结算已经结束。不过,X 银行和 Y 银行之间却产生了债权债务关系。此时,X 银行对 Y 银行负有 5 万元的债务,而 Y 银行相应地对 X 银行持有 5 万元的债权。该债权债务关系通过 X 银行在中国人民银行(简称人行)开立的存款账户(准备金存款账户)减少 5 万元,Y 银行在中国人民银行开立的存款账户增加 5 万元的转账形式得到终结(见表 7-1)。这种跨行资金结算的方法也运用于商业银行之间的票据交换、同业拆借、转贴现等业务。

表 7-1 跨行资金结算

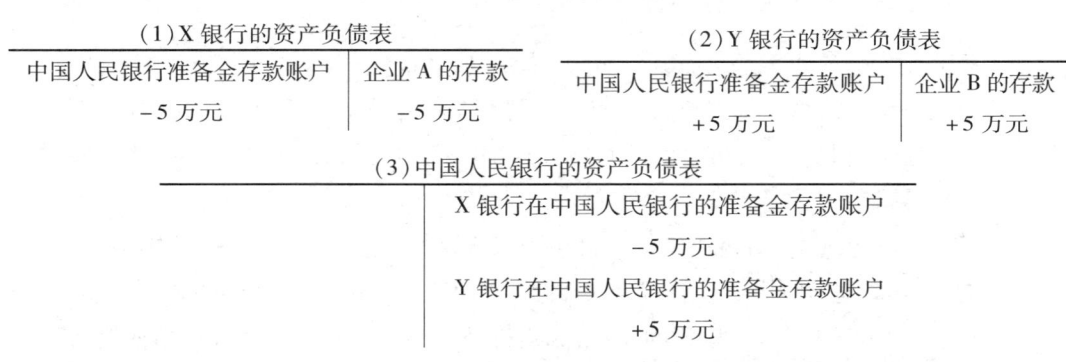

资料来源:在 Furukawa[2014b]图表 7-1 的基础上加工制成。

第二节　信用秩序的维护与金融监管

一、金融体系的稳定性

不管是过去还是现在,金融业都受到公共部门(政府部门、中央银行等)广泛的监督和管制,说其是所有产业领域中,接受公共监督和管制最强的领域也不言过其实。尽管在程度上有所不同,该现象可以说在全世界范围内都普遍存在。

银行等金融机构之所以受公共监管的程度超过其他产业,其主要原因在于,金融体系的稳定性体现在支付结算体系的稳定性上,而金融机构在支付结算体系这一现代经济社会最重要的金融基础设施中承担着核心功能。如果金融体系因某种原因发生动荡,金融机构无法履行其支付结算功能,那么,整个国民经济将会受到不可估量的严重打击。金融监管的目的正是为了防范这种事态的发生,维持和确保金融体系的稳定性。

金融体系发生动荡时,正如20世纪30年代世界性金融恐慌爆发时所呈现的那样,一般来说会发生大量存款人对某特定银行的信任出现动摇而一窝蜂地去该银行提取存款的事态,即所谓的**"银行挤兑"**(bank run)。而在现行的**部分准备金制度**(fractional reserve banking system)下,一旦发生银行挤兑,则会出现银行的存款准备金不足以支付,使银行陷入流动性危机,甚至导致银行破产倒闭。

那么,部分准备金制度是什么样的制度呢?它指的是银行只需将存款的一部分留作应付存款人提款的准备金,其余部分以贷款或证券投资等资产形式进行运作的制度。该制度之所以能成立,是因为社会公众对银行的信任,也就是说,如果存款人相信随时都可根据自己的需要到银行提款,那么在一方有取另一方有存的情况下,(运用大数法则)平均来说,银行仅将存款的一部分作为准备金是可以从容应对存款人提款的。

反过来说,一旦社会公众对银行失去信任,存款人蜂拥至银行来提款的话,在部分准备金制度下,银行立即会陷入无力支付的困境。由此我们可以了解到,银行对挤兑现象极为脆弱,即便挤兑是源于捕风捉影的谣言,财务状况良好的银行也会因此陷入无力支付的流动性危机。值得一提的是,银行负债的很大部分是由随时能提现的活期存款所构成,这样一种负债结构会强化银行因挤兑陷入流动性危机的机制。①

而且,当个别银行陷入无力支付而不能应对存款人提款时,其影响往往很容易传染到其他银行。之所以这样说,是因为由于信息的不对称,存款人无法掌握银行的真实支付能力或经营状况,因此,存款人一旦对某一特定的银行失去信任,这种不信任感往往容易扩散到其他银行,引发更大规模的银行挤兑。

除此以外,由于银行之间通过转账汇款、支票等票据结算、同业拆借市场的借贷等结成交易网络,因此,一旦某银行陷入无力支付的境地,其瞬间即可诱发连锁反应,引发其他银行也丧失支付能力,无法履行支付义务,从而导致整个支付结算体系陷入瘫痪。这种风险称为**系统风险**(systemic risk)。

二、系统风险

以电子计算机和通信技术的快速发展为背景,支付结算体系电子化、网络化和全球化的进程日新月异,个人和企业等经济主体利用这样的支付结算体系进行着日常经济活动中所需的支付结算。这种支付结算体系一方面给利用者带来莫大的方便,但另一方

---

① 由于活期存款(存款货币)的提现依据"先来先服务"(first come, first served)的规则,即按存款人到银行的先后顺序进行,因此,存款人才会蜂拥来银行挤兑。不过,从存款人的挤兑行为会约束银行经营这一角度来说,活期存款所导致的这种脆弱性也并不都是负面的。

面,也导致金融机构所面临的结算风险问题比以前严重了。所谓**结算风险**(settlement risk),指的是因某种原因结算不能按预定计划进行的风险,系统风险的存在便是其中重要的原因。

支付结算体系本身通过覆盖众多金融机构的资金汇划网络来运行,且在该体系中承担核心功能的金融机构通过债权债务关系紧密相连、互为依存。系统风险基本上源于支付结算体系的这个特点。譬如,在本章第一节第二小节中讲到的票据交换、跨行资金结算等交易中,金融机构之间产生的债权债务关系在利用中国人民银行准备金存款账户进行结算之前一直存在。

在银行间同业拆借市场上也是如此。由金融机构之间的短期资金借贷产生的债权债务关系在使用中国人民银行准备金存款账户进行最终结算之前一直存在。另外,通过ATM(自动柜员机)的网络,金融机构之间也会产生债权债务关系。也就是说,当存款者从非存款银行的 ATM 取款时,该银行将为存款者的存款银行垫付资金,这意味着被取款银行对存款银行提供信用(持有债权)。

系统风险的发生源,并不仅限于一国国内。国内金融机构与国外金融机构之间相互借贷资金时,也存在一方的无力支付将引发另一方丧失支付能力的风险。所谓**赫斯特风险**(Herstatt risk)便是其代表。赫斯特风险,指的是在外汇交易中因收付货币时存在的时间差而导致的风险。更具体一点来说,就是由于跨时区交易,支付一种货币后无法取得相应的另一种货币,从而使交易者蒙受损失的风险。随着金融全球化的进展,这种系统风险成为现实的可能性也在增大。①

一旦系统风险成为现实,并无直接债权债务关系的第三者也有可能仅仅由于参加同一支付结算体系而被卷入麻烦之中。譬如,由于和支付结算业务有关的电脑、通信线路的故障或操作失误等原因,某金融机构突然无法履行支付义务时,与该金融机构联网的其他金融机构由于资金无法进入有可能会遭遇连锁性流动性不足的事态。也就是说,个别金融机构无法履行支付义务,会接连引发其他金融机构的无力支付。从这个意义上来说,在支付结算体系中,存在着一种所谓**传染效应**(contagion effect)的外部效应。

三、实时全额结算与净额定时结算

由于系统风险的存在而引发的结算风险,一般来说,取决于债权债务关系发生之后

---

① 西德(当时)的商业银行赫斯特银行从事外汇投机失败而破产,于 1974 年 6 月 26 日下午,受到监管当局停止营业的处分。由于这一处分措施,与该行进行同日结算的外汇交易的银行,特别是为购买美元向该行支付欧洲货币(包括德国马克)的银行蒙受了损失。尽管这些银行在德国时间的 26 日上午支付了欧洲货币,但其后由于赫斯特银行被停止营业,所有涉及该行的交易均告中止,因此,这些在欧洲市场已付了款的银行,未能在纽约市场收到相应的美元(欧洲市场的时间领先纽约市场)。由于该事件,外汇结算中所涉及的风险,即称为赫斯特风险。该事件令结算时间落差、未结算货币余额的存在等所具有的风险在世界范围内受到重视。

至最终结算为止的时间长度(结算所需时间)、结算金额这两个因素。这两个因素的乘积可用来表示,而未结算金额越大,则结算风险就越大。因此,为防范结算风险的发生,需要在支付结算体系内的金融机构之间,通过缩短结算所需时间、降低结算金额来防止未结算金额的积累。

作为其具体办法,可举出:对每个金融机构的信用供给额设置上限、金融机构之间产生重复的债权债务关系时通过相互抵消的方式来重新核算债权债务等。称为"**实时全额结算**"(RTGS:real time gross settlement)的结算方式是其中的一个方法。

实时全额结算是指对各金融机构的每一笔支付业务逐笔全额直接进行结算。由于每笔转账的支付指令随时发送、随时处理,因此资金转账指令处理与资金结算可同步进行。实时全额结算具有结算所需时间短,支付结算效率高,有利于防范和控制结算风险等优点,但也存在占用金融机构结算资金较多(金融机构需保证在结算账户上有足够资金)的缺点。

在结算的时间和方式上,与实时全额结算形成对比的是"**延时净额结算**"(DNS:deferred net settlement)的结算方式。延时净额结算是指在多笔支付业务发生后,支付清算体系对各金融机构应收到的全部转账金额和其应付出的转账金额进行轧差,以轧差得到的借、贷方净额进行结算,而不是对各金融机构的每笔转账业务进行一一对应结算。延时净额结算的优点是由于应收资金和应付资金可相互抵消,金融机构被占用的结算资金较少,不过,其缺点是由于金融机构间交易实际发生的时点与资金结算的时点之间有时间上的滞后,因此,在结算未完成之前未结算金额累积增加,这有可能增大结算风险。

通常,大额资金转账系统由于其处理的支付业务涉及金额较大、时效性较强、对安全性要求较高等特点,多用实时全额结算;处理大量金额较小的零售支付系统多用延时净额结算。目前,中国的大额实时支付系统(HVPS)采用的是实时全额结算的结算方式;小额批量支付系统(BEPS)采用的是延时净额结算的结算方式。

第三节 审慎监管

一、事前对策与事后对策

正如我们前面所讲,只要威胁金融体系安全与稳定的外部效应存在,那么无论个体金融机构在维持其自身稳定方面单独做出何种经营努力,效果也有限,仍然需要政府制定出台确保金融体系安全与稳定的对策。这种对策一般被称为**审慎监管**(prudential policy）。如果我们将整个金融体系发挥出其在经济中应发挥的功能（即支付结算功能和金融中介功能）这一状态定义为信用秩序得以维护的状态，那么通过金融监管实施的审慎监管，其目的可以说是旨在维护信用秩序。

审慎监管常常被比喻成火灾对策。我们知道，火灾应对措施可大致分为两类：一类是事前防患于未然的防火对策；另一类是一旦火灾发生后力求迅速灭火并防止延烧的灭火对策。而审慎监管也可分为与防火对策对应的事前预防和与灭火对策对应的事后补救。前者，是确保金融机构经营的健全性、防止金融机构破产的对策；而后者呢，是个体金融机构发生破产后，控制其不良影响的外部扩散，使其不致引起整个金融体系动荡的对策。

事前预防（关于事后补救，详见下一小节）可分为以下三种类型：第一，主要是通过对金融机构的资产负债表（换言之，资产或负债的选择）加以制约的方法来确保金融机构稳健经营的规制（如资本充足率规制、流动性比例规制、大额融资规制等）；第二，通过限制金融机构间的恶性竞争、保证其一定的收益机会来降低金融机构破产可能性的规制（如对市场准入的规制、对金融机构业务范围的规制、对利率及手续费等的规制等）；第三，对金融机构的监督和检查。

其中，用于确保金融机构健全性的第一种类型具有限制金融机构承担风险和确保风险的分散等效果，各国金融监管当局一般都以对金融机构的经营诸指标进行指导的形式来加以实施。其中，尤为重要的是资本充足率。该指标是指金融机构的资本总额与其持有的风险资产（贷款及有价证券等）的比例。对该指标进行管制的目的在于抑制金融机构风险资产的过度膨胀，提高其抵御风险的能力（关于这一点，详见本章第四节）。

第二种类型旨在为金融机构提供一个合理有序的运营环境，以确保其正常运行。譬如，对市场准入的规制，主要是对金融机构能否开业经营进行审批和管理，一般只有经金融监管当局审核批准的金融机构方可开业经营。值得一提的是，随着金融自由化、全球化以及金融创新的进展，第二种类型的规制的实效性正在逐渐降低。

第三种类型是指金融监管当局对金融机构的资产质量、收益情况、自有资本充实度、风险管理体制等经营实态进行综合监管，明确指出其存在问题，并对其提高风险管控能力、开展稳健经营进行指导。

另外，除将审慎监管分为事前预防和事后补救以外，还有将其分为微观审慎监管和宏观审慎监管的分法。前者的微观审慎监管是通过金融监管当局对个体金融机构进行监督和检查来维持个体金融机构健全性、增强其抗风险能力的对策；与此相对，后者的宏观审慎监管是确保金融体系整体稳定性的对策，通过分析、监测和评估金融体系的风险状况来进行制度设计和制定相对应的政策，以防范和控制系统风险。前面所提到的确保金融机构健全性的规制、限制金融机构间恶性竞争的规制,还有我们下面即将谈到的安全网均属于宏观审慎监管。

作为事前预防或微观审慎监管措施,对个体金融机构实施的**即时矫正制度**(PCA: prompt corrective action)也很重要。该制度是金融监管当局根据资本充足率来判断金融机构的健全性,对未达标的金融机构实施早期干预(如下达业务改善指令等)和关闭的监管制度。因此,即时矫正制度可以说是基于规则的监管手法。

世界上最早实施即时矫正制度的国家是美国。20 世纪 80 年代该国发生了因**储贷协会**(S&L: Savings and Loan Association)大量破产导致**联邦存款保险公司**(FDIC: Federal Deposit Insurance Corporation)存款保险基金枯竭的事件(即所谓的"储贷危机")。由此,该国开始着手改革存款保险制度,于 1991 年制定了《联邦存款保险公司改进法》(FDICIA: Federal Deposit Insurance Corporation Improvement Act)。基于该法,美国于 1992 年开始实施即时矫正制度。

美国实施的即时矫正制度,其主要内容可概括如下:以资本充足率等反映金融机构自有资本状况的量化指标为基准,将金融机构分为五档,自有资本状况的档次越低(即恶化程度越严重),则对该金融机构实施的即时矫正措施越严厉。①对自有资本水平远低于规定水准,即资本极端不足的金融机构,在确定其资本极端不足之后的 90 天内金融监管当局任命破产管理人(换言之,金融监管当局对其进行接管),关闭该金融机构。

当年在应对前面提到的储贷协会及银行破产风潮时,美国金融监督当局没有及早对相关金融机构实行关闭、合并等措施,而是基于"**大而不倒**"(too big to fail)的原则,一直采取**容忍政策**(forbearance policy)延缓其破产,导致危机事态不断恶化,最终不得不投入巨额存款保险基金和财政资金。可以说,即时矫正制度正是基于对这一历史教训深刻反思之上。

二、金融安全网与市场纪律

中央银行的**最后贷款人**(LLR: lender of last resort)职能、**存款保险制度**(deposit insurance)以及政府救助措施等是审慎监管中事后补救的典型代表,它们通常被统称为"**金融安全网**"(financial safety net)。②

---

① 按照自有资本状况被划分的五个档次分别为:资本状况良好(well capitalized)、资本充足(adequately capitalized)、资本不足(undercapitalized)、资本严重不足(significantly undercapitalized)、资本极端不足(critically undercapitalized)。其中,除资本状况良好者外,都必须依法接受金融监管当局的即时矫正措施,如对股息、管理费用、薪酬等加以限制,限制扩大经营规模,要求提交资本恢复计划等。

② "安全网"原本指马戏团表演中防止坠落事故发生的保护网。

▶ 现代金融理论与运作

金融安全网在阻断个体金融机构的破产倒闭导致整个金融体系动荡方面,起着重要作用。其常被比喻为发生火灾时的防火墙。不过,充实完善金融安全网,却也有可能诱发道德风险。譬如,存款保险制度的构建,一方面能保护存款人利益,但另一方面由于存款人知道即使存款银行倒闭也能取回自己的储蓄,从而对银行的经营内容、风险状况漠不关心,这就容易造成市场纪律(即依靠市场机制来约束金融机构等市场参与者行为)难以发挥作用。①因此,与市场纪律发挥作用时相比,此时,金融机构有可能会不重视风险管理,承担过度风险,从而出现与金融安全网构建意图完全相反的结果——削弱整个金融体系的稳定性。这就是所谓的随着金融的充实完善而出现的道德风险问题。②

为了抑制这种金融安全网引发的道德风险,就需要提高金融机构经营的透明度、提高市场(参与者)对金融机构的监督功能。为此,推进金融机构的**信息公开**(disclosure),使市场能够正确评估金融机构的资产内容、自有资本比率、收益率等经营状况,就显得十分重要。

下面,我们就以最后贷款人、存款保险制度以及政府救助措施为例,来对金融安全网进行具体讲述。

1. 最后贷款人

最后贷款人是指当个体金融机构发生流动性危机、支付困难且危机规模超过同业救助的范围时,为防止该危机蔓延至整个金融体系、引发系统风险,中央银行向其提供流动性,进行救助。

中央银行"最后贷款人"职能的观点,是由19世纪英国经济学家巴杰特(Walter Bagehot,1826—1877)提出的。他主张某单个商业银行发生流动性不足,从而有可能引发整个金融体系混乱的时候,有如下两个原则:第一,为了防止商业银行连锁性的破产倒闭,中央银行应该以缴纳惩罚性利率为条件向该商业银行无限制地发放紧急贷款;第二,为了防止商业银行从事风险过高的业务,中央银行应该在事前对最后贷款人职能的具体启动条件加以说明。这被称为**巴杰特原则**(Bagehot rule)。

作为金融安全网的核心内容,中央银行最后贷款人职能的启动也有可能鼓励金融机

---

① 譬如,金融市场的参与者如果持有充分的信息,那么,经营良好的金融机构与经营不善的金融机构之间会出现风险溢价,即后者支付的存款利率、债券发行利率等融资利率高于前者。因此,业绩不佳的金融机构为了以低成本来筹措资金,就必须努力推进稳健经营、提高经营效率。从这个意义上来说,激励效应发生作用。市场所具有的这种功能称为"市场纪律"。

② 譬如,之前提到的20世纪80年代的美国,储贷协会接连破产,造成很大的社会问题。其直接背景虽是该国的经济衰退,特别是房地产价格的下跌造成储贷协会的贷款很多成为无法收回的坏账,但是由于存款保险制度的范围过于广泛,致使很多陷入经营困境的储贷协会为了恢复收益,铤而走险去从事高风险高收益的业务,大大恶化了储贷危机。这就是金融安全网引发大规模道德风险的典型例子。

构过度冒险并期待被中央银行救助,从而引发金融机构的道德风险。作为最后贷款人的中央银行如何在确保金融体系流动性和稳定性的同时降低金融机构的道德风险,这是当今各国央行面临的重要课题之一。

2. 存款保险制度

纵观世界各国的存款保险制度,一般都不是由民间的保险公司运营,而是由金融监管当局垄断运营,而且很多情况下,金融机构有义务必须加入该保险。从这一点来说,存款保险制度是对金融机构进行监管的渠道之一。为什么存款保险制度具有这样的公共性质呢?其为金融安全网的重要内容当然是一个原因,但还有一个原因是金融机构和存款人(特别是小额存款人)之间的信息不对称问题比较严重,若存款人亲自监督金融机构的经营状态,并在此基础上选择存款银行,将产生很高的社会成本。从这个角度来说,金融监管当局代替存款人来监督金融机构的经营状态,是金融监管当局作为受托监督者(关于受托监督者,详见第五章第二节)的职能。

在中国,存款保险制度于2015年5月1日起正式施行,在那之前,存款由政府全额隐性担保。根据《存款保险条例》,中国存款保险制度的目的在于保护存款人的合法权益,及时防范和化解金融风险,维护金融稳定。按照该《条例》,除了部分外资银行在中国境内开立的分支机构外,境内的商业银行、农村合作银行、农村信用合作社等吸收存款的银行业金融机构,必须在规定的期限内向存款保险基金管理机构缴纳一定的保险费用,存款人无须直接承担相关费用。一旦存款银行发生兑付问题,同一存款人在同一家存款银行所有被保险存款账户的存款本息总额在50万元以内的,实行全额偿付;超出50万元的部分,依法从投保存款机构清算财产中受偿。

从国际经验来看,存款保险制度的保费可分为单一保费制度和基于风险的差异化保费制度,前者不论存款机构所承担的风险高低,对所有的存款机构实施统一的存款保险费率(如日本的存款保险制度);后者则根据存款机构的风险高低来确定和征收不同的存款保险费率,即实行与风险相关的存款保险费率,存款机构的风险越高则需缴纳的保险费率越高(如美国的存款保险制度[①])。单一保费制度存在一些制度缺陷,譬如,由于其实质上是经营稳健的金融机构承担过重负担,资助经营不良的金融机构,这容易形成"搭便车",有失公允;另外还有可能会引发金融机构的道德风险,助长金融机构为追求高收益而从事高风险投资,从而增加存款保险基金管理机构的负担。而在基于风险的差异化保费制度下,资本充足率低或风险高的金融机构需缴纳较高的保险费率,这一方面可以

---

① 美国负责具体实施存款保险制度的联邦存款保险公司自1934年开始提供存款保险,且长期采用单一保费制度对投保的金融机构征收存款保险费。1991年《联邦存款保险公司改进法》出台后,联邦存款保险公司根据该法,开始改用基于风险的差异化保费制度。

激励金融机构试图维持稳健的经营、形成自我约束。另一方面对存款人来说，由于金融机构缴纳的保险费率成为公共信息，这便于存款人以此为参考来鉴别、区分金融机构的优劣，从而选择经营稳健的金融机构。

根据《存款保险条例》，中国存款保险制度的保险费率采用基于风险的差异化保费制度，由基准费率和风险差别费率构成。各投保金融机构的适用费率，由存款保险基金管理机构根据投保金融机构的经营管理状况和风险状况等因素确定。

3. 政府救助

作为金融安全网，除上述之外，还可举出政府对经营不善乃至濒临破产倒闭的金融机构进行救助的情况。

纵观世界，当金融机构陷入流动性困境、发生清偿能力危机时，政府为了稳定金融体系，避免危机的进一步蔓延和更大规模的金融动荡，通常都会对出现问题的金融机构进行救助。作为政府救助的最新典型事例，可举出2007年~2008年美国次贷危机中美国政府及相关部门对金融机构采取的多种救助措施。

为了向金融机构提供足够的资金以帮助金融业快速走出危机，一方面，美国政府及相关部门对一些陷入破产境地和面临倒闭危险的金融机构进行了接管。譬如，2008年9月7日美国财政部宣布向陷入巨额亏损的美国房地产抵押贷款巨头**房利美**（Fannie Mae）和**房地美**（Freddie Mac）注资，并收购相关优先股，政府相关监管机构接管其日常业务，任命新的高级管理层；2008年9月16日，美国中央银行联邦储备委员会（美联储）宣布在美国财政部的全力支持下，授权其下属的纽约联邦储备银行向面临破产风险的美国保险业巨头美国国际集团（AIG）提供850亿美元紧急贷款，作为提供贷款的条件，美国政府将持有AIG79.9%的股份，并有权更换高级管理层、否决支付普通股和优先股股息等；10月8日，美联储宣布再次向AIG提供高达378亿美元的贷款，用以帮助AIG提高资金流动性，这一系列救助措施意味着美国政府出面接管了AIG。

另一方面，为了帮助金融机构剥离不良资产、改善其资产负债表、恢复其放贷能力，美国政府出资购买了大量金融机构不良资产。2008年10月初，美国国会批准了一项总额7000亿美元的"不良资产救助计划"（TARP：Troubled Asset Relief Program），给予了美国政府购买金融机构不良资产的广泛权力。

大范围的金融机构倒闭将引发连锁效应，导致大量融资企业破产和其他金融机构倒闭，严重影响到该国金融机构发挥金融中介功能。一般来说，各国政府正是出于这样的考虑，对出问题的金融机构进行救助的。因此，可以说，政府救助是体现之前我们谈到的金融机构"大而不倒"的典型事例。

政府救助虽说是维护金融安全网的有力手段，但其也有阻碍低效率的金融机构退出市场，引发道德风险，从而增加金融体系脆弱性的一面。而且，政府救助中还存在被救助的金融机构与未被救助而破产倒闭的金融机构之间的公平性等问题。

第四节 BIS 管制

一、何谓 BIS 管制

伴随着金融自由化和全球化的进展,金融机构经营中的风险不断增大,作为风险凸现时的缓冲,充实金融机构的自有资本、确保金融机构经营的稳健性,便显得日益重要。在这种趋势下,1988 年 7 月,总部设在瑞士巴塞尔的国际清算银行(BIS)在十国集团中央银行行长会议上,由巴塞尔银行监管委员会(简称巴塞尔委员会)制定的《关于统一国际资本衡量和资本标准的协议》(*Proposal for International Convergence of Capital Measurement and Capital Standards*,简称《巴塞尔协议》)获得通过,1992 年末,导入了基于该协议的新的资本充足率(自有资本比率)管制,这就是 BIS 管制(BIS regulation)。

BIS 管制旨在通过对各国从事国际业务的金融机构制定统一的资本充足标准,来加强这些金融机构的健全性、安全性,以及促进竞争条件的平等化。

BIS 管制要求各成员国金融机构的资本充足率达到下列基准:

$$\frac{C}{RA} \geq 8.0\%$$

C:一级资本(Tier 1)与二级资本(Tier 2)的合计
RA:风险加权资产总额

作为资本充足率分子的自有资本,是由股票、存款准备金等一级资本(Tier 1)、有价证券的未实现利润(计入上限为 45%)、贷款损失准备金等二级资本(tier 2)构成。另外,金融机构所持有的资产根据风险程度分为五类,并分别设定 0、10%、20%、50%、100% 的**风险权数**(risk weights)。譬如,国债的风险权数为 0%;住宅抵押贷款的风险权数为 50%;私营工商业贷款的风险权数为 100%。作为资本充足率分母的风险加权资产总额,便是金融机构持有的各类资产金额与其相应的风险权数的乘积之和。BIS 管制给各国相关金融机构定下了**最低资本要求**(minimum capital requirements),即自有资本与风险加权资产总额的比率应达到标准值 8% 以上(其中一级资本部分至少为 4%)。

BIS 管制最大的特点便在于根据金融机构持有资产的风险程度来确定这些资产的风险权数(即在风险加权资产总额中所占的比重),并对风险小的资产加以较低的风险权数,而对风险大的资产加以较高的风险权数,从而结合金融机构的风险程度来进行资本充足性管制,以达到用金融机构的自有资本规模制约其风险资产规模的效果。在这种制度设计下,如果金融机构持有资产风险小,那么即使自有资本量较少,也能达到 8% 的标准值;如果金融机构持有资产风险大,那么达到8%的标准值就须持有较多的自有资本。

不过,上述1988年制定的关于资本充足率的国际统一标准,只考虑了金融机构的信用风险,而并没有把利率风险、汇率风险等市场风险列为管制对象。①因此,1988年版巴塞尔协议在推出之后,巴塞尔委员会对其进行了长时期的修改与补充。2004年6月,巴塞尔委员会公布了**巴塞尔协议Ⅱ**(*Basel* Ⅱ),将市场风险纳入管制范围。为了将此新版巴塞尔协议与1988年版相区别,1988年版巴塞尔协议被称为**巴塞尔协议Ⅰ**(*Basel* Ⅰ)。

巴塞尔协议Ⅱ在计算风险加权资产总额方面,除了信用风险和市场风险之外,还引入了**操作风险**(operational risk)的资本要求。按照巴塞尔委员会给出的定义,"操作风险指由于不完善的或失败的内部运作过程、人员及系统或外部事件造成损失的风险"。②

不过,巴塞尔协议Ⅰ也好,巴塞尔协议Ⅱ也好,BIS管制屡屡被学术界指出存在着不可忽视的问题。下面我们就结合上述巴塞尔协议Ⅰ的资本充足率公式对此加以说明。

现在让我们来考虑一下景气状况恶化,股价、地价等资产价格随之下跌的情形。这种资产价格的下落,将降低金融机构所持有的金融资产的市场价值、减少有价证券未实现利润(或者增加有价证券未实现损失),从而压低金融机构的资本充足率。作为BIS管制对象的金融机构,资本充足率一旦低下,金融机构为了提高该比率以遵守BIS管制,就将试图减少作为资本充足率分母的风险加权资产总额。由于贷款在银行的风险加权资产总额中占非常大的比重,因此这时银行等金融机构将惜贷慎贷或向客户催还现有贷款,以压缩贷款数额。如此一来,贷款急剧减少,受此影响,景气将进一步恶化。反之,当景气状况好转时,由于有价证券未实现利润等的增加,银行等金融机构的资本充足率将上升,这将促进其增加信贷供给,从而刺激经济进一步扩张。

就像这样,BIS管制中存在着导致经济衰退期内贷款进一步缩减(或银行惜贷慎贷行为)和经济扩张期内贷款进一步增加(或银行扩大贷款行为)的可能性,具有扩大景气循环的效应。这种扩大周期性的经济波动,并造成或加剧经济活动的不稳定性的特性称为**顺周期性**(pro-cyclicality)。③

---

① 正如第一章中所讲,信用风险又称违约风险,指的是受信人(借款人、有价证券发行人等)因财务状况恶化等原因不履行约定契约中关于还本付息的义务,致使授信人遭受损失的风险。其典型的事例是借款人因破产而无法偿还贷款本息。与此相对,市场风险则指的是由于股票或债券等金融资产的价格出现意想不到的波动而使投资者蒙受损失的风险。

② 原文为:"Operational risk is defined as the risk of loss resulting from inadequate or failed internal processes, people and systems or from external events." Basel Committee on Banking Supervision [2004], p.137。

③ 与巴塞尔协议Ⅰ相比,巴塞尔协议Ⅱ涵盖的风险更为广泛,在经济衰退期风险计量指标显示的风险值变高,对金融机构的自有资本要求自然会提高;而在经济扩张期风险计量指标显示的风险值变低,对金融机构的自有资本要求自然会下降。因此,巴塞尔协议Ⅱ中,BIS管制的顺周期性更为突出。

正如1997年的亚洲金融危机对巴塞尔协议Ⅱ的出台起到了重要作用一样,2008年的全球金融危机推进了各方思考和探索如何改进巴塞尔协议Ⅱ以构建更全面、更完善的金融监管框架。作为对巴塞尔协议Ⅱ的修改和补充,巴塞尔委员会2010年9月宣布各方就新的金融监管框架——**巴塞尔协议Ⅲ**(Basel Ⅲ)的内容达成一致。巴塞尔协议Ⅲ的核心内容在于通过下列举措来加强金融机构抵御金融风险的能力:提高资本充足率要求(如一级资本充足率由4%上调至6%);增设总额不得低于金融机构风险资产2.5%的防护缓冲资金;计提0~2.5%的与超额信贷增长挂钩的逆周期资本缓冲区间以保证金融机构有足够的资本应对经济衰退期的损失;建立杠杆率监管标准,即一级资本净额占调整后的表内外资产余额的比例不低于4%[①];引入流动性覆盖率、净稳定融资比例等多项流动性监管指标等。巴塞尔协议Ⅲ于2013年开始在世界各国阶段性实施,最终将于2019年实现全面实施。

二、激励相容监管机制

除具有扩大景气循环的顺周期性以外,BIS管制还存在着以下几个问题:首先,现行的资本充足率管制中,用于计算风险加权资产总额的风险权数不仅过于粗略,而且,没有考虑到各金融机构在资产质量、风险管理技术、持有资产组合等方面的不同,单纯按其持有的资产种类进行"一刀切",故而无法真实反映现实世界中各金融机构面对的风险。譬如,所有的私营工商业贷款都被评定为相同的风险权数,然而实际的信用风险却因金融机构、借款人的不同而存在差异。另外,资本充足率管制属于金融监管当局对金融机构经营活动直接的行政干预,这与强调以每个金融机构自负责任为前提,灵活运用市场纪律、充分发挥市场机制作用来确保金融机构稳健经营的现代金融监管机制之间存在着矛盾。

因此,学术界一直在尝试对现行的资本充足率管制进行修改、试图引进新制度改革方案取而代之。其中,最受人瞩目的是称为**预先承诺制**(pre-commitment approach)的监管方法。

预先承诺制的基本内容有三点:

(1)金融机构根据各自的风险管理模型(内部风险评价模型)推算出在未来的一个期间内(如一个季度或半年)所需的自有资本额,向金融监管当局预先承诺该资本水平(即金融机构告知金融监管当局自己对未来最大损失的估算),并积累自有资本至承诺水平。

(2)金融机构进行风险管理,以使在该期间的最大损失额不超过向金融监管当局预先承诺的资本水平。

---

① 杠杆率监管标准中,一级资本净额 = 一级资本 − 一级资本扣减项;调整后的表内外资产余额 = 调整后的表内资产余额(不包括表内衍生产品和证券融资交易)+ 衍生产品资产余额 + 证券融资交易资产余额 + 调整后的表外项目余额 − 一级资本扣减项。

(3)在整个期间,如果金融机构的最大损失额超出向金融监管当局预先承诺的资本水平,金融监管当局就将对该金融机构实施处罚。

通过预先承诺制,金融机构有诱因告知金融监管当局自己对未来最大损失的真实估算(或换句话说,预先承诺与实际风险相对应的自有资本额)。如果金融机构低估了损失(或换句话说,预先承诺的自有资本额过低),就会面临违背事先的承诺而被金融监管当局处罚、支付巨额处罚费用的风险;如果金融机构高估了损失(或换句话说,预先承诺的自有资本额过高),一方面会造成资本金的"闲置",另一方面会引发市场推测该金融机构风险大,从而导致该金融机构在评级以及筹资成本方面受到负面影响。

预先承诺制的主要特征可归纳如下:一方面金融机构的自主性得到最大限度的尊重,另一方面,金融监管当局的行政介入限制在最小范围。也就是说,金融机构自主选择风险管理模型(在预先承诺制中,风险管理模型的选择权在金融机构)、自行进行风险管理,关于具体的风险管理办法、自有资本额等,金融监督当局尊重金融机构的自主性,尽量减少对其的行政干预,采取的是**放手监管**(hands-off regulation)。只有事后,即金融机构最终的风险管理结果证明其资本水平不充分时,金融监督当局才会出面干预,向市场公开该事实并加以处罚。在这一点上,可以说,预先承诺制将市场纪律与行政监管有效地结合起来了。①

从预先承诺制我们可以看出,随着金融交易中风险的日益复杂化和多元化,尊重金融机构的自主性、充分利用市场纪律的监管方法,比由金融监管当局实施"一刀切"的监管方法更能激励金融机构提高风险管理水平,进而增强监管的有效性。像预先承诺制这样,与被监管金融机构的诱因相容的监管机制称为**激励相容监管机制**(incentive compatible approach)。

第五节 中国金融监管的改革与发展

自1949年新中国成立以来,中国金融监管的改革伴随着经济及金融业的发展不断向前推进。本节将分阶段地对其几十年的演变进程进行梳理和讲解。

一、"大一统"型金融监管时期(新中国成立至1978年)

新中国成立后,中国建立起了高度集中的计划经济体制,经济资源配置与经济运行调节均是通过计划实行。至1978年,在这种高度集中的计划经济体制下,中国金融业长

---

① 预先承诺制中,处罚方案的制定尤为重要。处罚过轻,起不到监管的效果;处罚过重,则有可能诱发金融机构从事高风险高收益的投资项目来弥补损失的道德风险行为。

期实行的是"大一统"的单一管理模式。中国人民银行(1948年12月1日成立)集城镇储蓄、工商信贷和发行货币于一身,实质上成为当时全国唯一一家办理各项银行业务的金融机构,其既是金融行政管理机关,又是具体经营银行业务的经济实体;既是中央银行,又是商业银行,从而形成了各种金融业务职能、银行内部上下级间的集中统一。

譬如,被新中国政府接管的中国银行(1912年成立)于1950年划归中国人民银行总行领导,1953年被明确指定为外汇专业银行,经办中国人民银行指定的对外业务;1954年成立的中国建设银行在财政部领导下负责管理和分配根据国家经济计划拨给建设项目和基础建设相关项目的政府资金[1];中国农业银行的历程更能体现出"大一统"的金融管理模式,1951年中国农业银行的前身——农业合作银行建立,隶属中国人民银行领导,翌年与中国人民银行合并,职能并入中国人民银行,其后,于1955年和1963年两度以"中国农业银行"名称建立,但分别于1957年和1965年重新并入中国人民银行。

为了保证中央高度集中的计划任务的执行与完成,当时的金融监管主要以上级银行对下级银行的信贷计划、现金计划等实行集中统一管理为主要方式,绝非现代意义上的金融监管。

二、中国人民银行统一监管时期(1978—1993)

伴随着1978年开始实施的"改革开放"和经济体制转轨,中国金融体制改革开始起步,金融监管也开始了走向现代金融监管的摸索。

1979年之后,中国金融业逐渐形成多类型、多层次的金融格局:陆续恢复或分设了中国农业银行、中国银行、中国建设银行和中国工商银行四大国有专业银行[2],除此之外,还逐步建立起了一批股份制商业银行[3];成立或恢复了多家信托投资类、保险类、证券类金

---

[1] 中国建设银行当时名为"中国人民建设银行",1996年更名为"中国建设银行"。

[2] 1979年2月,为从金融层面支持和加速农村的经济体制改革,中国农业银行再次得以恢复,中国人民银行的农村金融业务(统一管理支农资金、集中办理农村信贷、领导农村信用社等)全部移交中国农业银行;1979年3月,为更好地适应对外开放的客观要求,中国银行从中国人民银行分设出来,作为外汇专业银行,负责管理外汇资金并经营对外金融业务;1979年8月,国务院批准中国人民建设银行从财政部独立,随着基建投资实施"拨改贷",中国人民建设银行逐渐承担起了更多商业银行的职能;1984年1月,中国工商银行正式成立,承担原来由中国人民银行原来办理的工商信贷业务和城镇储蓄业务。至此,中国建立了以中国人民银行为领导,以工、农、中、建四大国有专业银行为主体的银行体系,其中,四大国有专业银行分工明确,分别开展城市、农村、外汇和固定资产投资领域内的业务。

[3] 如交通银行(1987年4月重新组建,中国第一家国有股份制商业银行)、招商银行(1937年4月成立,中国第一家完全由企业法人持股的股份制商业银行)、中信实业银行(1987年4月成立)、深圳发展银行(1987年12月成立,1991年在深圳上市,为中国第一家上市银行)、福建兴业银行(1988年8月成立)、广东发展银行(1988年9月成立)、中国光大银行(1992年8月成立)、华夏银行(1992年10月成立)和上海浦东发展银行(1992年8月批准设立,1993年1月正式开业)等。

现代金融理论与运作

融机构①;大中城市相继出现了城市信用合作社②;外国金融机构在华开展金融业务的范围也逐步扩大。③

在这一经济体制转轨阶段,中国人民银行统一负责对金融全局进行调控和监管。不过,多类型、多层次的金融格局的形成客观上对中国人民银行的金融监管能力提出了更高的要求。在这样的背景下,1983年9月,为更有效地对以四大国有专业银行为首的金融机构和金融全局进行监管与调控,国务院做出了《关于中国人民银行专门行使中央银行职能的决定》,规定中国人民银行不再办理工商信贷业务和城镇储蓄业务,而专门行使中央银行职能。

另外,值得一提的是,随着中国证券市场的建立与发展,证券市场监管体系也在这一阶段开始形成。1992年10月,国务院证券委员会(简称国务院证券委)和证券监督管理委员会(简称中国证监会)相继成立,负责对股票实施监管,而中国人民银行仍然对债券和基金实施监管。这标志着中国金融分业监管体制开始起步。

三、金融分业监管体制形成时期(1993—2003)

1993年12月,国务院发布《关于金融体制改革的决定》,关于金融监管,明确提出了改革金融监管体系,健全金融法规,强化金融监督管理,建立统一开放、有序竞争、严格管理的金融市场体系等目标,这不仅为进一步健全金融监管奠定了制度基础,也标志着中国金融监管进入了一个新的历史时期。④

---

① 在信托投资方面,1979年10月成立了中国国际信托投资公司(中国第一家信托投资公司),揭开了中国信托投资业发展的序幕;1987年1月成立了中国光大国际信托投资公司;1991年11月成立了中国民族国际信托投资公司等。在保险方面,1979年11月中国人民保险公司(1949年10月成立)获准恢复;1988年3月平安保险公司获准设立(中国第一家股份制保险公司);1991年5月中国太平洋保险公司获准设立。在证券方面,1987年9月,深圳经济特区证券公司成立,成为中国第一家证券公司;1990年11月和1990年12月,上海证券交易所和深圳证券交易所相继成立,标志着中国证券市场的发展进入新的篇章。

② 虽然农村信用社在改革开放之前就有,城市信用社是在改革开放之后出现的金融组织。第一家城市信用社于1979年在河南驻马店市成立。进入20世纪80年代,全国大中城市相继成立了城市信用社。

③ 自1979年日本输入入银行(现在的日本国际协力银行)被批准在北京设立常驻代表机构,成为改革开放后第一家设立驻华代表机构的外资金融机构,中国开始逐步加大引进外资(包括港澳)金融机构的力度。自1981年南洋商业银行(港资)在深圳经济特区设立分行,成为改革开放后第一家外资银行营业性机构,外资金融机构开始获准在经济特区设立营业性分支机构(分行等)。

④ 《关于金融体制改革的决定》中,关于金融机构,提出了建立政策性金融与商业性金融分离、以国有商业银行为主体、多种金融机构并存的金融机构体系等目标。主要的具体措施包括:明确中国人民银行制定并实施货币政策和实施金融监管的两大职能,把中国人民银行办成真正的中央银行;分离政策性金融与商业性金融,成立三大政策性银行(即1994年相继成立的国家开发银行、中国进出口银行和中国农业发展银行),办理原由四大国有专业银行办理的政策性业务;四大国有专业银行向国有商业银行转化,把专业银行办成真正的商业银行。可以说该《决定》为中国金融机构体系的未来发展勾画出了长远蓝图,目前的中国金融机构体系是基于该蓝图建构起来的。关于这一点,详见第五章第六节。

第七章 支付结算、信用秩序与金融监管

在改革金融监管体系方面,譬如,1998年4月,国务院证券委与中国证监会合并,中国人民银行的证券监管权全部移交给合并后成为国务院直属正部级事业单位的中国证监会,即中国证监会全权负责对全国证券、期货市场的监管;为了增强金融监管的独立性和统一性、提高金融监管的效率,1998年11月,国务院对中国人民银行管理体制进行了重大改革,撤销原有的人民银行省级分行,建立九个跨省(自治区、直辖市)的分行(即九大区行)①;1998年11月,中国保险监督管理委员会(简称中国保监会)成立,专门从事原来由中国人民银行进行的对保险业的监管职能;1999年,四大资产管理公司——中国信达资产管理公司、中国东方资产管理公司、中国华融资产管理公司、中国长城资产管理公司先后成立,分别负责处理从中国建设银行、中国银行、中国工商银行和中国农业银行四大国有专业银行剥离的不良资产,以防范和化解金融风险;2003年4月,中国银行业监督管理委员会(简称中国银监会)成立,履行原来由中国人民银行对银行业金融机构的监管职能。至此,中国金融监管"一行三会"(即中国人民银行、中国证监会、中国保监会、中国银监会)的分业监管体制形成,中国金融监管进入新阶段:中国人民银行专门负责制定和执行货币政策,中国银监会、中国证监会和中国保监会分别行使对银行业、证券期货业和保险业的监管职能,分工明确,各司其职。这种分业监管机制对提升金融监管专业性和提高金融监管效率起到了很大的促进作用,同时也推动了银行、证券、保险这三大行业的发展。

在健全金融法规方面,金融监管立法工作的力度加大,以使金融监管做到有法可依。譬如,全国人民代表大会常务委员会于1995年相继通过了《中华人民共和国中国人民银行法》、《中华人民共和国商业银行法》、《中华人民共和国保险法》、《中华人民共和国票据法》、《中华人民共和国担保法》、《关于惩治破坏金融秩序犯罪的决定》等;1998年12月通过了《中华人民共和国证券法》;2003年10月通过了《中华人民共和国证券投资基金法》;2003年12月通过了《中华人民共和国银行业监督管理法》。这些金融法律法规的颁布和实施不仅代表着中国金融监管开始向法制化迈进,也在法律上明确了中国金融业分业监管的原则,为分业监管提供了法律依据。

四、逐步深化金融监管时期(2004年至今)

中国金融业的快速发展和金融改革的不断深入,客观上对金融监管提出了更高的要

---

① 根据地域关联性、经济金融总量和金融监管要求,新设置的中国人民银行九个跨行政区分行分别为:天津分行(管辖天津、河北、山西、内蒙古);沈阳分行(管辖辽宁、吉林、黑龙江);上海分行(管辖上海、浙江、福建);南京分行(管辖江苏、安徽);济南分行(管辖山东、河南);武汉分行(管辖江西、湖北、湖南);广州分行(管辖广东、广西、海南);成都分行(管辖四川、贵州、云南、西藏);西安分行(管辖陕西、甘肃、青海、宁夏、新疆)。北京和重庆两个分行被撤销,分别设立中国人民银行营业管理部和重庆营业管理部取而代之。

现代金融理论与运作

求。这一时期,为了加强金融监管,金融监管体制改革不断深化。

譬如,在金融机构方面,自从2004年,中国银行、中国建设银行、中国工商银行、中国农业银行原四大国有专业银行相继完成了股份制改造,并先后实现了上市(包括海外上市),为推进国有银行法人治理结构建设工作、改善其内部管理、强化其自我约束机制、提高其资本充足率起到了积极的促进作用。2013年1月1日,中国版巴塞尔协议Ⅲ(中国银监会颁布的《商业银行资本管理办法》)正式生效,要求系统重要性银行和非系统重要性银行在2018年前实现资本充足率分别不低于11.5%和10.5%;在金融市场方面,自2005年4月中国证监会发布《关于上市公司股权分置改革试点有关问题的通知》以来,股权分置改革(股改)得到稳步推进,目前已基本完成,为改善上市公司治理结构、促进证券市场持续健康发展提供了制度保障①;在金融基础设施方面,正如我们在本章第一节中所归纳的那样,2005年之后,支付结算体系建设工作不断加速,建立起了由中国人民银行负责运行管理的中国现代化支付系统。

另外,随着金融全球化、自由化和金融创新的迅猛发展,金融机构业务之间的交叉融合不断深化,横跨不同金融领域的创新金融产品不断涌现,导致这一时期的监管环境发生了重大变化。在"一行三会"金融分业监管的框架下,监管机构难以把握资金跨市场跨行业的流动,从而影响其金融监管功能的发挥,易造成监管真空。在这种新形势下,2004年以来,中国在建立金融监管协调机制方面做出了多种尝试,加强各监管机构之间的监管信息沟通和监管协调成为该时期中国金融监管的另一特点。譬如,2013年,中国人民银行牵头银监会、证监会、保监会、外汇局成立了"金融监管协调部际联席会议"(必要时可邀请国家发展改革委、财政部等有关部门参加),承担货币政策、金融监管等方面的协调工作;2017年11月,国务院金融稳定发展委员会正式成立,以推进金融稳定发展;2018年4月,由银监会和保监会的整合而成的中国银行保险监督管理委员会(直属国务院)正式挂牌,银监会和保监会拟订银行业、保险业重要法律法规草案和审慎监管基本制度的职责划入中国人民银行。

如何在保证金融市场活力、提高金融服务实体经济效果的同时,与时俱进地实施有效的金融监管,这是世界各国金融监管部门面临的难题。顺应国际最新监管改革趋势,结合中国金融的实际,不断深化审慎监管和激励相容监管、完善各监管机构相互协调的监管机制,是今后中国金融监管体制改革的主要课题。

---

① 截至2018年6月,A股市场只剩下两家上市公司尚未完成股权分置改革:一家是S*ST先锋,另一家是S佳通。

第八章
货币政策

第一节 货币政策与中央银行

一、货币政策的含义

从广义上来解释,**货币政策**(monetary policy)包含由**中央银行**(central bank)及其他经济主体制定和实施的金融制度或金融方面的各种监督、指导措施等。不过,通常人们所说的货币政策,是以中央银行为政策主体,为了稳定物价、实现**充分就业**(full employment)、提高经济福利而制定和实施的经济政策。因此,可以说,货币政策是旨在通过调控**总需求**(aggregate demand)使经济稳定运行的政策,是总需求管理政策的核心。

当然,政府施行的**财政政策**(fiscal policy),也可以通过增减公共支出及增减税来调控总需求。不过,财政政策受政府预算的制约,根据景气状况的变化来灵活运营往往比较困难。与此相对,货币政策具有通过中央银行和市场中金融机构之间的金融交易来实施的特征。由于具有这种市场性,执行货币政策时,可按照市场机制灵活运营。在这一点上,财政政策与货币政策之间有着很大的不同,财政政策通常是政府从"市场外"来施行。如果我们不能认识到货币政策是以市场交易为基础的政策,那么就无法从根本上正确理解什么是货币政策。

二、中央银行的职能

中央银行的职能,通常被概括为以下三点:发行的银行;银行的银行;政府的银行。下面,我们将对其一一加以说明。

1. 发行的银行

中央银行为**发行的银行**(bank of issue),指的是中央银行拥有银行券的垄断发行权。像银行券这样,经国家法律授予强制通用效力的货币称为法定货币。

中央银行通过垄断发行货币,向社会提供生产、流通等经济活动所需的货币。从理论上讲,在现代信用货币制度下,中央银行可以无限制地向社会提供货币。但是,货币发行的多寡,将对货币流通造成直接影响。因此,中央银行在被赋予货币发行权的同时,也承担了保证货币流通的正常运行、维护币值稳定的责任。这里的"币值稳定"包含两层含义:一是一国(地区)货币对内价值的稳定,具体表现为物价的稳定(或低通货膨胀率);另一是一国(地区)货币对外价值的稳定,具体表现为汇率的稳定。

另外,中央银行拥有的垄断货币发行权也使得中央银行能通过调节货币供应量来调控宏观经济。譬如,商业银行从中央银行提取存款准备金、向中央银行卖出所持国债等的过程就是中央银行实现货币发行的过程,反之,商业银行向中央银行缴存存款准备金、从中央银行买入国债等的过程就是中央银行实现货币回笼的过程。

2. 银行的银行

中央银行为**银行的银行**(bankers' bank),是指中央银行作为一国(地区)金融体系的核心,为商业银行及其他金融机构提供金融服务,以确保支付结算体系的顺畅运作、维护信用秩序。需要特别说明的是,商业银行等金融机构在中央银行开设有自己的存款账户,该账户可理解为是其与中央银行之间业务往来的桥梁,即其与中央银行之间的业务均通过该账户进行核算。

具体来说,中央银行所具有的"银行的银行"职能主要体现在以下三个方面:

(1)集中商业银行等金融机构的存款准备金:为了保证商业银行等金融机构的流动性(换言之,保证其不为追求利润而将存款大量贷出或进行其他投资)、保障存款人的资金安全、防止银行挤兑,各国都以法律的形式规定商业银行及其他存款类金融机构必须按存款的一定比率(即法定存款准备金率)向中央银行交存存款准备金,以保证其具备最低限度的支付能力。除了具有强制性的法定准备金,金融机构还可向中央银行交存超额存款准备金,即超过法定准备金部分的存款准备金。在这种存款准备金制度下,中央银行可集中商业银行等金融机构的存款准备金,并用其来办理金融机构之间的资金结算。中央银行还可通过变更法定存款准备金率来调节商业银行的信用创造能力、社会信贷规模和货币供应量(详见本章第四节)。

(2)充当最后贷款人:当商业银行资金周转不灵且无法从同业获得资金支持,面临无法进行即期支付的困境时,其可向中央银行寻求资金帮助。商业银行从中央银行融进资金的主要方式有:票据再贴现,即商业银行将持有的未到期票据向中央银行进行贴现以获取资金;票据再抵押,即商业银行将持有的未到期票抵押给中央银行向借款;直接向中央银行申请贷款等。无须赘言,中央银行作为"最后贷款人"的职能,对维护金融体系的稳定运行极为重要。

(3)组织、参与和管理全国清算业务:在第七章中我们提到,中央银行通常是一国(地区)的结算中心,在支付结算体系中占据特殊重要地位。商业银行等金融机构之间每天都有大量的资金业务往来,由于各金融机构都在中央银行开设有存款账户,金融机构间可利月这些账户进行转账结算,既可加快资金流转速度,也可节约货币流通成本。

3. 政府的银行

中央银行为**政府的银行**(the government's bank),是指中央银行由政府授权对金融业实施监督管理、制定和执行货币政策、对宏观经济进行调控;代表政府参与国际金融事物;为政府提供代理国库收支(国库收支通过财政部门在中央银行开设的账户进行)、代理政府债券的发行以及还本付息、给政府提供信贷支持等服务。

谈到中央银行作为政府的银行这一职能时,不能不提到**中央银行的独立性**(central bank independence)问题。

中央银行的独立性通常是指在制定和执行货币政策方面,中央银行由法律赋予或实际拥有的自主程度。中央银行的货币政策与政府的财政政策等经济政策在目标上未必一致,有时甚至会存在利益冲突。纵观世界,不乏中央银行缺乏独立性或屈服于政府的压力,按政府指令来运营货币政策(如增发货币来弥补财政赤字、长期执行低利率政策等),从而导致**恶性通货膨胀**(hyper inflation)、金融体系脆弱性的事例。而且,货币政策的制定与执行具有很强的专业性,必须符合金融及经济运行的客观规律。因此,确保中央银行的独立性是不可或缺的。不过,需要指出的是,维持中央银行(货币政策)的独立性和中央银行与政府保持协调并不矛盾。货币政策目标的实现需要政府,如财政政策等的协调与配合。而且,为了使货币政策的运营不致陷入独断专行,加强对公众及政府的**解释责任**(accountability)、提高货币政策制定过程中的透明度也很有必要。从这个意义上来说,确保中央银行的独立性与提高货币政策的透明度是密不可分的。

三、中国人民银行

中国人民银行是中国的中央银行(《中华人民共和国中国人民银行法》第二条),在中国金融体系中居于核心地位,在制定和执行货币政策、维护金融稳定、实施金融宏观调控等方面发挥着极其重要的作用。

中国人民银行于1948年12月1日,在华北银行、北海银行、西北农民银行的基础上组建,1949年中华人民共和国成立后成为中央银行。自成立至今,特别是改革开放以来,中国人民银行在体制、地位、履行职责等方面,发生了深刻变化。[①]

根据《中华人民共和国中国人民银行法》(第一章第四条)的规定,中国人民银行的具体职责为:①发布与履行其职责有关的命令和规章;②依法制定和执行货币政策;③发行人民币,管理人民币流通;④监督管理银行间同业拆借市场和银行间债券市场;⑤实施外汇管理,监督管理银行间外汇市场;⑥监督管理黄金市场;⑦持有、管理、经营国家外汇储备、黄金储备;⑧经理国库;⑨维护支付、清算系统的正常运行;⑩指导、部署金融业反

[①] 关于中国人民银行的历史沿革,参见第七章第五节和中国人民银行官方网站(http://www.pbc.gov.cn/rmyh/105226/105433/index.html)。

洗钱工作,负责反洗钱的资金监测;⑪负责金融业的统计、调查、分析和预测;⑫作为国家的中央银行,从事有关的国际金融活动;⑬国务院规定的其他职责。

归纳而言,中国人民银行依法作为"发行的银行"被赋予人民币的垄断发行权;作为"银行的银行",提供金融机构之间的资金结算服务;作为"国家的银行",通过代理政府进行外汇黄金的交易、管理国家外汇黄金储备、经理国库、从事国际金融活动等,来为政府服务。由此可见,作为中央银行,中国人民银行负有重要的公共责任。

关于中国人民银行的独立性,《中华人民共和国中国人民银行法》规定,中国人民银行在国务院领导下依法独立执行货币政策,履行职责,开展业务,不受地方政府、各级政府部门、社会团体和个人的干涉(第一章第七条);中国人民银行不得对政府财政透支,不得直接认购、包销国债和其他政府债券(第四章第二十九条);中国人民银行不得向地方政府、各级政府部门提供贷款,不得向非银行金融机构以及其他单位和个人提供贷款,但国务院决定中国人民银行可以向特定的非银行金融机构提供贷款的除外(第四章第三十条)。由此可见,中国人民银行在接受国务院领导的同时,具有独立的法律地位。而且,关于中国人民银行的解释责任,《中华人民共和国中国人民银行法》也有专门的规定:中国人民银行应当向全国人民代表大会常务委员会提出有关货币政策情况和金融业运行情况的工作报告。

另外,值得提出的是,2003年重新修订的《中华人民共和国中国人民银行法》中明确规定:中国人民银行货币政策委员会应当在国家宏观调控、货币政策制定和调整中,发挥重要作用(第二章第十二条)。这表明了中国人民银行在制定和执行货币政策方面的独立性在不断增强。

第二节 货币政策目标

由于货币政策通过调控总需求来试图取得一定的宏观经济效果,其政策目标自然会受到限定。货币政策通常被认为有两个主要的最终目标:①确保物价的稳定;②确保实现充分就业。关于实现充分就业这一目标,由于雇佣状况的变动与景气状况的变动之间有着极为密切的关联,因此,将其理解为"促进经济增长"也无妨。

为实现货币政策最终目标而选定的中间性金融变量被称为货币政策中介目标。中央银行执行货币政策的一般思路是通过政策工具(政策手段)来实现中介目标,然后经货币政策传导机制来影响货币政策最终目标,换句话说,货币政策中介目标是连接政策手段和最终目标的桥梁。因此,中介目标在货币政策执行和传导过程中也具有重要意义,关系到货币政策最终目标能否实现。一般来说,货币政策中介目标主要有利率、货币供应量、汇率等。就中国而言,信贷指标曾长期是中国货币政策的中介目标。不过,1994

年,中国人民银行宣布货币供应量的划分标准,并将其作为监测指标;1996 年,中国人民银行正式将货币供应量作为中介目标(2007 年之前关注 M1 和 M2;2007 年之后主要关注 M2)①;1998 年,中国人民银行正式宣布放弃信贷指标,即取消对国有商业银行贷款规模的限额控制。

接下来,我们将主要聚焦于货币政策的最终目标,对其进行讲解。

一、物价稳定

作为货币政策的目标,中国人民银行最重视的是物价的稳定,即货币币值的稳定。这一点从《中华人民共和国中国人民银行法》中可明确看出——"货币政策目标是保持货币币值的稳定,并以此促进经济增长"(第三条)。这里所说的物价,并非指个别商品或劳务价格,而是指**一般物价水平**(price level),即涵盖多种商品或劳务的平均价格水平,如反映居民生活消费领域价格变动的**居民消费价格指数**(CPI:consumer price index)、反映生产领域价格变动的**工业生产价格指数**(PPI:producer price index)、反映 GDP 中所有商品或劳务价格变动的 GDP **平减指数**(GDP deflator)等。保持物价的稳定,即是指一般物价水平在一定时期以内大体保持稳定,不发生剧烈的波动。

一般物价水平的稳定,是市场机制发挥作用的基本前提条件。市场机制是通过价格信号来调整供求的机制,若发生像通货膨胀或通货紧缩那样的物价大幅变动,那么,价格作为市场信号的信赖度将大大降低,从而导致市场机制无法正常运转。而且,在价格信号失真的情况下,无论是企业估算未来的成本核算、制定未来的投资计划和生产计划,还是居民制定未来的消费计划和储蓄计划,都将面临很大的不确定性,从而阻碍经济主体的投资和消费等经济活动。这样一来,"经济增长"就会受到影响。

不仅如此,一旦发生通货膨胀,货币的实际价值会急速下落,极端情况下,企业、居民等市场参与者甚至会拒收货币,从而使货币作为交换媒介或支付手段的职能受到严重冲击乃至丧失。而且,物价的大幅变动将导致社会中收入分配、资产分配的不公和贫富差距的拉大,威胁国民生活的安定。譬如,由于通货膨胀导致生活成本急剧上升,其对于社会中相当数量的固定收入者(如收入来源为养老金的老人)和中低收入者(尤其是贫困家庭)是极为不利的;通货膨胀还具有减少实际负债额,将资产从贷款人重新分配至借款人、贷款人的财富被剥夺的效果,这无疑会破坏借贷双方之间正常的经济关系,导致信贷秩序的崩溃。对此,英国经济学家凯恩斯在其著作中曾写道:"在颠覆既存的社会基础方

---

① 随着利率市场化改革的推进、金融市场的发展以及金融创新的深入,各层次货币供应量的界限越来越模糊,货币供应量越来越难以监测和控制。因此,近年来在中国国内出现了中国货币政策中介目标应由货币供应量向利率、社会融资规模(一定时期内实体经济从金融体系获得的资金总额)等过渡的学术观点,详见任杰、尚友芳[2013]、陈小亮、陈惟、陈彦斌[2016]等。

面,没有比货币贬值更精妙、更确实的手段了。"①

因此,包括中国人民银行在内的世界众多中央银行将确保物价的稳定作为货币政策的首要目标,对一般物价水平的动向进行密切关注和监测。

而且,提到物价时,我们也不能忽略地价、股价等资产价格,换言之,我们必须考虑确保物价稳定这一货币政策目标与资产价格之间的关系。譬如,20世纪80年代后半期日本资产价格泡沫和21世纪初期美国房地产泡沫在形成阶段,两国的物价都是稳定的。随后的泡沫破灭使两国企业和金融机构受到了极为沉重的打击,给两国经济的正常运行造成了长期的、巨大的危害。正如我们在第五章第五节中所讲,资产泡沫的形成和破灭使金融体系风险增大,加大了金融体系的脆弱性。在股价和地价上涨时依靠借款购入土地、股票等资产的企业、居民(家庭)以及向其提供贷款的金融机构,这些经济主体的资产负债表在其后的资产价格大幅下跌中严重恶化。其结果,企业的设备投资和居民(家庭)的消费支出出现大幅下落,与此同时,金融机构的不良债权出现激增并显性化。通过这些实际教训,我们可以说,资产价格的动向,也应和一般物价水平一样,成为中央银行从动态角度密切关注和监测的对象。

二、经济增长

有关货币政策目标的一个重要问题是货币政策诸目标之间关系复杂,这些目标往往难以同时实现。一方面,存在着某一目标的实现可同时促进其他目标的实现,即诸目标相辅相成的情况,如前面我们曾提到,充分就业与经济增长这两个货币政策目标之间存在一定程度上的一致性。但更多情况下,存在着某一目标的实现需以牺牲另一目标为代价的**替代取舍关系**(trade off),从而使诸目标同时实现变得困难,中央银行需要在货币政策诸目标之间进行权衡与选择。物价稳定与充分就业之间的替代取舍关系便是典型的例子。

长期以来,通货膨胀率和失业率之间,被认为存在着稳定的负相关关系。新西兰经济学家菲利普斯(A. W. Phillips,1914—1975)在以英国近百年(1861—1957)宏观经济为对象的实证研究中发现,名义工资增长率(通货膨胀率)越高,则失业率越低;失业率越高,则名义工资增长率(通货膨胀率)越低(Phillips[1958])。用来表示通货膨胀率与失业率之间这种替代关系的曲线,被称为**菲利普斯曲线**(Phillips curve)。

根据菲利普斯曲线(向右下倾斜的曲线),中央银行若要试图稳定物价(即维持较低的通货膨胀率),就不得不容忍失业率的上升;反之,若要试图确保充分就业(即维持较低的失业率),则不得不牺牲物价的稳定。因此,物价稳定和充分就业这两个货币政策的目

---

① 原文为:"There is no subtler, no surer means of overturning the existing basis of society than to debauch the currency." Keynes[1919],p.149。

标很难做到同时实现。

不过，近年来，理论研究和实证研究都表明，容忍一定程度的物价上涨，即便短期能扩大就业、促进经济的增长，但这种效果只有一时之效，无法持久。与此相对，认为只有稳定物价才能稳定经济、确保经济持续增长的观点近年来越来越具有优势。

三、通货膨胀目标

如上所述，有关货币政策运营，目前的主流观点是，货币政策的最大目标是物价的稳定，通过稳定物价来促进国民经济健康稳定地发展是理想的政策运营方式。因此，近年来，不少国家，如加拿大、新西兰、日本、瑞典、英国、美国等国，采用了明确未来特定时期要达到的目标通货膨胀率，并将其对外公布的**通货膨胀目标**（inflation targeting）方式。特别是在最先实施通货膨胀目标的新西兰，1989 年颁布的《新西兰储备银行法 1989》（*Reserve Bank of New Zealand Act* 1989）明确规定：稳定物价为货币政策的"单一目标"；关于通货膨胀目标，中央银行总裁和财务部长事先签订协议，且中央银行有义务向公众公布协议内容，以此来确保货币政策运营的**透明度**（transparency）。①

通货膨胀目标在世界范围内被采用，主要有以下三个原因：

(1) 中央银行易受政治压力而采取过度刺激经济的货币政策，从而会增加通货膨胀的压力，因此，明确提出以低通胀率为目标并力争达成该目标，这种方式不仅有助于中央银行提高货币政策运营的规则性和一致性，也有助于提高中央银行的独立性。

(2) 中央银行作为货币政策的执行者，通过设定、公布通货膨胀目标来直接影响人们对未来通货膨胀率的预期，这被认为具有稳定物价的效果。对中央银行来说，能否达成向公众公布的通货膨胀目标至关重要。设定、公布通货膨胀目标不仅仅是明确表示中央银行所瞄准的目标，更是向公众表明中央银行有决心和能力达成此目标，因为如果事后达不到预先设定的通货膨胀目标，中央银行的**可信度**（credibility）将会下降。

(3) 即便维持物价的稳定是货币政策的首要目标，对什么情况下物价水平算是"稳定"，中央银行和市场之间有可能出现不同的理解，从而影响到货币政策的效果。由于实行通货膨胀目标时，中央银行不但预先公布明确的通货膨胀目标，而且还定期向公众说明当前的通货膨胀状况，因此其具有"物价稳定"内涵明确化的优点。

不过，实行通货膨胀目标，也存在一个问题，即如何设定合理的通货膨胀目标，这直接关系到通货膨胀目标方式的实效性。不难理解，如果中央银行设定的通货膨胀目标不切实际，那么实行通货膨胀目标将失去实际意义。在这方面，英国的中央银行**英格兰银行**（BOE：Bank of England）的做法具有一定的参考价值。英格兰银行在 20 世纪 90 年代实行通货膨胀目标时，设定了将零售物价指数上涨率限制在一定目标区间内（2.5% ±

---

① 新西兰储备银行为新西兰的中央银行。

1%的范围)的通货膨胀目标,并向国民公开承诺将实现该目标。当实际通胀率未达到该目标区间时,中央银行总裁有义务对未能达到该通货膨胀目标的理由向国民做出解释,并以公开书信的形式向财务部长说明今后拟如何达成以及何时将达成该通货膨胀目标等。

如上所述,在实行通货膨胀目标时,中央银行对国民负有的解释责任尤其重要。与此同时,设定较为长期(如一至两年)的通胀率目标,且该通胀率目标具有一定的灵活性为好(如设定目标区间)。其原因后面我们会具体谈到,简单地说,是由于货币政策时滞的存在,即货币政策从执行到影响物价及实体经济需要一定时间,再加上,与某一特定的目标值相比,目标区间比较容易达成,从而降低中央银行无法实现通货膨胀目标的风险。

第三节 货币政策工具

货币政策工具指的是中央银行为实现货币政策目标而采用的政策手段。通常,将公开市场业务、法定存款准备金制度、再贴现称为三大货币政策工具。下面,我们将对其逐一进行详细讲解。

一、公开市场业务

公开市场业务(OMO: open market operation),指的是中央银行在公开市场,即除了金融机构,一般企业等非金融机构也可参加的金融市场,以市场价格为基准进行债券、票据等有价证券的买卖。公开市场业务是大多数国家中央银行最常用,也是最核心的货币政策工具。

中央银行实施的公开市场业务会直接引起商业银行存款准备金的增减,同时,也会诱发市场利率的变动,因此,公开市场业务不仅可直接调节商业银行等金融机构的放贷(信用供给)行为,对非金融部门(居民部门、企业部门等)的资产选择行为和支出行为,乃至整个经济的信贷规模和货币供应量也都有着广泛影响。

公开市场业务的具体运作机制如下:

假设现在,中央银行决定在公开市场买入100个单位的国债。中央银行先通过证券公司等证券经纪机构发出认购订单,接下来,证券经纪机构在国债流通市场收购中央银行实施公开市场买入业务所需的国债。

在这里,我们先假设在国债流通市场上,国债的卖方都是商业银行。通常,国债款项是中央银行以中央银行票据支付,该票据经由证券经纪机构交至国债卖方的商业银行。商业银行将所收票据存入自己在中央银行所开设的存款账户。其结果,中央银行和商业银行的资产负债表将出现如表8-1(a)所示的变化。也就是说,中央银行通过公开市场业务买入 100 个单位的国债,等于商业银行增加相同数额的存款准备金。

接下来,我们假设国债的卖方是一般企业等非金融机构,简称投资者。中央银行票据经由证券经纪机构交至投资者。如果投资者将所收票据存入自己在商业银行的存款账户,该商业银行又将该票据存入自己在中央银行的存款账户,那么,正如表 8-1(b)所示,这一系列交易的结果将带来中央银行、商业银行以及投资者的资产负债表出现变化。换句话说,即便国债的卖方不是商业银行,中央银行通过公开市场业务买入国债的行为也将导致商业银行的存款准备金出现相应的增加。

表 8-1 公开市场业务对参与各方资产负债表的影响

(a)

中央银行				商业银行			
国债	+100	存款准备金	+100	国债	−100		
				存款准备金	+100		

(b)

中央银行				商业银行			
国债	+100	存款准备金	+100	存款准备金	+100	存款	+100

投资者			
国债	−100		
存款	+100		

资料来源:在 Furukawa[2014b]图表 8-1 的基础上加工制成。

中央银行在公开市场上卖出有价证券,则与上述运作机制相反,导致商业银行的存款准备金出现相应的减少。

因此,归纳而言,中央银行的公开市场业务有两种方向截然相反的类型:公开市场买入操作(即在公开市场上买入有价证券)与公开市场卖出操作(即在公开市场上卖出有价证券)。公开市场买入操作是**货币宽松政策**(monetary easing policy)的政策工具,中央银行通过其来放松银根以刺激宏观经济;反之,公开市场卖出操作是**货币紧缩政策**(monetary tightening policy)的政策工具,中央银行通过其来紧缩银根以防宏观经济过热。

二、法定存款准备金制度

法定存款准备金制度是各国中央银行主要的货币政策工具之一。与公开市场业务相比,通过该制度来调节法定存款准备金率是比较传统的金融调节方式。

正如我们在第五章中所讲,在法定存款准备金制度下,作为制度实施对象的金融机构不能将其吸收的存款全部用于发放贷款,而是必须按照一定比率(法定存款准备金率)

现代金融理论与运作

向中央银行缴存一部分作为随时应对存款人提款的准备金（法定存款准备金）。换句话说，法定存款准备金率是由法律规定的、金融机构缴存中央银行的法定存款准备金占其吸收存款额的比率。通常，法定存款准备金率由中央银行决定。

不难理解，当中央银行提高法定存款准备金率时，相对于一定数额的存款，金融机构必须计提或上缴更多的法定存款准备金，因此可用于放贷的资金将相应地减少，从而导致整个经济的信贷规模和货币供应量减少。反之，当中央银行降低法定存款准备金率时，基于同样的机制，金融机构可用于放贷的资金增加，从而扩大整个经济的信贷规模和货币供应量。譬如，法定存款准备金率为10%时，对存款额为100万元的商业银行来说，其可用于放贷的资金为90万元（必须向中央银行缴存10万元的法定存款准备金）；若假定中央银行将法定存款准备金率提高至20%，且该商业银行的存款额保持不变，那么此时其可用于放贷的资金将降至80万元（必须向中央银行缴存20万元的法定存款准备金）。因此，当中央银行提高法定存款准备金率时，这是向金融市场释放限制银行放贷、实施货币紧缩政策的信号；反之，当中央银行降低法定存款准备金率时，则是向金融市场释放鼓励银行放贷、实施货币宽松政策的信号。

通常，金融机构在中央银行存款账户中的存款准备金实际金额会超过法定存款准备金。该超出部分称为超额存款准备金，可将其理解为金融机构除法定存款准备金以外任意向中央银行缴存的资金。也就是说，存款准备金、法定存款准备金与超额存款准备金之间具有以下的数量关系：

$$存款准备金 = 法定存款准备金 + 超额存款准备金$$

另外，需要指出的是，各国中央银行在法定存款准备金制度方面有不同的具体运作方法。譬如，根据存款的不同类型实施不同的法定存款准备金率（如活期存款的法定存款准备金率高于定期存款）；根据存款规模实施不同的法定存款准备金率；对不同性质或资产质量的金融机构实施不同的法定存款准备金率等。而且，在中央银行是否对法定存款准备金、超额存款准备金支付利息方面，各国也存在着差异。

三、再贴现

我们在第三章曾指出，商业汇票等票据由于具有流通性，持票人可在该票据到期之前到商业银行等金融机构进行贴现（贴付一定利息将票据权利转让给商业银行），从商业银行融通资金。一般来说，贴现银行只有在票据到期时才能向付款人要求付款，不过，如果商业银行资金暂时困难，其可将尚未到期的已贴现票据向中央银行办理贴现，以弥补自身不足资金，这称为**再贴现**（discount window）。

商业银行向中央银行贴现时，中央银行向其收取的利率称为**再贴现率**（discount rate）。中央银行还可以通过调整再贴现率来直接调控商业银行的借款成本，从而影响商业银行的放贷行为。譬如,当中央银行提高再贴现率时,商业银行向中央银行借款的成本将增加,这会减弱商业银行向中央银行借款的动机(诱因),从而有可能导致商业银行可贷资金减少,进而促使其缩减贷款规模;反之,当中央银行降低再贴现率时,商业银行向中央银行借款的成本将降低,这会增加商业银行向中央银行借款的动机,从而有可能导致商业银行可贷资金增加,进而促使其扩大贷款规模。

而且,中央银行变更再贴现率,实质上是向金融市场传递货币政策意向的信号,具有**告示效果**(announcement effect),会对市场利率以及金融市场的资金供求产生直接影响。譬如,由于再贴现率的提高,市场将预测未来银根将紧缩,金融机构可能会担心未来资金不足(或融资成本上升)而限制今后的放贷,也可能会基于今后贷款利率将上升的预期而控制当前的贷款规模。而企业呢,有可能预测到今后从金融机构融资将变得困难或未来经济走势将减缓而缩小生产及投资计划。归纳而言,中央银行变更再贴现率所产生的告示效果会通过这种影响金融机构(贷款人)及企业(借款人)预期的方式来对实体经济产生影响。①

由此可见,中央银行的再贴现将导致货币供应量的变化,具有放松或收紧银根的效果。因此,和公开市场业务、法定存款准备金制度一样,再贴现也是中央银行常用的主要货币政策工具之一。

正如贴现是商业银行向企业等提供资金的一种方式一样,对中央银行来说,再贴现相当于通过从商业银行买入已贴现但尚未到期的票据向其提供资金。因此,可以说,中央银行的再贴现体现了本章前面所讲的中央银行作为商业银行"最后贷款人"的职责。值得一提的是,中央银行作为"最后贷款人"还有一种形式,即再贷款。再贷款是指中央银行直接向商业银行发放贷款,从而弥补商业银行的资金短缺,或控制商业银行信贷规模、调节货币供应量。不过,一般来说,随着金融市场的发展,中央银行会逐渐由直接调控(如再贷款)转变为依托市场的间接调控(如公开市场业务、法定存款准备金制度、再贴现等)。

第四节 中央银行的金融调节

一、银行间同业拆借市场与存款准备金

目前在世界范围内(尤其是发达国家),中央银行主要是通过瞄准和调控银行间同业拆借市场利率,或者说,将银行间同业拆借市场利率作为基准利率(政策利率)来进行金

---

① 当然,这种货币政策的告示效果并不仅限于中央银行变更再贴现率,通过公开市场业务调控短期利率、调整法定存款准备金率等金融调控都具有一定的告示效果。

融调节。譬如,美国银行间同业拆借市场的利率**美国联邦基金利率**(FFR：Federal Fund rate)是美国中央银行**美联储**(FRB：Federal Reserve Board)的基准利率;日本中央银行日本银行的基准利率是该国银行间同业拆借市场的利率**无担保隔夜拆借利率**(uncollateralized overnight call rate)。

一般来说,中央银行通过影响银行间同业拆借市场上的资金供求关系,来调控该市场中的利率,即,将银行间同业拆借市场利率向中央银行所希望的方向和水平,或者说,向实现货币政策目标所需要的方向和水平进行诱导。为了深入地理解这一点,首先需要明白商业银行等金融机构存放在中央银行的存款准备金因何种原因出现变动。①之所以这样说,是因为中央银行与商业银行等金融机构之间所有的资金交易,都将集中体现在存款准备金上,而且存款准备金的变动即刻会给银行间同业拆借市场的资金供求带来影响。下面,我们就用简化的中央银行资产负债表(表8-2),来对此加以说明。

表8-2 中央银行的资产负债表

中央银行贷款(BL)	银行券(CU)
有价证券(BS)	存款准备金(R)
外汇资产(FA)	政府存款(DG)

资料来源:在Furukawa[2014b]图表8-4的基础上加工制成。

我们来看表8-2的右侧,即中央银行的负债部分(资本项目省略)。中央银行的负债是指经济主体对中央银行的债权,主要包括银行券(货币发行额)、存款准备金、政府存款(国库资金)等。

第一个负债项目"银行券"表示的是中央银行发行的银行券金额。虽然,其中的一部分由金融机构持有以应对客户取款,但绝大部分则作为结算手段由企业或居民(家庭)等非金融部门广泛持有。

第二个负债项目即是作为本小节考察对象的"存款准备金"。一般来说,各个金融机构持有存款准备金主要出于以下三种动机:

(1)遵循法定存款准备金制度,按照一定比率(法定存款准备金率)向中央银行缴存法定存款准备金;

(2)以备金融机构之间的资金结算需要;

(3)以应对客户随时取款的需要,即当金融机构手头持有的现金无法完全应对客户取款的需要时,金融机构可提取存在中央银行的存款准备金来进行支付。

第三个负债项目是"政府存款"。政府征收的税金、通过发行国债筹集的资金等全部

---

① 这里的存款准备金并非指单个金融机构的存款准备金,而是指所有金融机构的存款准备金总和。

存入中央银行。

接下来,我们来看表8-2的左侧,即中央银行的资产部分。中央银行通过与商业银行等金融机构以及政府之间的交易,持有贷款、有价证券(国债、票据等)、外汇资产等。

如果用表8-2的符号,通过资产负债表左右两边恒等的关系,我们可知上述资产项目和负债项目之间存在如下关系:

$$BL + BS + FA = CU + R + DC \quad (8-1)$$

若将存款准备金(R)提出,则可推导出下式:

$$R = (BL + BS + FA) - CU - DG \quad (8-2)$$

若用变化量的形式来表现该式,即可得:

$$\Delta R = (\Delta BL + \Delta BS + \Delta FA) - \Delta CU - \Delta DG \quad (8-3)$$

式(8-3)简洁地显示出了影响存款准备金的诸因素。

根据该式,如果其他条件保持不变,那么,中央银行对商业银行等金融机构贷款的增加、中央银行持有的国债等有价证券的增加(中央银行实施公开市场买入操作的结果)、中央银行持有的外汇资产的增加(中央银行干预外汇市场,买入外币的结果)等因素将导致等额的存款准备金的增加。反之,中央银行贷款的回收、公开市场卖出操作的实施、中央银行持有的外汇资产的减少,则将导致存款准备金的减少。换句话说,式(8-3)右边括号内显示的中央银行信用供给量的变化,将带来与此对应的存款准备金的变动。

中央银行发行的银行券及政府存款的变化也将导致存款准备金出现相应的变化。具体来说,银行券发行额的增加(银行券的增发)和政府存款的增加,将导致等额的存款准备金的减少;而银行券发行额的减少(银行券的回流)和政府存款的减少,将导致等额的存款准备金的增加。

上述说明存款准备金变动原因的关系式最终可整理为:

$$\text{存款准备金的增加(减少)} = ①\text{银行券的回流(增发)} + ②\text{财政资金的}$$
$$\text{支大于收(收大于支)} + ③\text{中央银行的信用供给(吸收)} \quad (8-4)$$

式(8-4)右边第二个项目"财政资金的支大于收",指的是政府在与企业、居民(家庭)等民间部门之间的资金收付中,支付的财政资金超出回收的部分。反之,"财政资金的收大于支"则是指政府与民间部门之间的资金收付中,收回的资金超出支出的部分。财政资金的支大于收将导致式(8-3)中政府存款的减少,财政资金的收大于支将导致政府存款的增加,因此,式(8-3)与式(8-4)是相互对应的。

按照式(8-4),我们可以认为存款准备金的金额,通过银行券发行额的变动、政府与

> **现代金融理论与运作**

民间部门之间资金收付额的变动、中央银行对金融机构的信用供给量或信用吸收量这三个途径发生变动。值得指出的是,对中央银行来说,银行券发行额的变动和政府与民间部门之间资金收付额的变动是外生的,无法直接加以控制的;而中央银行对金融机构的信用供给量或信用吸收量,则可以通过运用货币政策工具加以调节。

下面,我们就来具体说明一下银行券发行额的变动以及政府与民间部门之间资金收付额的变动影响存款准备金的机制。①

首先,若运用各经济主体的资产负债表来加以说明,银行券的增发导致存款准备金减少的具体机制如表 8-3(a) 所示。

表 8-3(a)　银行券的增发与存款准备金

民间非金融部门		商业银行部门			
银行券	+100	存款准备金	-100		
存款	-100	银行券	+100		
		银行券	-100	存款	-100
		存款准备金	-100	存款	-100

中央银行	
银行券	+100
存款准备金	-100

资料来源:在 Furukawa[2014b]图表 8-5(b) 的基础上加工制成。

如表 8-3(a) 所示,若居民(家庭)、企业等整个民间非金融部门从商业银行存款中提取 100 单位的银行券(现金),那么,在民间非金融部门的资产负债表的资产栏,银行券将增加 100 单位,银行存款将减少 100 单位。商业银行部门为了应对民间非金融部门现金需求的增加,从存在中央银行的存款准备金中取出 100 单位,当民间非金融部门提款 100 单位之后,商业银行部门的资产负债表的负债栏减少 100 单位的存款,与此同时,其资产栏中的存款准备金也出现相应的减少。民间非金融部门的取款以及与此对应的商业银行部门的行为最终将导致中央银行的资产负债表出现 100 单位银行券发行额的增加(银行券的增发)和 100 单位存款准备金的减少。②同理,银行券的回流将通过相反的机

---

① 中央银行对金融机构的信用供给或吸收影响存款准备金的机制请参见本章第三节第一小节至第三小节的内容。

② 由此例我们可以知道,银行券的增发是因为居民(家庭)、企业等存款人从自己在商业银行的存款中提取银行券,而商业银行为了满足存款人的这种提款要求,从中央银行取出存款准备金而发生的。因此,在诱发银行券发行额出现变动方面,掌握"主动权"的是居民(家庭)或企业等存款人,而商业银行和中央银行不过是跟随存款人的行为而行动。

制,导致银行券发行额的减少以及相应的存款准备金的增加。

接下来,政府与民间部门之间资金收付金额的变动对存款准备金的影响可用表8-3(b)来加以说明。

表8-3(b) 政府与民间部门之间的资金收付与存款准备金

商业银行			中央银行	
存款准备金 -100	存款	-100	存款准备金	-100
			政府存款	+100

资料来源:在Furukawa[2014b]图表8-5(a)的基础上加工制成。

假设居民(家庭)、企业等整个民间非金融部门从商业银行存款中提取100单位来向政府缴纳税金。其结果,如表8-3(b)所示,商业银行部门资产负债表将出现100单位存款的减少(负债栏)和100单位存款准备金的减少(资产栏)。与此相对应,中央银行资产负债表的负债栏将出现100单位存款准备金的减少和100单位政府存款的增加。

反之,如果政府对民间非金融部门进行公共支出等支出行为,那么情况会怎么样呢?这时,中央银行账户中的政府存款100单位将支付给民间非金融部门。如果民间非金融部门将该100单位存入商业银行,那么商业银行部门资产负债表将出现100单位存款的增加(负债栏)和100单位存款准备金的增加(资产栏),而中央银行资产负债表的负债栏将相应出现100单位政府存款的减少和100单位存款准备金的增加。

综上所述,式(8-4)是可以从中央银行资产负债表推导出的恒等式,说其是表现中央银行金融调节之根本的基本公式也不为过。为什么这么说呢?下面,我们就来对式(8-4)背后更深层的含义加以说明。

前面我们通过具体事例已经讲到,而且,从式(8-4)也可明确看出,中央银行的信用供给量或信用吸收量一定(保持不变)时,银行券的增发和财政资金的收大于支将导致存款准备金的减少;而银行券的回流和财政资金的支大于收将导致存款准备金的增加。因此,中央银行可以通过调节日常对商业银行等金融机构的信用供给量或信用吸收量(譬如,实施公开市场业务等),来控制或操作存款准备金的总量。对整个金融机构的存款准备金进行操作,将影响银行间同业拆借市场(各个金融机构对存款准备金进行调整的场所)的资金供求,进而导致银行间同业拆借市场利率出现变化。

通过本小节的内容,我们可以了解到,中央银行与商业银行等金融机构之间所有的资金流动,最终都会以金融机构整体的存款准备金出现变动这一形式表现出来。当银行间同业拆借市场利率被设定为货币政策的基准利率时,中央银行的金融调节是通过调控整个金融机构的存款准备金来将银行间同业拆借市场利率向中央银行所希望的方向和水平进行诱导。

就中国而言,全国银行间同业拆借中心(正式名称:中国外汇交易中心暨全国银行间同业拆借中心,交易中心总部设在上海)成立于1994年4月,全国统一的人民币银行间同业拆借市场于1996年1月正式建立。近年来,随着利率市场化进程的不断推进(如中国人民银行于2013年7月彻底取消了对贷款利率下限的管制,于2015年10月彻底取消了对存款利率上限的管制),银行间同业拆借市场利率在中国金融运行及中国人民银行货币政策调控中发挥着越来越重要的作用(详见本章第五节第三小节)。

二、存款准备金与基准利率

如前所述,存款准备金制度是目前很多国家以银行间同业拆借市场利率为基准利率进行金融调节的基础。在本小节,我们就将对中央银行如何调控、诱导银行间同业拆借市场利率,即基准利率的形成机制进行详细讲解。

假设现在有两家商业银行:商业银行 A 和商业银行 B。商业银行 A 的中央银行存款准备金额低于法定存款准备金额;而商业银行 B 的中央银行存款准备金额高于法定存款准备金额。对商业银行 A 来说,其需要从其他金融机构筹措资金来填补法定存款准备金额的不足;而对商业银行 B 来说,与将剩余资金(即超额存款准备金)存在无利息的中央银行准备金存款账户相比,将其贷给其他金融机构获得相应利息收入更具有经济合理性。[①]银行间同业拆借市场便是像商业银行 A 这样存款准备金不足的金融机构与像商业银行 B 这样存款准备金有剩余的金融机构之间进行短期资金借贷的场所,换言之,银行间同业拆借市场是金融机构之间调整存款准备金的场所。

假设商业银行 A 在银行间同业拆借市场从商业银行 B 借入了100单位的资金。表8-4以资产负债表的形式显示出了商业银行 A 与商业银行 B 之间的资金借贷关系。在商业银行 A 的资产负债表上,负债栏增加了100单位的同业拆入资金,资产栏增加了相同金额的存款准备金。另一方面,在商业银行 B 的资产负债表上,资产栏减少了100单位的存款准备金,增加了相同金额的同业拆出资金。

表8-4 存款准备金与银行间同业拆借市场交易

A 商业银行		B 商业银行	
存款准备金 +100	同业拆入资金 +100	存款准备金	-100
		同行拆出资金	+100

资料来源:在 Furukawa[2014b]图表8-6的基础上加工制成。

在上述基本知识的基础上,下面,我们来说明银行间同业拆借市场利率是如何形

---

① 世界上多数国家的中央银行对存款准备金不付利息。这里,为了使问题简化,我们假设存款准备金无利息。

成的。银行间同业拆借市场利率是在银行间同业拆借市场中通过竞争使资金供给(即同业拆出资金)与资金需求(即同业拆入资金)相等的利率。如图8-1所示,当横轴表示资金供需,纵轴表示银行间同业拆借市场利率时,该市场的资金供给曲线 S_1 和资金需求曲线 D_1 分别为向右上倾斜的曲线和向右下倾斜的曲线,使双方达到均衡的市场利率为 r_1。

在这里,我们假设中央银行通过公开市场买入操作(资金供给操作)来增加金融机构整体的存款准备金。受此影响,像上例中商业银行 A 那样资金不足的金融机构的数目将减少,而且这些资金不足的金融机构从银行间同业拆借市场拆入资金的数量也将减少;而像商业银行 B 那样资金剩余的金融机构将增多,而且这些资金剩余的金融机构将增加在银行间同业拆借市场拆出资金。该结果在图8-1中表现为资金供给曲线 S_1 向右移动至 S_2。①银行间同业拆借市场均衡利率则由原来的 r_1 降至 r_2。反之,当中央银行通过公开市场卖出操作(资金吸收操作)来减少金融机构整体的存款准备金时,资金供给曲线 S_2 将左移至 S_1,银行间同业拆借市场均衡利率将由 r_2 升至 r_1。不过,这里需要注意的是,中央银行决定基准利率和决定资金供给量的先后关系:中央银行在对基准利率的合理水平作出判断后,才来决定基准利率达到该水平所需的资金供给量。

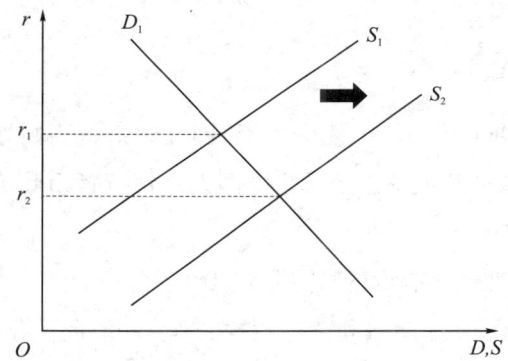

图 8-1 银行间同业拆借市场利率与资金供给的变化

资料来源:在 Furukawa[2014b]图表 8-7 的基础上加工制成。

综上所述,中央银行通过利用公开市场操作来增加或减少金融机构整体的存款准备金,将作为基准利率的银行间同业拆借市场利率向中央银行所希望的方向和水平进行引导。这便是中央银行通过货币政策操作瞄准和调控基准利率的基本机制。基准利率水平的变动,又将通过利率风险溢价(参见第四章第一节)、利率期限结构(参见第四章第三节)等机制引起各类金融市场短期利率及长期利率的变动。

---

① 也可考虑资金需求曲线 D_1 同时向左移动的情形,不过,结论不受影响。因此,这里出于简化的目的,只考虑资金供给曲线的移动。

第五节 中国人民银行的金融调节

《中国人民银行法》(1995年颁布、2003年修订)明确规定,中国人民银行为执行货币政策,可运用下列货币政策工具(第四章第二十三条):

(1)要求金融机构按照规定的比例交存存款准备金;
(2)确定中央银行基准利率;
(3)为在中国人民银行开立账户的金融机构办理再贴现;
(4)向商业银行提供贷款;
(5)在公开市场上买卖国债、其他政府债券和金融债券及外汇;
(6)国务院确定的其他货币政策工具。

为了达成稳定物价、促进经济增长等货币政策的最终目标,目前,中国人民银行主要是综合运用法定存款准备金制度、公开市场业务、利率政策、再贴现等多种市场化货币政策工具来进行金融调节。①

一、法定存款准备金制度

中国人民银行自1984年专门行使中央银行职能后,就开始施行法定存款准备金制度。目前,调整法定存款准备金率已经成为中国人民银行货币政策操作中运用频繁的政策工具之一(见图8-2)。

中国现行法定存款准备金制度的特点是:

(1)不区分存款类型、存款期限和存款规模,即不论是企业存款还是居民储蓄存款,不论是活期还是定期,不论存款数量多寡,法定存款准备金率都相同。②

(2)对不同金融机构实行差别存款准备金率制度,如自2004年4月开始,金融机构适用的法定存款准备金率与其资本充足率等经营指标挂钩,对资本充足率符合规定要求的金融机构降低法定存款准备金率;自2008年9月开始,对中小金融机构实行低于大型金融机构(如中国工商银行、中国农业银行、中国银行、中国建设银行、交通银行、中国邮

---

① 除此之外,通过对商业银行等金融机构进行道义劝告、窗口指导等来对其行为直接加以引导也是现行体制下中国人民银行较常用的货币政策工具。

② 1984年法定存款准备金制度刚建立时,中国人民银行按存款种类规定了不同的法定存款准备金率:企业存款为20%,农业存款为25%,储蓄存款为40%。偏高的法定存款准备金率导致银行的可支配资金不足以及对中国人民银行再贷款的强烈需求。为了克服法定存款准备金率偏高带来的不良影响,1985年中国人民银行将法定存款准备金率统一调整为10%。

政储蓄银行等)法定存款准备金率;自 2014 年 4 月开始,对农村商业银行、农村合作银行等农村金融机构实行较其他金融机构低的法定存款准备金率;为了进一步增强金融机构支持"三农"和小微企业的能力,自 2014 年 6 月开始,对符合审慎经营要求且"三农"或小微企业贷款达到一定比例的商业银行实行较同类金融机构低的存款准备金率;自 2015 年 9 月,对金融租赁公司和汽车金融公司实行较其他金融机构低的法定存款准备金率以促进其发挥扩大消费的作用等。

(3)对存款准备金付息。中国人民银行从 1984 年开始一直对法定存款准备金和超额存款准备金支付利息。存款准备金利率,即中国人民银行对金融机构缴存的存款准备金所支付的利率虽然根据经济状况等不断得到调整,总体上法定存款准备金存款利率略高于金融机构人民币一年定期存款付息率,而超额存款准备金存款利率略低于金融机构人民币一年定期存款付息率。这种利率的设置对金融机构缴存法定存款准备金起到鼓励作用,但对金融机构缴存超额存款准备金产生消极作用,体现了中国人民银行的政策导向。

大型金融机构与中小金融机构的现行(2018 年 5 月)法定存款准备金率分别为 16.5% 和 13.0%(见图 8-2);法定存款准备金存款利率和超额存款准备金存款利率分别为 1.62% 和 0.72%。

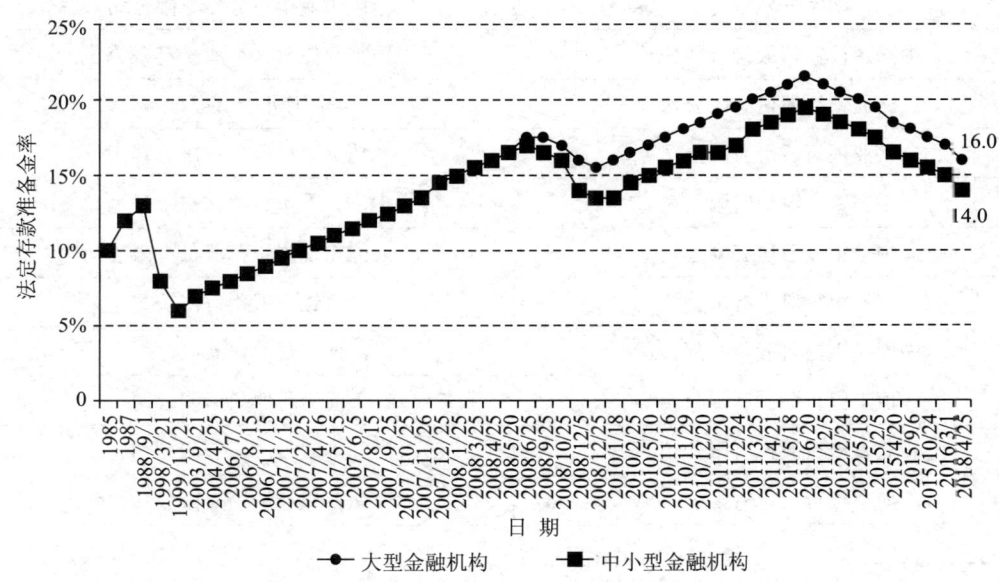

图 8-2 中国人民银行对法定存款准备金率的历次调整

注:自 2008 年 9 月开始,对大型金融机构和中小金融机构实行不同的法定存款准备金率。

资料来源:根据历年《中国金融年鉴》、《中国人民银行统计季报》制成。

二、公开市场业务

1994年，伴随着中国人民银行进行的一系列外汇管理体制改革，其于同年4月正式开始在上海银行间外汇市场通过买卖外汇进行公开市场业务操作①；1996年4月，中国人民银行开始了以国债为对象的本币公开市场业务操作。目前，公开市场业务不仅已成为中国人民银行的一项经常性业务，而且也成为其货币政策操作的重要工具，在调控货币供应量、引导市场利率走势、实现货币政策意图等方面发挥着积极作用。这具体体现在以下三个方面：

（1）市场参与主体稳步扩大。譬如，2018年，公开市场业务一级交易商（经中国人民银行宣定的、具有直接与中国人民银行进行债券交易资格的商业银行、证券公司和信托投资公司等金融机构）达48家，且机构类型也不仅限于最初的存款类金融机构（见表8-5）。②市场参与主体的扩大，有助于中国人民银行更广泛地向金融市场传递货币政策信号，并有利于形成更为准确的基准利率。

表8-5　2018年度公开市场业务一级交易商名单

中国工商银行股份有限公司	中国银行股份有限公司
国家开发银行	中国农业银行股份有限公司
中国建设银行股份有限公司	中国邮政储蓄银行股份有限公司
交通银行股份有限公司	中国进出口银行
兴业银行股份有限公司	招商银行股份有限公司
平安银行股份有限公司	中国光大银行股份有限公司
中信银行股份有限公司	上海浦东发展银行股份有限公司
广发银行股份有限公司	华夏银行股份有限公司
中国民生银行股份有限公司	浙商银行股份有限公司
恒丰银行股份有限公司	上海银行股份有限公司
北京银行股份有限公司	江苏银行股份有限公司
南京银行股份有限公司	徽商银行股份有限公司

---

① 中国人民银行进行的一系列外汇管理体制改革包括：取消外汇上缴和留成，实行银行结售汇制度；汇率并轨，实行以市场供求为基础的、单一的、有管理的浮动汇率；建立全国统一规范的银行间外汇市场；放宽人民币经常项目的限制，为实行人民币经常项目有条件可兑换创造条件；继续重申禁止境内外币计价、结算和流通，停止发行外汇兑换券并逐步退出流通等。

② 中国人民银行于1998年开始建立公开市场业务一级交易商制度，选择了一批能够承担大额债券交易的商业银行作为其开展公开市场业务时的交易对象。

续表 8-5

盛京银行股份有限公司	洛阳银行股份有限公司
长沙银行股份有限公司	厦门银行股份有限公司
河北银行股份有限公司	郑州银行股份有限公司
福建海峡银行股份有限公司	广州银行股份有限公司
天津银行股份有限公司	哈尔滨银行股份有限公司
大连银行股份有限公司	宁波银行股份有限公司
杭州银行股份有限公司	青岛银行股份有限公司
中原银行股份有限公司	上海农村商业银行股份有限公司
广东顺德农村商业银行股份有限公司	北京农村商业银行股份有限公司
广州农村商业银行股份有限公司	汇丰银行(中国)有限公司
渣打银行(中国)有限公司	花旗银行(中国)有限公司
中信证券股份有限公司	中国国际金融股份有限公司

资料来源：中国人民银行《公开市场业务公告》[2018]第 1 号。

(2) 交易工具日益丰富。目前，中国人民银行公开市场业务交易工具包括国债、中央银行票据、政策性金融债和外汇等。

(3) 交易方式逐渐多元化。目前，中国人民银行公开市场业务交易方式包括现券交易、回购交易和逆回购交易。这里，回购交易指中国人民银行向一级交易商卖出国债等，并约定在未来特定日期将其从一级交易商购回的交易行为，实质上为中国人民银行从市场回笼资金、紧缩银根的操作；逆回购交易则与此相反，指中国人民银行向一级交易商购买国债等，并约定在未来特定日期将其卖给一级交易商的交易行为，实质上为中国人民银行向市场投放资金、放松银根的操作。

三、利率政策

中国人民银行采用的利率政策（调控基准利率的政策）主要有：

(1) 调整中国人民银行对金融机构存款利率，包括法定存款准备金存款利率和超额存款准备金存款利率（2018 年 5 月现行利率见本节第一小节）。如果中国人民银行提高对金融机构存款利率，那么金融机构向中国人民银行缴存存款准备金的动机将增加，具有紧缩银根的效果；反之则相反。

(2) 调整中国人民银行对金融机构贷款利率，包括二十天、三个月、六个月、一年的贷款利率（2018 年 5 月现行利率分别为：3.25%、3.55%、3.75%、3.75%）和再贴现率（2.25%）。如果中国人民银行提高对金融机构贷款利率（即再贷款利率），那么金融机构的融资成本将相应上升,导致金融机构有可能提高对企业或个人的贷款利率,以便将融资成本的上升转嫁给企业或个人。金融机构对企业或个人的贷款利率的上升又将导致经济主体资金需求的相应减少,从而具有紧缩银根的效果;反之则相反。

(3) 调整金融机构人民币存贷款基准利率。金融机构人民币存贷款基准利率可理解为是中国人民银行对金融机构的指导性利率,包括存款基准利率和贷款基准利率两种。中国人民银行长期对金融机构人民币存贷款利率设置了浮动区间,即实行上下限管理。如果中国人民银行提高存贷款基准利率,这实质上具有从市场回笼资金、紧缩银根的效果;反之则相反。自中国人民银行于2013年7月全面取消金融机构贷款利率浮动区间以及2015年10月放开金融机构存款利率浮动上限,即基本放开利率管制之后,中国人民银行公布的存贷款基准利率仍然是金融机构利率定价的重要参考。① 2018年5月现行的金融机构人民币存款基准利率为:活期存款(0.35%);三个月(1.10%);半年(1.30%);一年(1.50%);二年(2.10%);三年(2.75%)。现行的金融机构人民币贷款基准利率为:一年以内(含一年)(4.35%);一至五年(含五年)(4.75%);五年以上(4.90%)。

关于"基准利率",需要指出的是,目前另一个与中国货币政策紧密相关的"基准利率"是我们曾在第三章中提到的货币市场基准利率——2007年1月4日开始正式运行的上海银行间同业拆借利率(SHIBOR)。中国人民银行长期的目标是将SHIBOR培育成一个公认的、权威的货币市场基准利率,并用其来替代上述基准利率。

四、再贷款与再贴现

再贷款与再贴现均是中国人民银行向商业银行提供融资的方式(再贷款利率和再贴现利率是中国人民银行基准利率之一,见前述利率政策)。自1984年中国人民银行专门行使中央银行职能之后的相当长的一段时间,由于金融体系的运行机制还具有较浓郁的计划性色彩,市场化的货币政策工具难以运用,在中国人民银行实施的宏观调控中,再贷款成为最主要的货币政策工具(再贷款在中国人民银行的资产中占有最大比重),而且中国人民银行通过再贷款调控信贷规模,并进而控制货币供应量的做法的有效性也较高。随着金融市场化程度的不断提高以及公开市场业务等市场化的货币政策工具的运用越来越普遍,再贷款的数量及重要性均逐渐下降。

中国人民银行的再贴现业务始于1986年。初期阶段,由于票据市场不健全,票据贴现和再贴现的数量均较少,导致与再贷款等其他货币政策工具相比,再贴现的政策效果

---

① 利率管制的基本放开是利率市场化(中国金融领域最核心的改革之一)进程中具有里程碑意义的一步。其不仅有利于金融机构提高自主定价能力,也有利于发挥市场在资金配置中的决定性作用(即健全真正反映市场供求的利率形成机制),还有利于加快货币政策调控方式向价格调控转变(即运用利率等价格型货币政策工具)。关于中国利率市场化改革,详见易纲[2009]、曹凤岐[2014]、易宪容[2015]等。

较小(再贴现在中国人民银行的资产中占有的比重很小)。1994年之后,中国人民银行陆续出台了一系列促进票据市场发展、完善再贴现操作体系的举措,票据市场交易量出现了快速扩张,中国人民银行再贴现的业务量也有所增加。不过,随着金融市场的发展和公开市场业务等货币政策工具地位的提高,与再贷款一样,再贴现作为货币政策工具的地位也逐步下降。

第六节 货币政策的效果

现代中央银行制度强调中央银行实施货币政策时,主要依靠市场化手段(而非行政性指令),通过市场化的货币政策传导机制来影响各经济主体的行为。另外,货币政策属于**逆周期**(counter-cyclical)的总需求管理政策,中央银行在经济过热时实施货币紧缩政策,在经济萧条时实施货币宽松政策,试图以这种调整总需求的方式来达到促进经济增长、稳定物价等政策目标。因此,货币政策能否达到预期效果,这个对中央银行来说至关重要的问题,受多方面因素的影响和制约,具有很大的不确定性。在本节中,我们将围绕货币政策的效果进行讲解。

一、货币政策传导机制

中央银行执行货币政策之后,货币政策的效果是通过何种途径或机制影响金融机构、企业(生产者)和居民(消费者)等经济主体的行为、物价水平乃至实体经济的?关于这个问题学界尚未找到统一的答案。而且,虽然理论上有多种**货币政策传导机制**(monetary policy transmission mechanism),换言之,多条货币政策传导途径存在的可能性,但就哪一条传导途径(传导渠道)是最重要的,正如**凯恩斯学派**(Keynesian economics)和**货币学派**(monetarism)的对立所体现的那样,不同经济学学派之间存在着不同见解。

下面,我们以中央银行实施货币宽松政策,基准利率受其影响下落为例,来说明货币政策传导途径与传导机制。

途径(1):由于贷款的边际费用降低,金融机构将增加贷款(参见第五章第一节的商业银行行为模型);

途径(2):由于利率的下降导致企业或居民(家庭)的融资成本降低,这直接有助于其增加投资或消费支出;

途径(3):利率的下降引起股票、债券、土地等资产价格的上升,由此引发的财富效应亦将增加企业或居民的支出;与此同时,这种资产价格的上升将通过提升抵押价值而使金融机构放贷态度变得积极,从而增加金融机构的放贷(参见第四章第四节);

途径(4):资产价格的上升不仅波及金融机构等贷款人,也将增加企业等借款人的净资产（＝总资产－负债总额），其结果，借款人融资成本降低（换言之，代理成本降低），从而有助于企业投资活动的扩张（参见第六章第四节）。此外，企业股票上升时，根据托宾的 q 理论，托宾的 q 将上升，这也将促进企业投资（参见第四章第四节）；

途径（5）：本国利率的下降，将拉大与外国的利率差，从而引起本国货币（本币）贬值，而本币贬值不仅将引起物价上涨，还将通过增加出口、减少进口来增加总需求（参见第三章第四节）。

需要指出的是，若以上述这些货币政策传导途径为前提进行货币政策的运营，中央银行需要以市场为导向、充分发挥利率作为市场信号的功能。

二、货币政策时滞

货币政策能否在适当时机对实体经济发挥作用是判断货币政策是否有效的依据。譬如，即便在经济过热、物价开始上涨时实施紧缩性货币政策，中央银行所意图的货币紧缩效果需要一段时间才能在经济中显现出来，如果其效果在经济开始减速时才显现，那么旨在稳定经济的货币政策将反而成为经济的不稳定因素。因此，从中央银行认识到需制定货币政策到货币政策效果显现的这段时间差，即**货币政策时滞**（time lags of monetary policy）的存在，是货币政策运营中不可忽视的因素。

一般认为货币政策时滞有三种：①**认知时滞**（recognition lag）；②**决策时滞**（decision lag）；③**效应时滞**（operational lag）。其中，"认知时滞"指的是从需要采取货币政策介入的经济形势出现到中央银行认识到必须采取行动之间的时间差；"决策时滞"指的是中央银行从认识到必须采取行动到实际采取行动之间的时间差；"效应时滞"则指的是货币政策从出台后到传导至货币政策最终目标之间的时间差。另外，认知时滞与决策时滞均产生于中央银行内部，故被称为**内部时滞**（inside lag），与此相对，由于效应时滞涉及外部的经济活动，故被称为**外部时滞**（outside lag）。缩短货币政策时滞，被认为是提高货币政策效果的有效途径。当然，从政策制定、实施、传导到产生效果之间的政策时滞并不仅仅限于货币政策，也存在于财政政策以及其他经济政策之中，不过，货币政策被认为政策时滞尤为明显，特别是效应时滞。

三、货币政策效果的非对称性

之前，作为货币政策的传导机制，我们列举了诸多货币政策的传导途径（迄今在学界已确立的大致所有传导途径）。不过，这些传导途径是否实际发挥作用，或者换言之，货币政策是否有效，则是另外的问题。有观点认为，对**货币政策有效性**（effectiveness of monetary policy）其本身应持悲观看法。为什么会有这样的观点呢？原因之一就在于刚才我们谈到的货币政策时滞问题，而另一个原因则是货币政策效果非对称性问题。换句话说,货币政策效果的非对称性,与货币政策时滞一样,也是左右货币政策有效性的重要因素之一。

所谓**货币政策效果非对称性**(asymmetric effects of monetary policy)指的是,通过货币紧缩政策来抑制经济过热较为容易,而依靠货币宽松政策来刺激经济则不容易。关于这一点,英国经济学家罗伯特逊(Dennis H. Robertson,1890—1963)曾指出,"货币体系单独不可能像对抗经济过热(或类似经济过热的现象)一样有效地来对抗经济衰退(或类似经济衰退的现象)。"①凯恩斯也认为:"抑制经济过热的高利率比挽救经济衰退的低利率更有效,这一观点确实有说服力。"②

在企业生产及投资活动活跃、资金需求旺盛的经济扩张期,如有必要,中央银行可通过收紧融资渠道来提高企业融资的成本和难度,从而抑制企业活动。但是,正如20世纪30年代那样,在对经济前景抱极为悲观预期的经济萧条期,无论筹集投资所需资金多么容易,如果企业觉得投资无法获利,那么其还是不会进行投资。③这一点可以用绳索的比喻来加以说明。当你拉绳索时,系在绳索上的东西将拉到你的身旁;可当你推绳索时,不论你用多大的力气,绳索上系着的东西也不会被推开,这就是Pull(拉)和Push(推)两种效果的差异。货币政策也是如此,货币紧缩政策(拉)和货币宽松政策(推)的效果具有非对称性。这一点在20世纪30年代的大萧条时被提出,时至今日,该观点仍然被认为是妥当的。

如上所述,货币政策从政策手段的行使到政策目标的实现,其政策传导机制十分复杂。很多情况下,货币政策的预期效果需要较长时间才能显现出来;货币政策效果还存在着非对称性;另外,在如今国际化迅猛发展的时代,本国(本地区)的货币政策,往往会受国外(地区外)的经济动向、国外的货币政策运营等影响。由于这些种种非政策性因素的存在,要切实且不失时机地实现货币政策目标绝非易事,不像开车那样能随意转动方向盘、踩刹车或油门来对车辆加以有效控制。要更好地理解货币政策的有效性,我们认为具有以上那样多方面的视角不可或缺。

---

① 原文为:"…it is, in the author's view, unlikely that the monetary system will ever be able to cope unaided with a trade slump (or phenomena akin to a trade slump) as efficiency as with a trade boom (or phenomena akin to a trade boom)." Robertson [1948], p.178.

② 原文为:"There is, indeed, force in the argument that a high rate of interest is much more effective against a boom than a low rate of interest against a slump." Keynes [1936], p.320.

③ 凯恩斯在其主要代表作《就业、利息和货币的一般理论》中论述到,经济衰退之所以难以调控,是因为"资本边际效率的崩溃"(a collapse in the marginal efficiency of capital, Keynes [1936], p.316),即对企业来说,产生了无法计算投资预期收益率的情况,而当资本边际效率出现崩溃时,"无论把利率降到多低都是不够的"(no practicable reduction in the rate of interest will be enough)。无须赘言,当投资预期收益率为负时,即便利率为零,企业也不会产生投资欲望。

四、货币供给与银行贷款

看看全球主要国家中央银行历来的货币政策运营状况,可以发现重视**货币供给**(money supply;money stock)的倾向似乎很强。具体来说,虽然各国中央银行直到 20 世纪 60 年代后半期都比较重视利率,但进入 70 年代以后,与利率相比,货币供给更受到重视。主要国家中央银行先后转向执行重视货币供给的货币政策,作为其背景,可以指出以下两点:第一,从 20 世纪 70 年代至 20 世纪 80 年代初的世界范围内的通货膨胀加速让人们重新认识到了货币供给与物价水平之间的因果关系,并产生了为了稳定物价必须对货币供给加以切实管理与控制的共识;第二,由于在重视市场利率的货币政策运营期间经历了通货膨胀,人们对这种运营手法产生了质疑。

然而,随着金融科技创新的进展,类似货币的金融资产——准货币,如银行存款、政府短期债券等金融资产在经济中所占比重逐渐增大,使货币与非货币之间的界线变得模糊。①不仅如此,货币金融资产与非货币金融资产之间的资金流动也日益活跃,这些都导致正确认识货币供给与经济活动之间的动态关系变得困难。因此,各国中央银行在操作货币政策时不再像从前那样重视货币供给了。目前,普遍的做法是将货币供给与物价水平、景气状况、汇率、利率等经济指标一起作为操作货币政策时进行综合判断的材料,对其加以密切关注。

关于货币供给,还有一点需要考虑,即:货币供给是如何进行的?换言之,货币是如何供给的?这是我们理解货币政策传导机制时的根本性问题。为了更好地阐明这一点,请看表 8-6 中简化了的商业银行的资产负债表。

表 8-6 商业银行的资产负债表

商业银行			
贷款	+100	存款	+100

资料来源:在 Furukawa[2014b]图表 8-8 的基础上加工制成。

假设该商业银行新投放贷款 100 个单位。因此,在其资产负债表左边的资产部分,贷款增加 100 个单位,与此相应,在其资产负债表右边的负债部分,则增加等额的存款,因为商业银行发放贷款时不需要以现金形式支付,而是把贷款转入借款人在该银行的存款账户。换句话说,各个商业银行的贷款创造了等额的存款货币。如此创造出来的存款货币以现金或转账的方式被提取后,不管用途如何,即不论是重新存入其他的商业银行,还是转化为有价证券投资,或是以现金的形式持有,与贷款相同数额的货币被创造出来

---

① **加密电子货币**(cryptocurrency),如**比特币**(bitcoin)等可谓是准货币的最新表现形式。

这一事实都不会有任何改变。

商业银行通过贷款创造出存款货币的这个理论观点最初是由19世纪末苏格兰经济学家、金融业者麦克鲁德(Henry D. Macleod, 1821—1902)提出(Macleod [1875]),与其同时代的金融记者、世界知名财经杂志 The Economist 主编、英格兰人威瑟斯(Hartley Withers, 1867—1950)也曾表达过类似观点。[1]若借用威瑟斯的话来说,该观点可简单地概括为"每一笔银行贷款都创造出一笔存款"。[2]由麦克鲁德和威瑟斯提出的这个观点,在现代得到了一定的传承。譬如,美国经济学家明斯基(Hyman P. Minsky, 1919—1996)曾提出"货币在银行放贷——主要向企业放贷时被创造出来,然后在借款人向银行履行还款义务时被摧毁"。[3]这简明扼要地表现出了货币供给是通过各个银行发放贷款而产生的实质,与麦克鲁德和威瑟斯的观点显然是一致的。

在麦克鲁德、威瑟斯提出"商业银行通过贷款创造出存款货币"这个理论观点之后,信用创造理论和货币乘数理论相继被提出,并逐渐在现代宏观经济学及金融理论中占据了核心地位。不过,这些理论不乏脱离现实的假设。关于这一点,我们将在下一节详细讲解。

第七节 信用创造理论与货币乘数理论

在本节中,我们将结合图表,来对现被认为是主流货币理论的信用创造理论加以讲解。我们假设,现在某经济主体将持有的国债出售给中央银行,并将所得款项 ΔH 存入商业银行A(以下简称A银行)。

假设A银行已留存了足够的法定存款准备金,换句话说,新存入的 ΔH 对A银行来说将成为超额存款准备金,因此,A银行将 ΔH 全额贷款给某企业。如图8-3中过程①所示,假设从A银行获取贷款额 ΔH 的该企业将其中的 k 部分($0<k<1$)存入B银行,并将剩余的 $(1-k)\Delta H$ 以现金的形式持有。我们可以将 k 理解为企业将所获银行贷款重新存回银行体系的比率,即存款留存率;将 $(1-k)$ 理解为贷出资金中以现金的形式流出银行体系的比率,即现金漏损率。

---

[1] 对该理论观点感兴趣的读者可进一步参阅 Furukawa [2014]、Werner [2014]等文献。Werner [2014]首次以实证的手法对其加以了证实。

[2] 原文为:"… every loan makes a deposit …" Withers [1909], p. 63.

[3] 原文为:"Money is created as banks lend – mainly to business – and money is destroyed as borrowers fulfill their payment commitments to banks." Minsky [1982], p. xx.

各银行	所需存款准备金增加额	存款增加额	贷款增加额	现金漏损额
A 银行			ΔH	
B 银行	$\beta k\Delta H$	$k\Delta H$	$k(1-\beta)\Delta H$	$(1-k)\Delta H$
C 银行	$\beta k^2(1-\beta)\Delta H$	$k^2(1-\beta)\Delta H$	$k^2(1-\beta)^2\Delta H$	$(1-k)k(1-\beta)\Delta H$
D 银行	$\beta k^3(1-\beta)^2\Delta H$	$k^3(1-\beta)^2\Delta H$	$k^3(1-\beta)^3\Delta H$	$(1-k)k^2(1-\beta)^2\Delta H$
⋮	⋮	⋮	⋮	⋮

图 8-3 信用创造的过程

资料来源:在 Furukawa[2014b]图表 8-9 的基础上加工制成。

下面,我们再假设 B 银行在新增加的储蓄额 $k\Delta H$ 中,留下 β 部分($0<\beta<1$)作为存款准备金以应付储户提现的需要,然后,将所剩的 $(1-\beta)k\Delta H$ 贷给其客户企业(图 8-3 过程②)。接下来,从 B 银行获取贷款额 $(1-\beta)k\Delta H$ 的该企业将其用于购买其他企业的产品,由此获得销售额 $(1-\beta)k\Delta H$ 的企业将其中的 k 部分,即金额 $k^2(1-\beta)\Delta H$ 存入 C 银行,并将剩余的 $(1-k)k(1-\beta)\Delta H$ 以现金的形式持有(图 8-3 过程③)。

另外,为了抓住问题的实质并使问题简单化,我们假设各商业银行的存款准备金率 β 和企业的存款留存率 k 保持不变。而且,需要指出的是,虽然我们在这里假定某家银行贷出资金的一部分之后将以存款的形式流入另一家银行,不过,即使是重新流入同一家银行(即提供贷款的银行),结果也不会有变化。

在以上假设条件下,如果银行贷款和银行存款之间互为因果的关系无限持续下去,那么,由最初的存款额 ΔH(**原始存款**:primary deposit)带来的整个银行体系的存款新增额 ΔD(**派生存款**:derivative deposit)为:

$$\begin{aligned}\Delta D &= k\Delta H + k^2(1-\beta)\Delta H + k^3(1-\beta)\Delta H + \cdots \\ &= k\Delta H \times \{1 + k(1-\beta) + [k(1-\beta)]^2 + \cdots\} \\ &\approx \frac{k}{1-k(1-\beta)}\Delta H\end{aligned} \quad (8-5)$$

用同样的计算方法,可得出整个银行体系的贷款新增额 ΔL 与现金漏损额 ΔC 分别为:

$$\Delta L \approx \frac{1}{1-k(1-\beta)}\Delta H \tag{8-6}$$

$$\Delta C \approx \frac{1-k}{1-k(1-\beta)}\Delta H \tag{8-7}$$

由式(8-5)可以看出,当 $k=1$ 时,即由各个银行贷出的资金全部又以存款的形式回流银行体系、毫无现金漏损时,

$$\Delta D \approx \frac{1}{\beta}\Delta H \tag{8-8}$$

可是,一般情况下,$0<k<1$,这时,简单计算一下即可知,1 单位超额存款准备金的增加所带来的存款新增额($\frac{k}{1-k(1-\beta)}$),小于 $k=1$ 时的存款新增额($\frac{1}{\beta}$)。

而且,由式(8-5)至式(8-7)可知,

$$\Delta L = \Delta C + \Delta D \tag{8-9}$$

式(8-9)表示的是银行贷款的增加(式左侧)导致货币供应量的增加(式右侧)这一重要关系。另外,式(8-6)右侧的乘数($\frac{1}{1-k(1-\beta)}$)表示的是银行体系中超额准备金的增加将导致银行贷款以该倍数增加,因此,该乘数称为**信用乘数**(credit multiplier)。

以上便是**信用创造理论**(credit creation theory)的内容。不过,我们还可以从另一个角度推导出式(8-5)至式(8-7)。

如果我们用 M 来表示货币供应量,用 D 来表示银行存款,用 C 来表示流通中的现金,用 R 来表示商业银行等金融机构的存款准备金,那么,货币供应的定义可由下式表示:

$$M = C + D \tag{8-10}$$

而且,C 与 R 的合计通常定义为**高能货币**(high-powered money),即:

$$H = C + R \tag{8-11}$$

由于商业银行等的存款准备金和社会公众持有的现金是货币供应的基础,因此,高能货币又被称为**基础货币**(base money)或**货币基数**(monetary base)。

通过式(8-10)与式(8-11),我们可将货币供应量与高能货币(基础货币)之间的关系表示为:

$$\frac{M}{H} = \frac{C+D}{C+R} \tag{8-12}$$

上式的分子分母同除以 D，变形后可得：

$$M = \frac{1+\alpha}{\alpha+\beta}H，且 \alpha = \frac{C}{D}, \beta = \frac{R}{D} \tag{8-13}$$

在式(8-13)中，α 为社会公众持有的现金与商业银行存款的比率，故称为现金-存款比率；β 为商业银行存款准备金(法定存款准备金与超额存款准备金之和)与商业银行存款的比率，故称为准备金-存款比率。不难理解，现金-存款比率和准备金-存款比率反映了居民和企业等非金融部门以及商业银行的资产选择行为。更具体地说，现金-存款比率的高低反映了居民和企业等非金融部门的持币行为。该比率越高，表明与商业银行的存款相比，居民和企业等非金融部门持有的现金越多，或换句话说，与将剩余资金存入银行相比，居民和企业等非金融部门更愿意持有现金。准备金-存款比率的高低取决于中央银行的法定存款准备金率和商业银行留存的超额存款准备金。当商业银行贷款意愿降低而增加超额存款准备金时，准备金-存款比率将上升。

另外，式(8-13)右侧的乘数 $\left(\frac{1+\alpha}{\alpha+\beta}\right)$ 表示高能货币(基础货币)具有使货币供应量以该倍数扩大的能力(这是高能货币被称为"高能"、基础货币被称为"基础"的原因)，因此，该乘数称为**货币乘数**(money multiplier)。式(8-13)通常被理解为，当 α 和 β 保持不变或一定时，中央银行可以通过调控高能货币(基础货币)来调控货币供应量(货币供应量为高能货币或基础货币的货币乘数倍)。

以上这种以货币乘数的稳定性、可控性为前提，主张从高能货币(基础货币)到货币供应的单向因果关系的理论称为**货币乘数理论**(money multiplier theory)。按照该理论，如果假设 $\alpha=0.5, \beta=0.1$，那么由式(8-13)可得货币乘数为2.5。如果中央银行通过在公开市场上买入国债创造出100万元的高能货币，那么将导致货币供应量增加250万元；反之，如果中央银行通过在公开市场上卖出国债减少100万元的高能货币，那么将导致货币供应量减少250万元。

值得指出的是，式(8-13)表示的货币乘数公式和式(8-6)表示的信用乘数公式其实是一样的。由图8-3可知，

$$\alpha = \frac{\Delta C}{\Delta D} = \frac{1-k}{k}，不过，\frac{\Delta C}{\Delta D} = \frac{C}{D} \tag{8-14}$$

$$k = \frac{1}{1+\alpha} \tag{8-15}$$

如果把式(8-15)代入式(8-6),即可得出式(8-13)表示的货币乘数公式与式(8-6)表示的信用乘数公式一致的结论。换言之,信用创造理论与货币乘数理论是相通的。

信用创造理论的创始人、美国经济学家菲利普斯(Chester A. Phillips,1882—1976)曾经提出过以下的著名命题:"对银行体系来说,存款主要是贷款的产物;对各个银行来说,贷款是存款的产物。"①该命题可以说是信用创造理论,或者说,货币乘数理论的核心部分。对该命题稍加解释,即菲利普斯主张,虽然从银行体系的整体来看,存款中的很大部分是由银行贷款创造出来的,但是从各个银行来看,其接纳的存款从根本上成为其放贷的源泉。若进一步解释,则菲利普斯认为,信用创造理论(货币乘数理论)可看做是**合成谬误**(fallacy of composition)的一例。

即使是在当今,说信用创造理论或货币乘数理论是有关货币供应的最主要理论也不夸张,《宏观经济学》、《货币银行学》和《金融经济学》教科书中一般都会对其加以讲解。不过,需要指出的是,这些理论不乏脱离现实的假设,从而制约了其理论解释力和现实有效性。之前我们已经提到,货币乘数理论的前提是货币乘数,换言之,现金-存款比率(α)和准备金-存款比率(β)的稳定性、可控性,在该前提下,中央银行可通过直接调控高能货币(基础货币)来调控货币供应量。但是,现实经济中,现金-存款比率和准备金-存款比率这两个比率是不断变化且对中央银行来说是难以控制的,从而限制了中央银行通过实施货币政策来对货币供应量进行有效调控的能力。譬如,在经济萧条期,即使中央银行通过货币宽松政策增加商业银行的存款准备金,往往由于商业银行自身的惜贷慎贷、企业贷款需求低迷等原因,商业银行信贷规模缩减,从而导致准备金-存款比率提高,货币乘数减小,进而导致无法达到通过扩大高能货币(基础货币)便可成倍增加货币供应量的货币政策预期效果,这也是本章第六节第三小节中讲到的"货币政策效果的非对称性"的一个原因。日本的实际经验数据很好地说明了这一点(图8-4、图8-5)。从这两张图中我们可以发现,在经济扩张期,高能货币与货币供应量的趋势相似,然而在泡沫经济破灭后的经济萧条期,高能货币与货币供应量之间出现了很大的背离,这种背离现象在日本银行通过实施货币宽松政策大量增加高能货币期间,即"零利率政策"期间(1999年2月至2000年8月)和"量化宽松政策"期间(2001年3月至2006年3月),显得尤为突出。

---

① 原文为:"… for the banking system deposits are chiefly the offspring of loans. For an individual bank loans are the offspring of deposits." Phillips [1920],p.64.

现代金融理论与运作

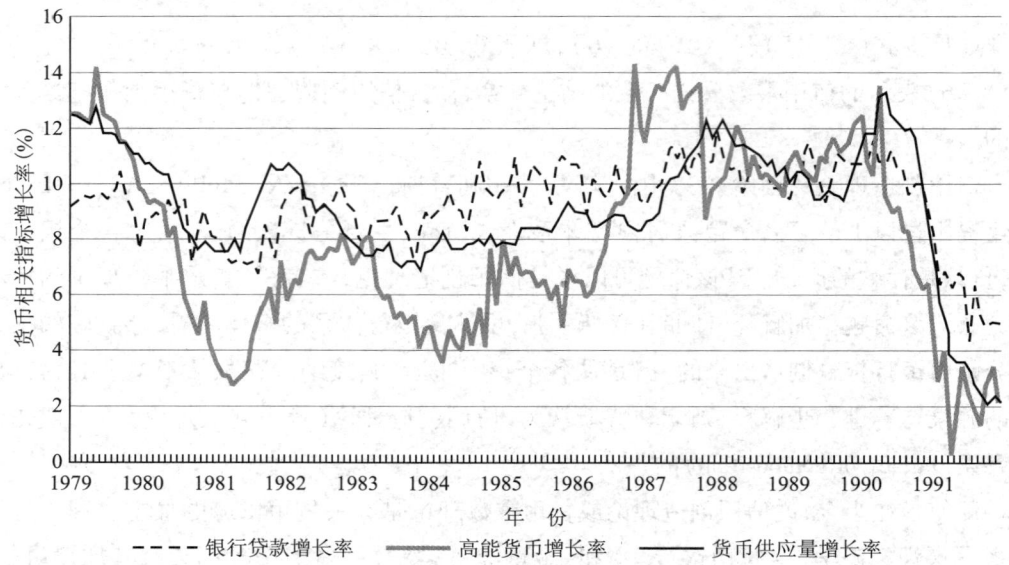

图8-4　日本经济扩张期(1979年1月至1991年12月)货币相关指标增长率

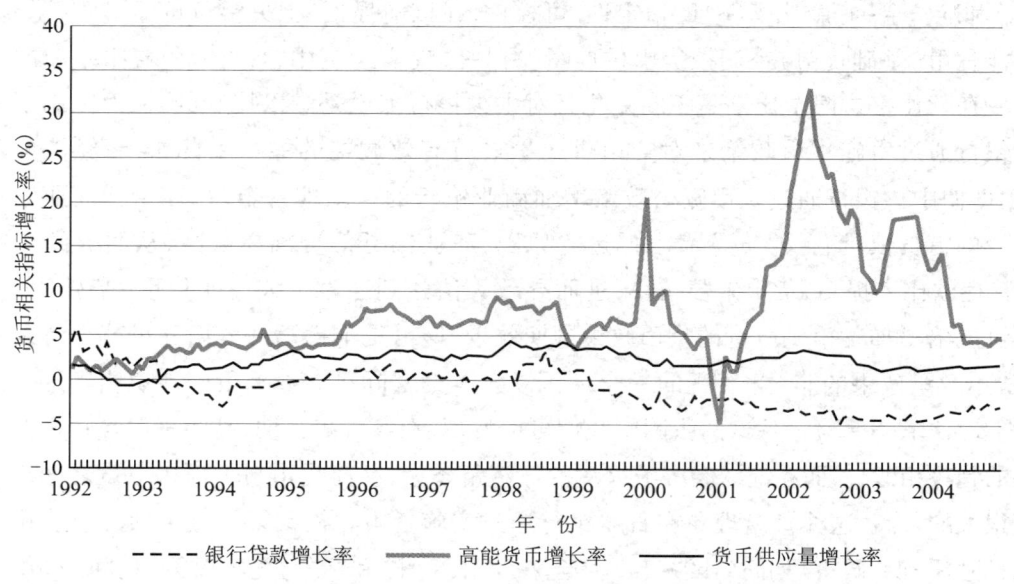

图8-5　日本经济萧条期(1992年1月至2004年12月)货币相关指标增长率
资料来源：Furukawa and Wang [2006]。

第八节　非常规货币政策

在本章第四节我们讲道，中央银行根据政策目标(如通货膨胀率和失业率等)的动向，通过公开市场操作等市场化手段来引导和调控央行政策利率(基准利率)，并在此基础上，通过从央行政策利率到各类金融市场短期及长期利率，再由各类金融市场短期及长期利率至实体经济的传导途径，来影响消费、投资和国民经济。这种通过引导和调控央行政策利率(一般为短期利率)来对经济运行施加影响的做法可谓是中央银行执行货币政策时的常规做法。

2007年爆发的美国次贷危机引发2008年全球性金融危机后，发达经济体的中央银行纷纷通过常规的降息方式来刺激经济，然而，降低利率是有限度的，即正如费雪早于1896年就认识到的那样，名义利率有一个下限——**零利率下限**(ZLB：zero lower bound)，换言之，名义利率无法降到低于"零"的程度(Fisher[1896])，这无疑使常规性货币政策的有效性受到限制。当发达经济体的中央银行将短期名义利率降至零利率下限后，为了进一步刺激经济，其不得不突破货币政策的传统框架，采取调整短期利率之外的新的货币政策措施，即**非常规货币政策**或**非传统货币政策**(UMP：unconventional monetary policy)。下面，我们将从货币政策传导机制的视角，来对非常规货币政策的内容、效果以及存在的问题加以讲解。

一、非常规货币政策的内容

2008年9月，美国第四大投资银行雷曼兄弟公司的破产使源于美国的次贷危机演变成全球性金融危机。随后，直接扩大央行资产负债表规模、改变央行资产负债表结构等非常规货币政策手段越来越多地出现在各国(地区)中央银行的货币政策中，其中尤以美国央行美联储、日本央行日本银行、英国央行英格兰银行和欧洲央行**欧洲中央银行**(ECB：European Central Bank)为典型。

不过，货币政策史上最先实施非常规货币政策的是日本银行。在对美国次贷危机爆发后上述四大央行采取的非常规货币政策进行具体讲述之前，让我们先来回顾一下日本银行首次实施非常规货币政策时的情形。

自20世纪90年代以后，以股价、地价等资产价格的暴跌，即以泡沫经济的破灭为开端，日本经济进入了漫长的经济低迷期。物价水平的持续下落，导致了日本陷入了长期的通货紧缩状态。为了摆脱通货紧缩、克服长期萧条，日本银行自1999年2月开始了货币政策史上前所未有的大胆尝试——采用了将无担保隔夜拆借利率(银行间同业拆借市场利率)诱导至近乎零的**零利率政策**(ZIRP：zero interest-rate policy)。虽然2000年8月曾一度暂时解除,但 2001 年 3 月日本银行决定再度实施,并为能在利率已接近于零的水准下进一步加大货币宽松的力度,决定实施"**量化宽松政策**"(QEP:quantitative easing policy)。该史无前例的非常规货币政策包括三大支柱:

(1) 由于零利率下限的制约,政策利率(无担保隔夜拆借利率)无法降到低于"零"的程度,日本银行将货币政策操作目标(诱导目标)由利率变更为金融机构存放于日本银行的准备金存款账户余额,并通过大力增加该金额来大量增加流动性,以实现如字面所示的"量化宽松"。

(2) 日本银行明确表示持续进行零利率水平下的量化宽松,直至消费者物价指数较上年同期增长率(通货膨胀率)稳定维持在 0 以上。从货币政策传导机制来解释,这种公开明确承诺在未来一段时间内维持量化宽松的措施,其目的在于影响公众对未来利率水平的预期,从而降低中长期利率,进而促进消费、投资、生产等经济活动。非常规货币政策的这种效果称为**承诺效应**(commitment effect)或**政策持续效应**(policy duration effect)。①

(3) 为了切实达成日本银行准备金存款账户余额目标,日本银行持续增加每月的长期日本国债购入额。

其后,2005 年,消费者物价指数增长率转为正数;2006 年 3 月,历经五年的量化宽松政策后,日本银行判断经济状况已确实恢复、物价增长趋势已有所稳定(换言之,已摆脱通货紧缩局面),结束了该非常规货币政策,并将货币政策操作目标调整回传统的无担保隔夜拆借利率。

接下来,我们将具体讲述 2008 年全球性金融危机时,各主要发达经济体的中央银行是如何运用非常规货币政策来应对这一大萧条以来最为严重的金融危机的。

1. 美国

在 2008 年全球性金融危机的震源地美国,为了应对次贷危机,美联储从 2007 年秋开始,以从未有过的速度下调作为政策利率的联邦基金利率,与此同时,美联储还新制定了一系列的紧急信贷措施,即"**信贷宽松**"(CE:credit easing)来向金融市场注入流动性以恢复金融体系的正常运作和缓解信贷紧张问题。

2008 年 12 月,美联储将联邦基金利率降至 0~0.25% 的区间水平,并承诺在相当一段时间内维持该利率水平不变,从而实质上进入了"零利率政策"时期。在这种情况下,美联储不得不通过实施一系列"**大规模资产购买**"(LSAPs:large-scale asset purchases)的非常规办法(即购买一定数量的特定资产)来进一步刺激经济。其结果,美联储资产负债

---

① 正如在第四章第三节所讲,根据最基本的长期利率决定理论(即预期理论),"长期利率 = 未来短期利率预期的平均值"。承诺效应或政策持续效应,可理解为通过作用于该式右侧进而对该式左侧产生影响的政策效果。

表的规模大幅扩张,这也是"大规模资产购买"被简称为"量化宽松"的原因。

具体来说,美联储共实施了三轮"大规模资产购买":

(1)第一轮大规模资产购买(2008年11月至2010年3月):2008年11月,美联储宣布实施第一轮大规模资产购买:从与住房相关的**政府资助机构**(GSEs:government-sponsored enterprises)——两大住房抵押贷款机构房利美和房地美以及**联邦住房贷款银行**(Federal Home Loan Bank)购买最高达1000亿美元的直接债务(即机构债),并另外购买最高达5000亿美元由房地美、房利美和**吉利美**(Ginnie Mae)支持的**抵押贷款支持证券**(MBS:mortgage-backed securities)。

2009年3月,美联储宣布为了进一步支持住房贷款市场和住宅市场,进一步改善私人信贷市场,将扩大第一轮大规模资产购买的规模:再购买最高达7500亿美元的抵押贷款支持证券,将抵押贷款支持证券的购买总额提至1.25万亿美元;再购买最高达1000亿美元的机构债,将机构债的购买总额提至2000亿美元;在未来6个月购买最高达3000亿美元的美国长期国债。即,将累计购买约1.75万亿美元的资产。

2009年11月,美联储在**联邦公开市场委员会**(FOMC:Federal Open Market Committee)声明中不再用"最高达"的说法,而是明确表示将购买总计达1.25万亿美元的抵押贷款支持证券和约1750亿美元的机构债。

(2)第二轮大规模资产购买(2010年11月至2011年6月):为了进一步加快经济复苏,2010年11月,美联储宣布启动第二轮大规模资产购买:至2011年6月末再购买6000亿美元长期国债(约合每月购买750亿美元),并表示延续自2010年8月开始的做法,把到期的机构债与抵押贷款支持证券所得再投资于长期国债。

(3)第三轮大规模资产购买(2012年9月至2014年10月):2012年9月,美联储宣布启动不设期限、每月购买400亿美元抵押贷款支持证券的第三轮大规模资产购买,同时继续执行自2011年9月开始的卖出短期国债、买入长期国债的"**期限延展项目**"(MEP:Maturity Extension Program)。[①]2012年12月,美联储宣布继续购买长期国债,初步额度为每月450亿美元。

另外,在实施第三轮大规模资产购买期间,美联储延续"期限延展项目"期间的再投资政策,即把到期的机构债和抵押贷款支持证券所得再投资于抵押贷款支持证券。

自2014年1月开始,美联储逐步缩减其每月购买抵押贷款支持证券和长期国债的资产规模。2014年10月,美联储正式宣布结束大规模资产购买。

2.日本

2008年的全球性金融危机使日本经济再度陷入景气低迷。为了对此加以应对,日本

---

① 该项目又称为**扭转操作**(operation twist)。在该操作期间(2011年9月至2012年12月),美联储卖出了6670亿美元规模的短期资产,并购入了相应规模的长期资产。

银行从 2008 年底起将无担保隔夜拆借利率降至 0.1%，并在此基础上扩大长期国债的购买规模。

2010 年 10 月，为了应对通货紧缩的长期化，日本银行开始实施"全面的货币宽松政策"。该货币政策包括以下三项具体措施：①降低基准利率（将无担保隔夜拆借利率由 0.1% 降至 0~0.1% 区间），即事实上实施零利率政策。②承诺维持事实上的零利率直至"价格稳定可以预见"，以强化货币政策的承诺效应。③创设购买多种金融资产的"贷款支援基金"。其中，第三项的"贷款支援基金"的购买对象，除了国债、公司债、商业票据（CP）、还包括**交易型开放式指数基金**（ETF：exchange traded fund）、房地产投资基金（REIT）等金融资产。尽管是间接性的，但是中央银行在执行货币政策中购买股票、房地产等风险资产，从这一点来说，"全面的货币宽松政策"是极其特殊的货币宽松政策。

接下来，日本银行在 2013 年 4 月的货币政策会议上决定实施更大力度的货币宽松政策，即"**量化与质化宽松货币政策**"（QQE：quantitative qualitative easing），以解决通货紧缩问题和促进经济持续增长。该政策的核心为以下三点：

（1）作为货币政策目标，将通胀率目标（消费者物价增长率）明确设定为 2%，并计划在两年之内尽早实现该通胀目标。

（2）在量化宽松方面，以每年约 60 万至 70 万亿日元的速度增加货币供应规模，从而在两年内将高能货币（基础货币）规模翻番，将 2012 年底 138 万亿日元规模的基础货币在 2014 年底增至 270 万亿日元。

（3）在质化宽松方面，为了达到量化宽松的规模目标，两年内除了将日本银行长期国债持有量由 2012 年底的 89 万亿日元翻番至 2014 年底的 190 万亿日元以外，还将扩大 ETF、REIT 等风险资产的购买规模，使二者的年购买总额分别以 1 万亿日元和 300 亿日元的幅度增长，最终将日本银行 ETF 的持有量增加一倍。

"量化与质化宽松货币政策"的宽松力度在当时看来是史无前例，因此在日本也被称为"异次元"宽松货币政策，以表示其突破历史维度的激进之意，其实说其是改写日本货币政策史的"体制转变"也无妨。该政策是日本政府（安倍晋三内阁）经济政策，即安倍经济学"三支箭"（大力度的货币宽松、大规模的财政支出、促进民间投资的结构性改革）的核心。

虽然"量化与质化宽松货币政策"宽松力度之大史无前例，但 2% 的通胀率目标（物价稳定目标）在两年内并未达成。因此，从 2016 年开始，日本银行进一步加大了货币宽松力度：2016 年 1 月，日本银行宣布在执行"量化与质化宽松货币政策"的同时实施**负利率政策**（NIRP：negative interest rate policy），即民间商业银行等金融机构存放在日本银行的存款的利率由当时现行的 0.1% 下调至 -0.1%；2016 年 7 月，日本银行决定将 ETF 年购买规模从当时现行的 3.3 万亿日元扩大至 6 万亿日元；2016 年 9 月，日本银行导入货币政策新框架,宣布实施附加**收益率曲线控制**(yield curve control)的量化与质化宽松货币政策。该新型量化与质化宽松货币政策以长短期利率为调控目标,并继续大规模购买长期国债和风险资产。具体来说,继续将短期利率目标定为负的0.1%,并继续购买日本国债直至十年期国债收益率保持在0%附近。

3. 英国

英国央行英格兰银行自2007年2月至2009年3月连续九次降息,将基准利率从5.75%大幅降至0.5%,创该行1694年成立后的最低利率记录。其后,在将基准利率维持在该历史最低水平的同时,英格兰银行开始实行一系列规模递增的"量化宽松政策",即通过购买国债、公司债等金融资产向金融市场注入流动性:

(1)2009年:3月,英格兰银行在宣布将基准利率大幅降至0.5%的同时也宣布实施总值达750亿英镑的资产购买计划。接下来,同年5月,8月和11月,英格兰银行分别宣布将资产购买计划规模逐步扩大至1250亿英镑、1750亿英镑和2000亿英镑。

(2)2011年:10月,英格兰银行宣布将资产购买计划由2000亿英镑进一步扩大至2750亿英镑。

(3)2012年:2月,英格兰银行宣布继续实施量化宽松政策,并将资产购买计划规模由2750亿英镑增至3250亿英镑;同年7月,英格兰银行宣布再次将资产购买计划规模扩大500亿英镑至3750亿英镑。

2016年8月,为了缓解脱欧公投对英国经济的冲击,英格兰银行宣布将基准利率由2009年3月以来的0.5%降至0.25%,从而刷新了基准利率的历史新低,与此同时,英格兰银行还宣布时隔四年扩大资产购买计划规模,使其达到4350亿英镑。

2017年11月,英格兰银行十年来首次宣布加息,将基准利率由0.25%提高至0.5%,从而退出量化宽松政策,开始进入利率水平正常化通道。

4. 欧盟欧元区

欧盟欧元区央行欧洲中央银行的利率工具包括:主要再融资利率(欧元区商业银行向欧洲中央银行融资时的利率)、隔夜贷款利率(欧元区隔夜拆借市场利率上限)、隔夜存款利率(欧元区隔夜拆借市场利率下限),即所谓"三大基准利率"。在全球性金融危机爆发后,货币政策风格谨慎稳健的欧洲中央银行并没有立即降息,而是自2008年10月开始连续降息(但包括两次向上调整)。譬如,2009年5月,欧洲中央银行将主要再融资利率降至1%,创二战之后的最低利率水平;2014年6月,欧洲中央银行决定下调三大基准利率,将主要再融资利率降至0.15%,将隔夜贷款利率降至0.4%,将存款利率降至-0.1%,由此欧洲中央银行成为历史上首家实施负利率政策的主要经济体央行[①];2016

[①] 实施负利率政策的目的是迫使商业银行增加对企业的放贷,从而促进经济复苏。

年3月,欧洲中央银行将三大基准利率降至史上最低利率水平,即:主要再融资利率0%、隔夜贷款利率0.25%、隔夜存款利率-0.4%,其后,三大基准利率长期维持在该历史最低位,向市场释放出持续宽松的货币政策信号。

在传统的利率工具逐渐失去其有效性后,欧洲中央银行也开始实施非常规货币政策。可以说,欧洲中央银行的非常规货币政策以2015年为分界点,前后的执行方法和规模都有不同。2015年之前,欧洲中央银行的非常规货币政策主要包括长期再融资操作(LTRO)、资产担保债券购买计划(CBPP)等,来强化对欧元区银行部门流动性的支持。2015年之后,由于欧洲经济依然持续低迷,且多个欧元区国家面临通胀紧缩,为了刺激欧元区经济,欧洲中央银行开始实施量化宽松政策,其所提供的流动性规模远超过之前的非常规货币政策:

(1)2015年1月,欧洲中央银行宣布从同年3月开始启动量化宽松政策,即每月购买600亿欧元资产(包括政府债券、公司债券等);

(2)2016年3月,欧洲中央银行在下调三大基准利率至历史最低位的同时,将量化宽松的规模由每月600亿欧元增至每月800亿欧元;同年12月,欧洲中央银行宣布,将原定实施至2017年3月末的资产购买计划延长至2017年12月,且从2017年4月起将资产购买计划的规模由每月800亿欧元降至每月600亿欧元,由此"一进一退"也可看出欧洲中央银行在执行货币政策时谨慎稳健的特点;

(3)2017年11月,欧洲中央银行宣布再次延长资产购买计划实施期限至2018年9月底,并且从2018年1月起将每月资产购买规模缩减一半,即由每月600亿欧元降至300亿欧元,进一步表明了欧洲中央银行在退出非常规货币政策上所持的谨慎态度,即虽然欧元区经济在复苏,但全面退出非常规货币政策(即量化宽松政策)的条件尚不成熟。

由以上对全球四大主要央行的非常规货币政策内容进行的归纳可以看出,他们都是在将政策利率下调至接近零的水平之后为了进一步放松货币政策,而采用通过购买资产、扩大资产负债表规模来实施非常规货币政策的。不过,需要指出的是,四大主要央行执行非常规货币政策时具体手法(譬如,购买何种资产、从何处购买资产、如何购买资产?等)及其效果不尽相同(参见Cour-Thimann and Winker [2012];Joyce et. al [2012];Gambacorta,Hofmann and Peersman [2014];Wang [2016,2018]等)。

二、非常规货币政策的效果

非常规货币政策在世界范围内被采用,这是史无前例的现象,也为我们深入了解货币政策的传导机制提供了非常好的素材。在"零利率下限"这一制约条件下,非常规货币政策是通过何种机制来稳定金融体系、克服通货紧缩、促进经济活动的呢?下面,我们就结合主要发达经济体的经验来探讨一下这个问题。

首先，可以举出的是，通过设定通货膨胀目标（主要四大央行均设为2%）来引导公众通胀预期的效果。具体来说，如果央行设定一个物价上涨率目标，然后基于该目标，承诺购入大量资产来大幅增加基础货币（高能货币），那么，便有可能使公众产生对通货膨胀的预期、增加企业的设备投资和居民的消费支出。之所以这样说，是因为一旦公众产生通胀预期，即预测物价水平将上涨，那么，影响企业实物投资的实际利率（=名义利率-预期通货膨胀率）将会下落，从而企业的实物投资有可能增加，进而促进经济的复苏。

其次，当中央银行持续大量供给资金时，金融机构和企业等经济主体达到资金饱和状态后，有可能会增加风险较高的资产，从而可望促进经济活动。这种大量的资金供给改变经济主体资产组合的效应称为**资产组合再平衡效应**（portfolio rebalancing effect）。具体来说，从中央银行获得大量资金的金融机构有可能会减少现金、国债等安全资产，转而购买更多的股票、高风险公司债券、外币资产等风险资产，或增加对企业的融资。当"资产组合再平衡效应"起作用时，其有可能通过股价上涨、本币贬值、贷款增加等给经济活动带来积极影响，那么，即使在零利率的状态下，也能通过量化宽松而达到刺激经济的政策目的。

另外，我们之前曾提到的"承诺效应"也能通过影响公众的预期来刺激经济。具体来说，中央银行向企业和居民等经济主体提供明确的承诺，表示在货币政策目标（譬如，通货膨胀目标等）得以实现之前将持续实施非常规货币政策，可理解为向经济主体提供清晰的政策信号，使作为生产者和消费者的企业和居民能更准确、合理地对中央银行未来的货币政策作出预期、进行生产和消费等经济活动的决策选择。譬如，在承诺效应下，当中央银行向经济主体承诺在今后相当长的一段时间内将维持利率于相当低的水平时，这将促使经济主体产生中长期利率将下降的预期，从而刺激中长期设备投资等经济活动。

不过，需要注意的是，以上提出的非常规货币政策的效果并不是绝对的，非常规货币政策是否有效，这是个尚存争议的问题。譬如，即使设定了通货膨胀目标，也不能保证立刻就能催生出公众（或进一步说，市场）对通胀的预期。第二个疑问是扩张中央银行的资产负债表、向金融体系大量供给资金这一方法能否有效引导公众预期？这个疑问源于货币政策领域的根本问题，即：基础货币的增加是通过何种机制或过程来推动实体经济的。

另外，关于"资产组合再平衡效应"，理论和实证两方面都有疑问。在理论方面，该效应有一个默认的前提，即金融机构总是将现金、国债等安全资产和股票等风险资产的持有比率保持为一定；在实证方面，在对非常规货币政策期间金融机构资产组合进行分析的实证研究中，有研究得出与"资产组合再平衡效应"相反的结果，即被视为安全资产的国债持有率反而上升。其原因有可能是不景气导致企业等经济主体的资金需求下降，从而造成金融机构增加国债的持有。①

三、非常规货币政策的问题点

当货币政策受到"零利率下限"制约（即中央银行无法再下调名义利率）时，非常规货币政策为中央银行提供了新的货币政策手段，打开了新的政策空间，不过，需要注意的是，与此同时，非常规货币政策也带来了诸多问题。譬如，非常规货币政策有可能产生以下的弊害：

（1）如果中央银行无视市场的实际情况，无限制地实施量化宽松，那么，市场流动性将过剩，金融机构等市场参与者的风险溢价将被压缩，进而导致根据风险来定价这一市场本来的机能将被扭曲。实际上，主要发达经济体的经验表明，中央银行通过量化宽松等非常规货币政策向商业银行等金融机构大量提供资金的做法实质上取代了银行间同业拆借市场的部分功能，导致银行间同业拆借市场交易额大幅减少等市场扭曲现象。其主要原因在于，金融机构即便在银行间同业拆借市场运用资金（拆出资金），由于拆出资金所获得的利息收入少于人工费等成本，市场交易受到抑制。

（2）就算假定由于大幅度的量化宽松产生了通胀预期，受通胀预期的影响，长期利率上升的可能性将增大。长期利率的上升意味着债券价格的下落，这将直接影响到大量持有国债、公司债的金融机构的收益和资产质量。长期利率由于景气的回升而上升时，也将出现与此相同的情况。另外，日后当经济复苏时，中央银行将通过在金融市场出售所持金融资产来缩减之前大幅膨胀的资产负债表（即所谓"缩表"），这也有可能导致债券价格等资产价格的下跌，从而直接影响到金融机构的盈亏，这将给金融市场及宏观经济带来冲击，甚至有可能引发金融危机。由此也可看出，中央银行从非常规货币政策退出时难度较大。因此，中央银行在实施非常规货币政策时，设计好"退出战略"——何时且如何退出非常规货币政策，也是一个重要课题，正所谓"去时容易，回来难"。

（3）中央银行自身的风险大幅增加。中央银行在执行非常规货币政策时，由于大量购入国债以及以股票、投资信托、抵押贷款支持证券等为主的风险资产，其结果，中央银行的资产负债表不仅在规模上大幅膨胀，在结构上也发生了很大变化，这加大了中央银行面临的风险，譬如利率风险（利率的上升将导致资产价格下降，进而使中央银行的资产缩水）、价格波动风险（资产价格的波动直接导致中央银行的资产发生变化）等。考虑到中央银行在整个金融体系中的特殊地位，若中央银行脆弱性不断增大，其甚至有可能威

---

① "资产组合再平衡效应"是否起作用，有可能取决于货币宽松的程度。具体来说，在一般性的货币宽松情况下，由于利率的低下导致国债价格的上升，因此，金融机构可以期待将持有的国债在市场卖出而获得买卖差价。但是，当实施超级货币宽松政策，利率已无法再降低时，获取国债的买卖差价变得困难，因此，金融机构有可能减少国债的持有而转向投资于贷款、股票投资、外债投资等收益率相对较高的风险资产。

胁到整个金融体系的稳定。

（4）通过量化宽松向金融体系注入大量资金的做法，有可能仅是单纯增加了金融机构在中央银行的存款余额（即存款准备金），而无法对经济复苏起到很大的促进作用。正如我们在本章第七节中所讲，传统的信用创造理论（或货币乘数理论）表明，基础货币（高能货币）的增加将导致货币供应量的增加和银行贷款的增加。即使这在理论上正确，中央银行能否通过扩大基础货币诱发整个经济资金需要量的增加，这存在很大疑问。正如西方谚语"牵马到水边易，逼马去饮水难"（"You may take a horse to the water, but you can't make it drink"）所云，不管如何大量增加资金供给，如果企业等经济主体的资金需要低迷，那么，金融机构贷款就无法增加，增加基础货币供给的效果也就只能停留在中央银行存款准备金的累积上，而无法扩大至经济内更广泛的范围。

（5）非常规货币政策有可能影响中央银行的独立性。中央银行的信誉很大程度上来自于其独立性。中央银行在实施非常规货币政策时，持续大量购买政府债券，这使得非常规货币政策带有"**准财政**"（中央银行通过货币政策解决财政资金不足的问题）的色彩。因此，有很多学者指出，在非常规货币政策下，政府债务（国债）被转化为货币，即所谓的"**债务货币化**"（monetization），结果，中央银行与政府的界限变得模糊，中央银行的独立性下降。不难想象，当非常规货币政策的"准财政"色彩很强烈时，财政支出将陷入散漫状态，**财政纪律**（fiscal discipline）将缺失，从而给中央银行维持其独立性带来巨大困难。

有经济学者（Honda［2014］）将非常规货币政策的效果，譬如，通过大量增加高能货币的供给来诱导公众的通胀预期，称为**安慰剂效应**（placebo effect）。该效应指的是某药物本无疗效，但不知情的病人相信该药物有效并加以长期服用，结果，病人的这种对药物疗效的期望或信任最终使病人的症状得以缓解的现象。如果非常规货币政策能够通过大量增加高能货币的供给来唤起公众的通胀预期、克服通货紧缩、使经济复苏，那么，这正可谓是经济学意义上的"安慰剂效应"了。不过，如前所述，非常规货币政策本身存在着若干副作用，这是中央银行在实施非常规货币政策时不可忽视的问题。总之，非常规货币政策在世界范围内的大规模、长时间运用，可以说是全球货币政策史上前所未有的重大实验，我们有必要从长期及多重视角出发，对其政策效果加以关注。

参考资料

中文资料

曹岐歧. 利率市场化进程中基准利率在货币政策体系中的地位与构建[J]. 中央财经大学学报,2014(4):26-33.

陈汉鹏,戴金平. Shibor作为中国基准利率的可行性研究[J]. 管理世界,2014(10):37-46.

陈小亮,陈惟,陈彦斌. 社会融资规模能否成为货币政策中介目标——基于金融创新视角的实证研究[J]. 经济学动态,2016(9):69-79.

崔名铠,庞皓,聂富强. 货币国际化、支付电子化和金融市场化背景下中国货币统计改革研究[J]. 金融监管研究,2014(6):84-98.

方先明,花旻. SHIBOR能成为中国货币市场基准利率吗?——基于2007.1—2008.3间SHIBOR数据的经验分析[J]. 经济学家,2009(1):85-92.

计小青,曹啸. 国有股权、投资者信心与中国股票市场发展:理论及经验证据[J]. 财贸经济,2008(4):30-35.

蒋健蓉,钱康宁,龚芳. 中国证券投资者结构分析[J]. 中国证券,2016(6):50-54.

李维林,朱文君. 我国市场基准利率的选择与培育——基于价格型货币政策传导渠道的分析[J]. 宏观经济研究,2017(8):59-68.

李志辉,崔光华. 基于开发性金融的政策性银行转型——论中国农业发展银行的改革[J]. 金融研究,2008(8):1-12.

林义相. 证券市场的第三次制度创新与国有企业改革[J]. 经济研究,1999(10):46-52.

刘慧龙,吴联生,肖泽忠. 国有企业改制与IPO融资规模[J]. 金融研究,2014(3):164-179.

刘孝红,王志峰. 当前宏观经济背景下政策性银行的功能探析:基于国际比较的视角[J]. 国际金融研究,2009(5):61-68.

任杰,尚友芳. 我国货币政策中介目标是否应改变为利率——基于扩展的普尔分析的实证研究[J]. 宏观经济研究,2013(10):23-31.

王凌. 浅析我国股票市场寻租现状[J]. 东南大学学报(哲学社会科学版),2001(S1):19-22.

王凌. 浅析我国股票市场的制度变迁[J]. 唯实,2002(3):45-48.

夏斌,廖强. 货币供应量已不宜作为当前我国货币政策的中介目标[J]. 经济研究,2001(8):33-43.

项卫星,李宏瑾. 货币市场基准利率的性质及对 Shibor 的实证研究[J]. 经济评论,2014(1):107 – 117.

易纲. 中国改革开放三十年的利率市场化进程[J]. 金融研究,2009(1):1 – 14.

易宪容. 中国利率市场化改革的理论分析[J]. 江苏社会科学,2015(2):1 – 10.

殷醒民,谢洁. 中国股票市场与经济增长关系的实证研究[J]. 复旦学报(社会科学版),2015(4):96 – 102.

张亦春,孙君明. 我国上市公司的股权结构、股利政策与公司治理研究综述——基于股权分置改革后股权结构变化的研究视角[J]. 当代财经,2009(7):123 – 129.

外文资料

Allen, F., and Gale, D., 1997. Financial market, intermediaries and intertemporal smoothing. *Journal of Political Economy*, 105 (3), 523 – 546.

Allen, F., Qian, J., and Qian, M., 2005. Law, finance, and economic growth in China. *Journal of Financial Economics*, 77(1), 57 – 116.

Arthur, W. B., 1988. Self-reinforcing mechanisms in economics, in *The Economy as an Evolving Complex System*: the proceedings of the Evolutionary Paths of the Global Economy Workshop, edited by Philip W. Anderson, Kenneth J. Arrow and David Pines, Massachusetts: Addison-Wesley, 9 – 31.

Arthur, W. B., 1989. Competing technologies, increasing returns, and lock-in by historical events. *Economic Journal*, 99(3), 116 – 131.

Basel Committee on Banking Supervision, 2004. International Convergence of Capital Measurement and Capital Standards: A Revised Framework. Bank for International Settlements, June.

Bank of Japan, 1996. About Transctions of Asset Banked Securities. *Bank of Japan Monthly Bulletin*, No. 4.

Boot, A. W. A., 2000. Relationship Banking: What Do We Know? *Journal of Financial Intermediation*, 9, 7 – 25.

Cour-Thimann, P., and Winker, B., 2012. The ECB's non-standard monetary policy measures: the role of institutional factors and financial structure. *Oxford Review of Economic Policy*, 28(4), 765 – 803.

David, P. A., 1985. Clio and the economics of QWERTY. *American Economic Review*, 75(2), 332 – 337.

Demirgüç-Kunt, A., and Levine, R., 2004. *Financial Structure and Economic Growth*: A

Cross-country Comparison of Banks, Markets, and Development. Cambridge, MA: MIT Press.

Diamond, D. W., 1984. Financial intermediation and delegated monitoring. *Review of Economic Studies*, 51(3), 393 – 414.

Diamond, D. W., 1991. Monitoring and reputation: The choice between bank loans and directly placed debt. *Journal of Political Economy*, 99(4), 689 – 721.

Engerman, S. L., and Sokoloff, K. L., 1996. Factor endowments, institutions, and differential paths of growth among new world economies: A view from economic historians of the United States, in *How Latin America Fell Behind*, edited by Stephen Harber. California: Stanford University Press, 260 – 304.

Fisher, I., 1896. Appreciation and Interest, in *Publications of the American Economic Association*, XI(4), New York: Macmillan.

Furukawa, A., and Wang, L., 2006. *Manetarībēsu, ginkōkashidashi oyobi manēsapurai no kankei ni tsuite: Jikeiretsu bunseki ni yoru kenshō* (Monetary base, bank credit and money supply: A test using time series analyses in Japan). *Konan Keizaigaku Ronshu* (Konan Economic Papers), 47(1), 39 – 61.

Furukawa, A., 2014a. H. D. *Macleod to shinyōsōzōron no keifu* (H. D. Macleod and a genealogy of Credit Creation Theory). *Konan Keizaigaku Ronshu* (Konan Economic Papers), 54(1·2), 25 – 56.

Furukawa, A., 2014b. *Tekisutobukku Gendai No Kinyu* (Textbook Modern Finance), 3rd edition. Tokyo: Toyo Keizai Inc.

Friedman, M., and Schwartz, A. J., 1982. *Monetary Trends in the United States and the United Kingdom: Their Relation to Income, Prices, and Interest Rates, 1867 – 1975*. Chicago: The University of Chicago Press.

Gambacorta, L., Hofmann, B., and Peersman, G., 2014. The Effectiveness of Unconventional Monetary Policy at the Zero Lower Bound: A Cross-Country Analysis. *Journal of Money, Credit and Banking*, 46(4), 615 – 642.

Goldsmith, R. W., 1969. *Financial structure and development*. New Haven, CT: Yale University Press.

Gurley, J. G., and Shaw, E. S., 1955. Financial aspects of economic development. *American Economic Review*, 45(4), 515 – 538.

Gurley, J. G., and Shaw, E. S., 1960. *Money in a Theory of Finance*. Washington: The Brookings Institution.

Gurley, J. G., and Shaw, E. S., 1967. Financial structure and economic development. *Economic Development and Cultural Change, 15, 257 – 268.

Hawtrey, R. G., 1919. *Currency and Credit*. London: Longmans, Green (reprinted 1979 by Arno Press, New York).

Hicks, J. R., 1967. *Critical Essays in Monetary Theory*. Oxford: Oxford University Press.

Honda, Y., 2014. The effectiveness of nontraditional monetary policy: The case of Japan. *The Japanese Economic Review*, 65(1), 1 – 23.

Jensen, M. C., and Meckling, W. H., 1976. Theory of the firm: Managerial behavior, agency costs and ownership structure. *Journal of Financial Economics*, 3(4), 305 – 360.

Jensen, M. C., 1986. Agency costs of free cash flow, corporate finance, and take overs. *American Economic Review*, 76(2), 323 – 329.

Jevons, W. S., 1875. *Money and the Mechanism of Exchange*. London: Appleton.

Joyce, M., Miles, D., Scott, A., and Vayanon, D., 2012. Quantitative easing and unconventional monetary policy-An introduction. *Economic Journal*, 122, F271 – F288.

Keynes, J. M., 1919. *The Economic Consequences of the Peace*. London: Macmillan.

Keynes, J. M., 1936. *The General Theory of Employment, Interest and Money*. London: Macmillan.

Kiyotaki, N., and Wright, R., 1992. Acceptability, means of payment, and media of exchange. *Quarterly Review* (Summer), Federal Reserve Bank of Minneapolis, 18 – 21.

Levine, R., 1997. Financial development and economic growth: Views and agenda. *Journal of Economic Literature*, 35(2), 688 – 726.

Macleod, H. D., 1875 – 6. *The Theory and Practice of Banking*, in 2 volumes (3rd edition). London: Longmans, Green, Reader, and Dyer.

Mankiw, N. G., 2011. *Essentials of Economics (sixth edition)*. South-western Cengage Learning.

Menger, K., 1892. On the origin of money. *Economic Journal*, 2 (June), 239 – 255.

Merton, R. C., 1995. A functional perspective of financial intermediation. *Financial Management*, 24(2), 23 – 41.

Minsky, P. H., 1982. *Can "it" Happen Again? Essays on Instability and Finance*. Armonk, N. Y.: M. E. Sharpe.

Modigliani, F., and Miller, M. H., 1958. The cost of capital, corporate finance and the theory of investment. *American Economic Review*, 48(3), 261 – 297.

Myers, S. C., 1984. The capital structure puzzle. *Journal of Finance*, 39(3), 574 – 592.

Myers, S. C., and Majluf, N. S., 1984. Corporate financing and investment decisions when firms have information that investors do not have. *Journal of Financial Economics*, 13

(2), 187-221.

North, D., 1990. *Institutions, Institutional Change and Economic Performance*. Cambridge: Cambridge University Press.

Phillips, C. A., 1920. *Bank Credit: A Study of the Principles and Factors Underlying Advances Made by Banks to Borrowers*. New York: Macmillan.

Royama, S., 1982. *Nihon no Kinyū Shisutemu* (The Japanese Financial System). Tokyo: Toyo Keizai Shinpo Sha.

Royama, S., 2001. "*Shijōgata kansetsu kinyū*" *Joron* (Introduction to "market-oriented indirect finance"). *Fainansharu Rebyu* (Financial Review), No. 56, 1-10.

Robertson, D. H., 1948. *Money* (Revised with additional chapter). Cambridge: Cambridge University Press (First published 1922).

Shleifer, A., and Vishny, R. W., 1997. A survey of corporate governance. *Journal of Finance*, 52(2), 737-783.

SWIFT, 2017. *RMB Tracker*, Special Edition, July 2017.

Tachi, R., and Hamada, K. 1972. *Kinyū* (Monetary Economics). Tokyo: Iwanami Shoten.

Walker, F. A., 1878. *Money*. New York: Henry Holt & Company (reprinted 1968 by Augustus M. Kelly Publishers, New York).

Wang, L., 2013. *Hidentōteki kinyūseisaku to risuku puremiamu: kinyūkōzō no shiten kara no nichibeihikakukenkyū* (Unconventional monetary policy and risk Premiums: A comparative study of the U. S. and Japan from the perspective of financial structure). *Daiginkyō Fōramu Kenkyū Josei Ronbun Shū* (Osaka Bankers Association Forum Grant Papers), 17.

Wang, L., 2016. Unconventional monetary policy and aggregate bank lending: does financial structure matter? *Journal of Policy Modeling*, 38(6), 1060-1077.

Wang, L., 2018. Monetary-fiscal policy interactions under asset purchase programs: Some comparative evidence. *Economic Modelling*, 73, 208-211.

Wang, L., and Furukawa, A., 2007. *Rireisyonshippu rendingu, rokkuin kōka to gingō no rifainansu kōdō* (Relationship lending, rock-in effect and banks' refinance behavior). *Konan Keizaigaku Ronshu* (Konan Economic Papers), 48(1), 33-68.

Werner, R. A., 2014. Can banks individually create money out of nothing? — The theories and the empirical evidence. *International Review of Financial Analysis*, 36(December), 1-19.

Withers, H., 1909. *The Meaning of Money* (3rd edition). London: Smith, Elder.

Phillips, A. W., 1958. The relationship between unemployment and the rate of change of money wages in the United Kingdom 1861-1957. *Economica*, 25(100), 283-299.

专业术语索引（中英对照）

【按汉语拼音排序】

A

安慰剂效应（placebo effect） 193

B

BIS 管制（BIS regulation） 145
巴杰特原则（Bagehot rule） 142
巴塞尔协议Ⅰ（Basel Ⅰ） 146
巴塞尔协议Ⅱ（Basel Ⅱ） 146
巴塞尔协议Ⅲ（Basel Ⅲ） 147
保留盈余（retained earnings） 4
比特币（bitcoin） 178
边际替代率（MRS：marginal rate of substitution） 26
标准普尔 500 指数（S&P500：Standard & Poor 500 index） 66
不良贷款（non-performing loan） 12
不履行债务（default） 8
不确定性（uncertainty） 11
不完全契约（incomplete contract） 93
部分准备金制度（fractional reserve banking system） 137

C

CAC 40 指数（CAC 40 index） 66
财富效应（wealth effect） 36
财务限制条件（covenants） 123
财政赤字（fiscal deficit） 21
财政纪律（fiscal discipline） 193
财政盈余（fiscal surplus） 21
财政政策（fiscal policy） 153

操作风险（operational risk） 146

场内交易（exchange trading） 13

超额存款准备金（excess reserves） 88

沉没成本（sunk cost） 33

承担风险（risk taking） 37

承兑（acceptance） 56

承诺费（commitment fee） 42

承诺效应（commitment effect） 186

持续经营（going concern） 115

持有期收益率（HPY：holding period yield） 75

充分就业（full employment） 153

筹集资金（fundraising） 4

初级市场（primary market） 13

初级证券（primary security） 4

储贷协会（S&L：Savings and Loan Association） 141

储蓄（savings） 2

传染效应（contagion effect） 138

次贷危机（subprime mortgage crisis） 103

次级市场（secondary market） 13

次级债券（subordinated bonds） 61

存款保险制度（deposit insurance） 141

存款货币（deposit money） 18

存款准备金（bank reserves） 88

D

搭便车问题（free rider problem） 126

大额可转让定期存单（CD：certificates of deposit） 57

大而不倒（too big to fail） 141

大规模资产购买（LSAPs：large-scale asset purchases） 186

大数法则（law of large numbers） 37

代表性居民（representative household） 25

代理成本（agency costs） 120

代理人（agent） 120

代理问题（agency problem） 120

贷后监督（ex-post monitoring） 11
贷款承诺（loan commitment） 42
贷前审查（ex-ante screening） 11
担保债务凭证（CDO：collateralized debt obligation） 105
单利（simple interest） 69
当期收益率（current yield） 74
到期收益率（YTM：yield to maturity） 74
道德风险（moral hazard） 94
道琼斯工业平均指数（DJIA：Dow jones industrial average） 66
敌意收购（hostile takeover） 125
抵押贷款支持证券（MBS：mortgage-backed securities） 187
抵押价值（collateral value） 85
抵押品（collateral） 11
地方政府债（municipal bonds） 60
店头交易（over-the-counter trading） 14
短期国债（TB：treasury bill） 57

E

恶性通货膨胀（hyper inflation） 155
二级市场（secondary market） 13

F

FTSE Eurofirst 300 指数（FTSE Eurofirst 300 index） 66
发起人（originator） 39
发行的银行（bank of issue） 153
发行市场（primary market） 13
法定存款准备金（required reserves） 88
法定货币（legal tender） 18
法兰克福指数（DAX） 66
范围经济（economies of scope） 10
房地产投资基金（REITs：real estate investment trusts） 43
房地美（Freddie Mac） 144
房利美（Fannie Mae） 144
放手监管（hands-off regulation） 148

非常规货币政策（UMP：unconventional monetary policy） 185

非传统货币政策（UMP：unconventional monetary policy） 185

非系统性风险（idiosyncratic risk） 9

菲利普斯曲线（Phillips curve） 158

费雪假设（Fisher hypothesis） 70

费雪效应（Fisher effect） 70

分散风险（risk diversification） 9

分散投资（diversification） 9

风险（risk） 8

风险爱好者（risk lover） 81

风险跨期平滑化（intertemporal risk smoothing） 36

风险权数（risk weights） 145

风险溢价（risk premium） 35

风险转换（risk transformation） 10

风险转移问题（risk shifting problem） 122

服务人（servicer） 40

负利率政策（NIRP：negative interest rate policy） 188

负债（liabilities） 2

负债契约（debt contract） 35

负债融资（debt finance） 113

负债资本（debt capital） 113

附认股权证公司债券（warrant bonds） 61

附息债券（coupon bonds） 61

复利（compound interest） 69

G

GDP 平减指数（GDP deflator） 157

高能货币（high-powered money） 181

告示效果（announcement effect） 163

格雷欣法则（Gresham's law） 97

个人投资者（individual investors） 66

工业生产价格指数（PPI：producer price index） 157

公共产品（public goods） 131

公共债券（public bonds） 60

公积金转增(capitalization of common reserves) 65

公开股票收购(TOB：take-over bid) 35

公开市场(open market) 49

公开市场业务(OMO：open market operation) 160

公募方式(public offering) 13

公募债券(public offering bonds) 61

公司债(corporate bonds) 60

公司治理(corporate governance) 30

公众持股公司(public company) 63

购买力(purchasing power) 2

股东(shareholder) 8

股东权益(owner's equity) 2

股价净值比(PBR：price-book ratio) 83

股价指数(stock market index) 66

股票(shares 或 stocks) 8

股票分割(stock split) 65

股票分红(stock dividends) 65

股票上市(listing) 63

股权集中度(ownership concentration) 126

股权融资(equity finance) 113

股权资本(equity capital) 113

股息率(dividend yield ratio) 82

股息收益率(dividend yield ratio) 82

股息折现模型(dividend discount model) 81

股息支付率(dividend payout ratio) 83

关系型借贷(relationship lending) 33

关系型银行业务(relationship banking) 100

规模经济(economies of scale) 10

柜台交易(over-the-counter trading) 14

国际机构债券(international institution bonds) 60

国际清算银行(BIS：bank of international settlements) 85

国库券(TB：treasury bill) 57

国债(government bonds) 60

H

合成谬误（fallacy of composition） 183

赫斯特风险（Herstatt risk） 138

后配股（junior stock） 65

坏账风险（default risk） 8

环球同业银行金融电讯协会（SWIFT） 135

回购协议（repurchase agreement） 53

活期存款（demand deposit） 10

货币乘数（money multiplier） 182

货币乘数理论（money multiplier theory） 182

货币供给（money supply；money stock） 178

货币供应量（money stock；money supply） 18

货币基数（monetary base） 181

货币紧缩政策（monetary tightening policy） 161

货币经济（monetary economy） 1

货币宽松政策（monetary easing policy） 161

货币市场（money market） 49

货币学派（monetarism） 175

货币政策（monetary policy） 153

货币政策传导机制（monetary policy transmission mechanism） 175

货币政策时滞（time lags of monetary policy） 176

货币政策效果非对称性（asymmetric effects of monetary policy） 177

货币政策有效性（effectiveness of monetary policy） 176

I

IPO 定价（IPO pricing） 63

J

机构化（institutionalization） 67

机构投资者（institutional investors） 66

基础货币（base money） 181

基金单位资产净值（NAV：Net Asset Value） 44

激励相容监管机制（incentive compatible approach） 148

激励效应（incentive effect） 35

吉利美（Ginnie Mae） 187

即时矫正制度（PCA：prompt corrective action） 141

计算单位（unit of account） 16

加密电子货币（cryptocurrency） 178

价格波动风险（price risk） 9

价值尺度（measure of value） 16

价值储藏（store of value） 16

间接融资（indirect finance） 4

间接证券（indirect security） 4

交叉持股（cross-shareholding） 100

交换媒介（medium of exchange） 14

交易成本（transaction costs） 16

交易型开放式指数基金（ETF：exchange traded fund） 188

交易型银行业务（transaction banking） 100

结算（settlement） 10

结算风险（settlement risk） 138

结算手段（means of settlement） 131

结算最终性（finality） 131

解释责任（accountability） 155

借据（IOU：I owe you） 2

借款展期（roll-over） 129

金融安全网（financial safety net） 141

金融产品（financial products） 48

金融负债（liabilities） 2

金融工具（financial instruments） 48

金融基础设施（financial infrastructure） 131

金融结构（financial structure） 29

金融契约理论（financial contracting theory） 35

金融市场（financial market） 48

金融市场基础设施（financial market infrastructure） 34

金融体系（financial system） 29

金融债券（financial bonds） 60

金融制度（financial institutions） 29

金融中介功能（financial intermediation） 90

金融中介功能分解（unbundling） 40

金融中介机构（financial intermediary） 4

金融资产（financial assets） 1

经济基础条件（fundamentals） 84

净金融投资（net financial position） 23

净资产（net worth） 2

居民（household） 5

居民消费价格指数（CPI：consumer price index） 157

决策时滞（decision lag） 176

K

凯恩斯学派（Keynesian economics） 175

可信度（credibility） 159

可证实性（verifiability） 93

可转换债券（convertible bonds） 61

客户市场（customer market） 32

跨期交易（intertemporal transaction） 3

L

累计投标方式（book building） 64

利率（interest rate） 68

利率期限结构（term structure of interest rates） 76

利润总额（total profits） 21

利息（interest） 68

利益冲突（conflict of interest） 120

联邦存款保险公司（FDIC：Federal Deposit Insurance Corporation） 141

联邦公开市场委员会（FOMC：Federal Open Market Committee） 187

联邦住房贷款银行（Federal Home Loan Bank） 187

量化宽松政策（QEP：quantitative easing policy） 186

量化与质化宽松货币政策（QQE：quantitative qualitative easing） 188

零和（zero-sum） 23

零利率下限（ZLB：zero lower bound） 185

零利率政策（ZIRP：zero interest-rate policy） 185

零息债券（discount bonds） 61

留存收益(retained earnings) 4
流动性(liquidity) 2
流动性偏好理论(liquidity preference theory) 68
流动性转换(liquidity transformation) 10
流通市场(secondary market) 13
路径依赖(path dependence) 31
伦敦金融时报100指数(FTSE 100 index) 66

M

MM理论(modigliani-miller theorem) 117
满期收益率(YTM：yield to maturity) 74
美国经济分析局(U.S. Bureau of Economic Analysis) 23
美国联邦基金利率(FFR：Federal Fund rate) 164
美联储(FRB：Federal Reserve Board) 164
面对面交涉型交易(non-arm's length transaction) 32
名义利率(nominal interest rate) 69

N

纳斯达克综合指数(NASDAQ composite) 66
内部负债(inside debt) 129
内部人控制(insider control) 121
内部融资(internal finance) 4
内部时滞(inside lag) 176
逆回购协议(reverse repurchase agreement) 52
逆向选择(adverse selection) 94
逆周期(counter-cyclical) 175
扭转操作(operation twist) 187

O

OTC交易(over-the-counter trading) 14
欧洲中央银行(ECB：European Central Bank) 185

P

派生存款(derivative deposit) 180

票据交换所(clearing house) 133
票面利率(coupon rate) 61
普遍接受性(general acceptability) 16
普通股(common stock) 65

Q

期限(maturity) 49
期限延展项目(MEP：Maturity Extension Program) 187
期限转换(maturity transformation) 10
企业债券(enterprise bonds) 60
契约不完全性(contractual incompleteness) 93
契约关系的联结(nexus of a set of contracting relationship) 120
清算(clearing) 131
去杠杆化(deleverage) 103

R

人民币国际化(RMB internationalization) 135
认知时滞(recognition lag) 176
日本银行(Bank of Japan) 23
日经平均股价(Nikkei 225) 66
容忍政策(forbearance policy) 141
融资成本(cost of raising funds) 35
融资优先顺序(financing hierarchy) 123
融资优先顺序理论(financing hierarchy theory) 123
融资最高额度(commitment line) 42
软信息(soft information) 34

S

商业票据(CP：commercial paper) 42
商业信用(trade credit) 32
上海银行间同业拆借利率(SHIBOR：shanghai interbank offered rate) 52
上市(go public) 14
上市公司(listed company) 14,63
上市开放式基金(LOFs：listed open-end funds) 45

上证综合指数（SSE composite index） 66

设备资金（equipment funds） 11

深证成分指数（SZSE component index） 66

审慎监管（prudential policy） 139

声誉（reputation） 129

剩余到期年限（current maturity） 74

实际利率（real interest rate） 69

实时全额结算（RTGS：real time gross settlement） 139

实物资产（real assets） 1

市场分割理论（market segment theory） 80

市场纪律（market discipline） 35

市场失灵（market failure） 95

市场型交易（arm's length transaction） 32

市场主导型金融体系（market-based financial system） 30

市价（market price） 64

市净率（PBR：price-book ratio） 83

市盈率（PER：price-earnings ratio） 82

收益率（yield） 73

收益率差（yield spread） 83

收益率曲线（yield curve） 78

收益率曲线控制（yield curve control） 189

收益性（return） 48

首次公开发行（IPO：initial public offering） 63

受托监督者（delegated monitors） 91

受委任的监督（delegated monitoring） 91

顺周期性（pro-cyclicality） 146

私募方式（private placement） 13

私募债券（private placement bonds） 61

私人持股公司（private company） 63

损益表（Profit and Loss Statement） 34

所有和经营的分离（separation of ownership and control） 120

所有者权益（owner's equity） 2

锁定（lock in） 31

T

套牢（hold-up） 101

特殊目的机构（SPV：special purpose vehicle） 39

替代取舍关系（trade off） 158

贴现（discount） 56

贴现率（discount rate） 56

贴现债券（discount bonds） 61

贴现值（present discounted value） 69

通货膨胀（inflation） 17

通货膨胀目标（inflation targeting） 159

投资（investment） 2

投资边际效率（MEI：marginal efficiency of investment） 115

投资回报率（earnings yield） 83

投资基金（investment funds） 9

投资者关系（IR：investor relations） 91

透明度（transparency） 159

托宾的 q 理论（Tobin's q theory） 85

W

外部负债（outside debt） 129

外部融资（external finance） 4

外部时滞（outside lag） 176

外国债券（foreign bonds） 60

完美资本市场（perfect capital market） 117

完全契约（complete contract） 93

违约风险（default risk） 8

未分配利润（undistributed profits） 65

未实现收益（unrealized gain） 85

未实现损失（unrealized loss） 85

委托代理关系（principal-agent relationship） 120

委托人（principal） 120

无差异曲线（indifference curve） 6

无担保隔夜拆借利率（uncollateralized overnight call rate） 164

物物交换经济（barter economy） 15

X

系统风险（systemic risk） 137

系统性风险（systematic risk） 9

显性契约（explicit contract） 100

现金（cash） 18

现金分红（cash dividends） 65

现金流折现模型（discounted cash flow model） 84

现金通货（cash currency） 18

现值（present value） 69

香港恒生指数（Hang Seng index） 66

向高质资产逃避（flight to quality） 71

消费品（consumption goods） 14

效应时滞（operational lag） 176

新发债券（newly-issued bonds） 74

信贷紧缩（credit crunch） 37

信贷宽松（CE：credit easing） 186

信贷配给（credit rationing） 98

信号传递（signaling） 91

信息不对称（asymmetry of information） 11

信息公开（disclosure） 142

信用乘数（credit multiplier） 181

信用创造理论（credit creation theory） 181

信用分数（credit score） 100

信用风险（credit risk） 8

信用评分系统（credit scoring） 100

信用评级（rating） 14

信用评级机构（rating agencies） 14

需求的双重巧合（double coincidence of wants） 16

Y

延时净额结算（DNS：deferred net settlement） 139

一般物价水平（price level） 157

一级市场（primary market） 13

一级资本（tier 1 capital） 107

已发债券(already-issued bonds) 74

议价能力(bargaining power) 102

银团贷款(syndicated loan) 41

银行的银行(bankers' bank) 154

银行挤兑(bank run) 137

银行间市场(interbank market) 49

银行主导型金融体系(bank-based financial system) 30

隐性契约(implicit contract) 100

英格兰银行(BOE：Bank of England) 159

营运资金(working capital) 11

硬信息(hard information) 34

永久债券(perpetual bonds；consols) 73

优级贷款(prime loan) 104

优先股(preferred stock) 65

有限责任(limited liability) 8

诱因(incentive) 33

预期理论(expectation theory) 76

预期通货膨胀率(expected inflation rate) 69

预算软约束(soft budget constraint) 101

预算约束(budget constraint) 5

预先承诺制(pre-commitment approach) 147

原始存款：primary deposit) 180

远期利率(forward rate) 77

Z

再交涉(renegotiation) 93

再贴现(discount window) 162

再贴现率(discount rate) 162

增资发行(capital increase) 63

债权(claims) 2

债券(bonds) 8

债券市场(bond market) 60

债券赎回利益(gain on redemption of bonds) 74

债务货币化(monetization) 193

债务契约(debt contract) 8

债务融资工具(enterprise financing instruments) 60

折旧基金(depreciation) 4

折扣债券(discount bonds) 61

折现率(discount rate) 69

折现值(present discounted value) 69

证券包销业务(underwriting) 12

证券代销业务(selling) 12

证券公司(securities company) 12

证券交易所(stock exchange) 12

证券经纪业务(broking) 12

证券市场(securities market) 4

证券自营业务(dealing) 12

政策持续效应(policy duration effect) 186

政府保证债券(government-guaranteed bonds) 60

政府的银行(the government's bank) 155

政府债券(government securities) 60

政府资助机构(GSEs：government-sponsored enterprises) 187

支付结算体系(payments and settlement system) 131

支付手段(means of payment) 15

直接融资(direct finance) 4

直接收益率(current yield) 74

制度演变(institutional evolution) 30

中国人民银行(PBoC：People's Bank of China) 18

中国银行间同业拆借利率(CHIBOR：china interbank offered rate) 52

中央银行(central bank) 153

中央银行的独立性(central bank independence) 155

主银行(main bank) 100

专有信息(proprietary information) 33

准货币(quasi-money；near money) 18

啄食顺序理论(pecking order theory) 123

资本成本(cost of capital) 117

资本充足率(capital adequacy ratio) 41

资本结构(capital structure) 64

资本品（capital goods） 14

资本市场（capital market） 4

资不抵债（insolvency） 2

资产负债表（balance sheet） 1

资产负债表效应（balance sheet effect） 85

资产紧缩（asset deflation） 102

资产泡沫（asset bubble） 83

资产替代问题（asset substitution problem） 122

资产通胀（asset inflation） 102

资产效应（wealth effect） 36

资产证券化（securitization） 39

资产支持证券（ABS：asset-backed security） 39

资产转换（asset transformation） 10

资产组合（portfolio） 88

资产组合再平衡效应（portfolio rebalancing effect） 191

资金短缺者（deficit unit） 3

资金来源（sources of funds） 3

资金盈缺（financial balance） 3

资金盈余者（surplus unit） 3

资金用途（uses of funds） 3

资金运作（fund operation） 4

自我强化（self-reinforcing） 17

自我实现（self-fulfilling） 83

自我选择机制（self-selection mechanism） 86

自由现金流（free cash flow） 128

自有资本（equity） 36

总需求（aggregate demand） 153

最低资本要求（minimum capital requirements） 145

最后贷款人（LLR：lender of last resort） 141

最终贷款人（ultimate lenders） 4

最终借款人（ultimate borrowers） 4